Direitos das Mulheres

Direitos das Mulheres

ENSINO SUPERIOR, TRABALHO E AUTONOMIA

2019

Monica Sapucaia Machado

DIREITOS DAS MULHERES
ENSINO SUPERIOR, TRABALHO E AUTONOMIA
© Almedina, 2019

AUTOR: Monica Sapucaia Machado
DIAGRAMAÇÃO: Almedina
DESIGN DE CAPA: Roberta Bassanetto
ISBN: 9788584935130

Dados Internacionais de Catalogação na Publicação (CIP)
(Câmara Brasileira do Livro, SP, Brasil)

Machado, Monica Sapucaia
Direitos das Mulheres : ensino superior, trabalho
e autonomia / Monica Sapucaia Machado. -- São Paulo :
Almedina, 2019.

Bibliografia.
ISBN 978-85-8493-513-0

1. Direitos das mulheres 2. Educação superior
3. Igualdade 4. Mulheres - Educação 5. Mulheres -
Trabalho I. Título.

19-28897   CDU-34-055.2

Índices para catálogo sistemático:

1. Ensino superior : trabalho e autonomia : Direitos das mulheres 34-055.2

Cibele Maria Dias – Bibliotecária – CRB-8/9427

Este livro segue as regras do novo Acordo Ortográfico da Língua Portuguesa (1990).

Todos os direitos reservados. Nenhuma parte deste livro, protegido por copyright, pode ser reproduzida, armazenada ou transmitida de alguma forma ou por algum meio, seja eletrônico ou mecânico, inclusive fotocópia, gravação ou qualquer sistema de armazenagem de informações, sem a permissão expressa e por escrito da editora.

Setembro, 2019

EDITORA: Almedina Brasil
Rua José Maria Lisboa, 860, Conj.131 e 132, Jardim Paulista | 01423-001 São Paulo | Brasil
editora@almedina.com.br
www.almedina.com.br

"Ninguém pode prender uma ideia"

Luís Inácio Lula da Silva
São Bernardo do Campo, 7 de abril 2018

Para minha mãe Madalena Sapucaia e todas as mulheres da sua geração que desbravaram o mundo dos homens e nos ofertaram um caminho mais livre.

Para os meus filhos Catarina e Joaquim, como instrumento para que continuem na construção de uma realidade mais igual.

AGRADECIMENTOS

Agradeço ao Programa de Pós-Graduação em Direito Político e Econômico da Universidade Presbiteriana Mackenzie, em nome do Prof. Dr. José Francisco Siqueira Neto, pela chance de me descobrir como professora e por me mostrar que há mais do que a batalha da Maria Antônia nas ruas de Higienópolis.

Agradeço ao Programa Santander Universidades, à Universidade Nova de Lisboa e a minha querida amiga Ruth Santos pela oportunidade de ter acesso a fantástica produção acadêmica sobre gênero desenvolvida em Portugal e no mundo.

Agradeço a Editora Almedina pela oportunidade de transformar essa pesquisa em livro e assim possibilitar que esse debate se amplie e encontre novos questionamentos.

Agradeço a Jade Nobre e a Marcia Rita Gomes por me garantirem tranquilidade e segurança no cuidado da Catarina e do Joaquim enquanto eu desenvolvia este trabalho.

Agradeço as minhas comadres Kelly Magalhães Eloi e Thais Tosato pelo esteio de sempre.

Agradeço aos meus amigos de jornada Paula Zambelli Brasil, Fernando Bertoncello, Isabella Christina e André Norberto pelas trocas, pelos desafios, pela solidariedade e pela confiança.

Agradeço a minhas amigas Karina Denari, Cecilia Barreto, Jana Brito, Cecilia Asperti, Marina Feferbaum, Iagê Miola, Clio Radomnysler, Luciana Maribas e Maria Cláudia Couto por me mostrarem que São Paulo é mais do que o duro concreto do conservadorismo.

Agradeço a minhas amigas Patrícia Brasil e Vera Gers pela cumplicidade, pela sororidade e pela amizade.

Agradeço a minha amiga Denise Andrade pela inesgotável paciência e pela inquestionável assertividade no desenvolvimento do trabalho.

Aos meus Cintia Rodrigues, Pedro Prata, Morgana Eneile e Fabiana Santos pela persistência, pela resistência, pelo de sempre.

Agradeço a Profa. Dra. Clarice Seixas, Profa. Dra. Zélia Perdoná e Prof. Dr. Flavio Bastos pela parceria genuína, gratuita e afetiva.

Agradeço a Profa. Dra. Maria Rosa Lombardi pela disponibilidade de ler este trabalho e me ajudar a transformá-lo em algo melhor e mais útil.

Agradeço a Profa. Dra. Solange Teles pela acolhida, pela solidariedade, pelo reconhecimento e pela disponibilidade na construção de uma fala e de uma vida fora dos padrões preestabelecidos.

Agradeço a Profa. Dra. Hildete Pereira de Melo, não apenas por esta obra, mas por ter me mostrado que o debate de gênero vai muito além dos discursos fáceis e respostas prontas, pela generosidade acadêmica sem fim e principalmente por todo o trabalho realizado em prol das mulheres brasileiras nos últimos cinquenta anos.

Agradeço a Profa. Dra. Patricia Bertolin pelo meu futuro acadêmico, pelo sentimento de pertencimento, pela coragem de me ofertar mais do que se espera, pela delicadeza do toque e a rigidez do método, por acreditar que é possível mudar o mundo por meio da educação, da empatia, do discurso e da solidez ética.

Agradeço ao meu marido Marcos Duarte por me garantir as condições de discordar dele, por segurar na minha mão quando o mundo insistia em me engolir, por ter absoluta certeza da minha capacidade, mesmo quando a minha confiança falhava e por todos os dias me reafirmar que quer viver comigo essa insensatez de sonhar com um país melhor, mais justo e mais igualitário.

APRESENTAÇÃO

O livro "Direitos das Mulheres" que, com muita alegria, fui incumbida de apresentar resultou da tese de doutoramento de Monica Sapucaia Machado, aprovada com distinção e louvor no Programa de Pós-Graduação em Direito Político e Econômico da Universidade Presbiteriana Mackenzie, em São Paulo.

Depois de ter sido sua professora na disciplina obrigatória "Cidadania e Estado" e de ter participado de sua banca examinadora no Mestrado, tive sua orientação a mim atribuída, no Doutorado, por uma questão de afinidade temática. Confesso que o excesso de energia que move Monica sempre me impressionou: ela é "uma força da natureza", assim como um vendaval ou uma tempestade de verão. Resolvi tirar partido disso.

Iniciou o Doutorado grávida, mas nem de longe menos produtiva. Foram anos de um convívio estreito que nos tornou parceiras acadêmicas – um dos maiores legados desse período tão frutífero quanto difícil: juntas produzimos artigos, organizamos livros e eventos, e estruturamos disciplina para a pós-graduação, situações diversas em que Monica, sempre com um sorriso no rosto e posicionamentos muito firmes, oferecia sugestões interessantes e soluções criativas, levando-me à certeza de que escreveria uma excelente tese, agora publicada como livro pela renomada Livraria Almedina.

Depois de anos lecionando em Programa de Pós-Graduação, poucas vezes vi uma tese explorar tantos aspectos que tenham constituído objeto de discussão em disciplinas que ministrei (no caso, "Teoria Feminista do Direito e do Estado" e "Trabalho: reprodução e cuidado"). Talvez porque as preocupações de Monica sejam autênticas, como as de tantas outras Monicas, Denises ou Patrícias, que, em pleno século XXI, ainda têm que se desdobrar para ter êxito profissional, sem deixar de garantir o bem-estar de suas famílias, de quem lhes cabe cuidar.

Livros que se encerram em uma área específica do conhecimento sempre me pareceram pouco desafiadores e restritos, ainda mais no momento presente, em que a complexidade da vida social e o esgotamento de paradigmas exigem novas posturas por parte dos acadêmicos, seres por natureza voltados a delinear soluções possíveis para novos problemas – ou no mínimo a fazer os diagnósticos necessários. Este livro tem o mérito de não ser unidisciplinar, tendo resultado do diálogo entre o Direito Educacional, o Direito do Trabalho, a Economia, os Feminismos e outras áreas do conhecimento humano...

Monica ocupou-se em tecer uma importante história da educação no Brasil, da perspectiva das mulheres, algo ainda não realizado com tanta densidade e fluidez, o que certamente decorreu de ter-se dedicado, durante toda a vida, a pensar essas questões – embora nunca como tema de pesquisa – o que nosso encontro foi capaz de propiciar. Contudo, não foram poucos os momentos em que a autora se viu diante de uma encruzilhada, como quando observou que "o empoderamento feminino, palavra-chave nas campanhas por igualdade de gênero, está diretamente vinculado com a oferta de mecanismos para que as mulheres tenham autonomia, façam escolhas e não mais vivam em um estado de submissão ao homem. A educação, por sua vez tem sido considerada um dos instrumentos mais importantes para esse embate, porque, por um lado, costuma ser o meio das mulheres se conscientizarem sobre sua condição, seu papel no mundo, sobre conceitos de justiça, e por outro mantêm uma esfera de opressão simbólica." (p. 51).

A consciência das amarras da sociedade patriarcal, somada à utopia de superá-la, pautam este livro. Só se pode lutar contra o que se conhece bem e, conforme a própria Monica costuma dizer, "contra números não há argumentos", razão por que buscou, a cada item, evidenciar a consistência de seu discurso e a irrefutabilidade das informações nele contidas, constituiu uma espécie de obsessão.

Neste momento do País, em que tanto se tem retrocedido no que tange aos direitos e às políticas públicas para as mulheres, trazer à luz um livro como este é um ato de resistência e de coragem, características que nunca faltaram à sua autora – e que tanto admiro. Agradeço o convite para apresentar esta obra, que eu mesma já citei mais de uma vez em meus traba-

APRESENTAÇÃO

lhos recentes, por acreditar em seu potencial transformador, e convido a todas(os) para uma leitura deliciosa.

PATRÍCIA TUMA MARTINS BERTOLIN
Doutora em Direito do Trabalho pela USP
Professora do Programa de Pós-Graduação em Direito Político e Econômico da Universidade Presbiteriana Mackenzie

PREFÁCIO
As mulheres brasileiras e o acesso à educação superior: conquista de autonomia ou reafirmação da desigualdade?

Só nas primeiras décadas do século XIX a educação feminina começou a difundir-se como m valor social positivo na sociedade, rompendo lentamente com a misoginia presente no mundo. Esta cultura patriarcal que reduz as mulheres à condição de inferioridade é ilustrada pela a história da Ciência, a qual confina as mulheres ao espaço doméstico, o *locus* privilegiado do papel feminino. Ora , este tradicional "lugar da mulher" condiciona sua inferiorização no mercado de trabalho ao carregar a marca da divisão sexual do trabalho da esfera doméstica para a profissional. Inegavelmente a educação tornou-se um bem coletivo imprescindível para a ascensão social e condição estratégica fundamental para a redução das desigualdades econômicas, sociais, nacionais e internacionais, mas ela ainda não possibilitou a completa igualdade entre as pessoas. As mulheres brasileiras travaram inúmeras batalhas pelo acesso a educação e seguramente a mais difícil foi a de abrir os portões das faculdades, mas elas venceram todas elas (Melo & Thomé, 2018). Com estas preocupações este livro foi pensado e escrito. A autora conhece bem os percalços das lutas das mulheres para construírem uma carreira profissional e concilia-la com o "ser mulher e mãe". Mônica Sapucaia Machado é advogada, casada, dois filhos, mas não se contentou apenas com o diploma de graduação e chegou ao final da sua formação acadêmica com esta tese de doutorado desafiadora. Seu fio condutor foi indagar qual a relação que a sociedade estabelece entre a educação superior e a autonomia das mulheres. Ou, o exercício da autonomia que o diploma superior confere permite que as mulheres possam fazer suas escolhas afetivas, familiares, sociais e econômicas com igualdade aos homens?

Conheci Mônica Sapucaia Machado a profissional, como Assessora Jurídica da Ministra Nilcea Freire, na Secretaria de Políticas para as Mulheres da Presidência da República (SPM/PR), no segundo governo do Presidente Luiz Inácio Lula da Silva. Eu como coordenadora da Área de Educação e Cultura da SPM/PR nos anos de 2009 e 2010. A jovem advogada dinâmica e com respostas na ponta da língua nos assessorava nos caminhos da legislação e do direito na construção de políticas de gênero e para as mulheres, que a SPM/PR desenhava e propunha para o Estado e para o Governo. Os corredores ministeriais do Planalto e as negociações das políticas públicas que como professora da Faculdade de Economia/UFF eu tinha vivido por muitas décadas no exercício do magistério e da pesquisa era desafiado pela aquela nova realidade. E estas experiências foram compartilhadas com a alegria da Mônica. Desde então tenho participado de sua vida acadêmica: da volta a Universidade para trilhar os caminhos da pós-graduação. Esta tese é o coroamento deste esforço da profissional e da mulher-mãe que com todas as dificuldades e intensas negociações familiares ela percorreu com brilhantismo e hoje entrega o produto final deste esforço intelectual a sociedade brasileira.

O texto tem quatro capítulos, no primeiro a autora apresenta a discussão sobre o papel da educação na superação das desigualdades econômicas e sociais e como as mulheres estão mais bem posicionadas nos indicadores educacionais, da pré-escola a pós-graduação. Indaga se as desigualdades salarias, de representação e de poder estão sendo eliminadas paulatinamente na sociedade, graças ao acesso das mulheres à educação superior? Vai além e questiona o papel das leis, se estas foram suficientes para balizar estas mudanças sociais, diante de estruturas sexistas, em especial nas relações familiares e domésticas. Busca analisar a interferência do Direito nas vidas das pessoas, ou se, pela nossa organização jurídica, cabe ao Direito apenas esperar as transformações sociais, para depois regulá-las. Conclui debatendo a realidade desta autonomia econômica conquistada pela educação superior nas vidas femininas num contraponto com as persistentes desigualdades salarias e de oportunidades que acompanham a trajetória profissional das mulheres.

O segundo capítulo apresenta a história jurídico-institucional das mulheres brasileiras para trilharem o ensino superior: das primeiras escolas a suas "pioneiras" nas chamadas carreiras imperiais, a Medicina, o Direito e a Engenharia. Destaca o papel das escolas normais na formação e profissionalização das mulheres. Como este lugar social refletia o papel da mulher como mãe e cuidadora da reprodução da vida na sociedade e como esta marca está presente nos baixos rendimentos e carreira pouco valorizada que as professoras vivenciam desde o século XIX e ainda presente no XXI. O capitulo narras as políticas educacionais nacionais do nacional-desenvolvimentismo de Getúlio Vargas, a reforma educacional do governo João Goulart, passa pelos governos militares e a gestão moderna e conservadora da reforma universitária de 1968. Ao longo deste capítulo a autora acompanha a trajetória feminina, principalmente das mulheres brancas e da classe média que vão rapidamente ocupando as faculdade e universidades nacionais.

O terceiro capítulo discute a feminização e feminilização das profissões, a partir dos dados por sexo dos cursos superiores e estas estatísticas permitem conclui como estas escolhas são determinadas pela socialização diferenciadas das meninas e dos meninos. Destaca que a presença de homens e mulheres em determinados ramos profissionais tem forte ingerência nos rendimentos auferidos pelo trabalho. Particularmente interessante é sua análise critica sobre a percepção usual de que a produção científica estaria equilibrada entre homens e mulheres no Brasil, desfazendo o consenso de que o espaço científico é neutro ao sexo. Este foi e é um espaço de poder masculino. Por fim, discute as carreiras de Estado na profissão de Direito e desconstruindo a hipótese de que o concurso público oferece equidade para estes profissionais. Chama atenção para o significado da feminização e da precarização profissional e o teto de vidro presente na profissão, seja nos escritórios de advocacia, seja nos quadros do Estado.

No quarto e último capítulo é dedicado à análise da "bipolaridade do trabalho feminino", definido como os dois polos opostos em que se encontram as mulheres: as altamente qualificadas e integradas no mercado produtivo, maioria mulheres brancas, e noutro as mulheres sem formação, realizando trabalhos de baixa remuneração, com pouca formalização e na sua maioria negras, como é o caso das empregadas domésticas. Peça-chave para a compreensão da dinâmica familiar das classes média e alta brasileiras.

A leitura deste livro sugere uma reflexão sobre o papel do Direito na garantia da justiça, mas não de equidade para todos e todas em todas as sociedades.

Uma boa leitura,

HILDETE PEREIRA DE MELO

SUMÁRIO

AGRADECIMENTOS	9
APRESENTAÇÃO	11
PREFÁCIO	15
SUMÁRIO	19
CONSIDERAÇÕES INICIAIS	21

1. A Educação Superior: seu Papel para a Construção
da Igualdade e da Autonomia — 29
1.1. Educação superior: instrumento de produção de saber? — 29
1.2. Autonomia e educação superior: a capacidade e a ferramenta
para a construção da igualdade — 39
1.3. Autonomia econômica e as mulheres: educação basta? — 49

2. Educação Superior, o Brasil e as Mulheres — 57
2.1. O caminho da educação superior no Brasil e a presença
das mulheres — 57
2.2. A Escola Normal e a formação de professores como porta
de entrada para as mulheres — 79
2.3. O ensino superior no Estado brasileiro: de Vargas aos militares — 89
2.4. As mulheres brasileiras e o percurso nos cursos superiores — 99

3. A Feminização (Feminilização) das Profissões — 121
3.1. Conceitos — 121
3.2. A falácia da igualdade na produção científica — 127
3.3. Feminilização e precarização: a realidade da advocacia — 132

DIREITOS DAS MULHERES

3.3.1. As carreiras de Estado: seara feminina? — 139

3.3.2. O teto de vidro na advocacia: elas na base, eles no topo — 157

4. Bipolaridade do Trabalho Feminino — 171

4.1. As mulheres educadas, formadas e exaustas: a realidade profissional das mulheres altamente qualificadas — 171

4.1.1. Opção de continuação dos estudos como saída para o emprego pouco rentável — 181

4.2. As opções das mulheres sem formação acadêmica — 189

4.2.1. A terceirização da manutenção da vida: as outras mulheres — 198

4.3. O silêncio do Direito: o não Direito da divisão igualitária das funções da parentagem — 204

CONSIDERAÇÕES FINAIS — 221

REFERÊNCIAS — 229

CONSIDERAÇÕES INICIAIS

Este livro é fruto da pesquisa sobre o papel da ciência jurídica na efetivação dos direitos das mulheres brasileiras iniciada em 2011, no meu projeto de mestrado para a Universidade Presbiteriana Mackenzie. Enquanto, no mestrado, meu esforço se voltou para verificar a participação política das mulheres por meio da análise da lei de cotas eleitorais, no doutorado, dediquei-me a pesquisar o efeito da educação superior na conquista da autonomia para as brasileiras.

A produção científica feminista tem formulado uma gama de teorias e propostas para alcançarmos a igualdade entre mulheres e homens, porém pouco se verifica sobre o quão eficazes essas propostas são quando implementadas e, quando se avalia a eficácia de determinada ação, pouco se pergunta se esse resultado reverbera para a concretização da igualdade.

O problema de pesquisa que pretendo responder é: a educação superior, como educação direcionada para a formação profissional, é um instrumento capaz de efetivar o exercício da autonomia, conferindo condições para que as mulheres possam fazer suas escolhas afetivas, sociais, familiares, políticas e econômicas?

A partir da averiguação de que, no Brasil e no mundo, as mulheres são a maioria dos formados em cursos superiores desde a década de 1990, reflito sobre se as desigualdades salarias, de representação e de poder estão sendo eliminadas paulatinamente graças ao acesso das mulheres à educação superior; e ainda, se o percurso temporal, sozinho, é suficiente para concretizar o Direito fundamental à igualdade, ou se as amarras do patriarcado impedem que as mulheres, mesmo educadas formalmente, tenham as mesmas oportunidades e liberdades que os homens.

No âmbito jurídico, questiono se as legislações brasileiras vigentes na contemporaneidade são suficientes para balizar as mudanças sociais necessárias para que a igualdade entre homens e mulheres, no Brasil, seja uma realidade. Além disso, indago se as estruturas sociais do sexismo, em especial nas relações familiares e domésticas, estão em uma seara passível de interferência do Direito, ou se, pela nossa organização jurídica, cabe ao Direito apenas esperar as transformações sociais, para depois regulá-las.

Durante o processo de pesquisa (2014-2017), o Brasil e especialmente as políticas sociais, que englobam as políticas de igualdade de sexo e gênero, passaram por uma estruturante mudança, em que o organismo estatal federal foi suprimido, os recursos destinados a implementação de políticas públicas diminuíram e a pauta de igualdade, no que tange ao discurso governamental, perdeu espaço.

Depois do avanço constitucional da afirmação da igualdade entre homens e mulheres, das conquistas oriundas de acordos internacionais ratificados pelo Brasil e de treze anos de um órgão nacional destinado à promoção dos direitos das mulheres, a Secretaria de Política para as Mulheres (SPM), o país se retraiu em suas pretensões de mudar a realidade da desigualdade entre os sexos e os gêneros.

Paralelamente, os movimentos sociais de caráter feminista se reacenderam, no mundo inteiro e no Brasil, inclusive. A luta das mulheres por mais direitos, por liberdade sexual e identitária, por equiparação salarial, tem se tornado assunto corriqueiro nos meios de comunicação, em campanhas institucionais de organizações privadas, em discursos de homenagens e prêmios.

As passeatas, os abaixo-assinados, as petições, as intervenções culturais, artísticas e políticas têm feito com que as questões das mulheres deixem de ser mais uma reinvindicação social para se tornar uma rede de problematizações, com as mais diversas pautas, que interagem com as questões étnico-raciais, de nacionalidade, de deficiência, de classe social, entre tantas outras.

A Organização Nações Unidas (ONU), em compasso com essa nova fala social, unificou, em 2010, as quatro agências que trabalhavam em variados assuntos relacionados às mulheres em uma única entidade, com *status* superior às demais estruturas, denominada ONU Mulheres, reconhecendo a transversalidade da questão das desigualdades entre os sexos em todas as esferas de sua atuação.

Este livro, então, a partir do reconhecimento da importância da pesquisa sobre igualdade entre homens e mulheres para as organizações democráticas, debruça-se sobre a estrutura da educação superior no Brasil e sobre a interação das mulheres com esse direito social, na busca por autonomia econômica e social.

A educação é peça central para a socialização. Como disse Freud (1969), quanto mais educada uma sociedade mais reprimida e mais organizada, quanto menos educada, mais livre, porém mais caótica.[1]

As sociedades modernas assumiram a educação como um direito e uma necessidade para o cidadão e, com isso, uma obrigação do Estado. A educação superior, principalmente a partir da segunda metade do século XIX, transformou-se em um saber destinado à formação de trabalhadores para funções de alta complexidade, e por isso destinada às elites econômicas e intelectuais.

As mulheres, como "sujeitos de menos direitos", foram, em um primeiro momento, impedidas legalmente de ascender à formação superior. Contudo, em comparação, a educação foi, para as mulheres ocidentais, um direito conquistado no âmbito legal antes da maioria dos demais. Todavia, essa autorização jurídica não significou para as mulheres as mesmas conquistas, prerrogativas e privilégios que para os homens. Assim, quase trinta anos após as mulheres terem passado a ser a maioria dos estudantes universitários, vislumbramos que a maioria dos altos postos de trabalho, nas estruturas de poder governamental e da educação, ainda é ocupada por homens. Até hoje nos deparamos com as mulheres guetizadas em carreiras de cuidado,[2] mal remuneradas e pouco valorizadas.

---

[1] Freud (1969, p. 129) explica que, "devido aos grandes sacrifícios impostos pela civilização à sexualidade e à agressão humanas, o homem civilizado trocou uma parcela de suas possibilidades de felicidade por uma parcela de segurança".

[2] Neste livro, o conceito de cuidado utilizado será o definido pelo Colóquio Internacional "Teorias Práticas do Cuidado", de 2013: "O cuidado não é apenas uma atitude de atenção, é um trabalho que abrange um conjunto de atividades materiais e de relações que consistem em oferecer uma resposta concreta às necessidades dos outros. Assim, podemos defini-lo como uma relação de serviço, apoio e assistência, remunerada ou não, que implica um

Tendo todo esse contexto em conta, o objetivo deste trabalho é demonstrar o caminho percorrido pelas mulheres até a conquista legal e numérica da educação superior e debater os reflexos dessa ascensão educacional, no que tange a seus ganhos, suas responsabilidades familiares, seu lugar social e o exercício da autonomia.

Nos parágrafos seguintes, buscarei esclarecer os objetivos do trabalho, assim como a metodologia utilizada para buscar dados estatísticos, conclusões de pesquisas científicas relevantes e posicionamentos teóricos sobre o que constitui autonomia, o que configura educação superior e o que representa igualdade entre homens e mulheres.

Estou convencida que esta obra pode ser lida por todas e todos que se sentirem instigados a refletir sobre o lugar da mulher brasileira na sociedade contemporânea, a importância da educação para a autonomia e as amarras, às vezes invisíveis, que mantêm as mulheres no Brasil e no mundo na base das estruturas econômicas e de poder.

Vale reforçar, porém, que este trabalho tem um recorte socioeconômico: observa e analisa as mulheres brasileiras formadas em cursos superiores e o papel dessa educação em sua autonomia. Logo, em um país socialmente estratificado como o Brasil, as mulheres sujeito desta pesquisa são, em sua maioria, de classe média e alta, isto é, detentoras de privilégios inerentes à suas classes sociais.

A metodologia utilizada é preferencialmente bibliográfica, com leitura de livros e artigos científicos sobre o tema. Aliado a isso, o levantamento de documentos históricos e de pesquisas de entidades oficiais ou civis, de reconhecida credibilidade, completa o aporte de conteúdo que arruma as reflexões aqui presentes.

No início da pesquisa, concentrei-me nas produções bibliográficas de autoras e autores nacionais e internacionais que abordam o papel da educação na emancipação das mulheres, bem como nas pesquisas jurídicas sobre as legislações garantidoras de igualdade, de autonomia e de políticas públicas para efetivação desses direitos. Paulo Freire, Nancy Fraser, Norberto Bobbio e Robert Alexy foram os primeiros autores que compuseram a minha literatura e nortearam meus estudos.

---

sentido de responsabilidade em relação à vida e ao bem-estar de outrem" (KERGOAT, 2016, p. 18).

CONSIDERAÇÕES INICIAIS

Entretanto, no desenvolver da pesquisa, as informações numéricas e estatísticas ganharam importância. Os relatórios internacionais da Organização das Nações Unidas (onu), da onu Mulheres e de agências como a Organização Internacional do Trabalho (oit), o Fundo das Nações Unidas para a Infância (Unicef), o Programa das Nações Unidas para o Desenvolvimento (pnud) entre outros, assim como dados oficiais da União Europeia e de organizações regionais como a Organização para a Cooperação e Desenvolvimento Econômico (oecd), além de instituições privadas de pesquisa como o Instituto *Elsevier,* possibilitaram-me vislumbrar a realidade brasileira a partir do panorama do mundo ocidental.

Os dados oficiais de entidades como o Instituto Brasileiro de Geografia e Estatistica (ibge), o Ministério da Educação (mec), a extinta Secretaria de Política para as Mulheres (spm), o Conselho Nacional de Desenvolvimento Científico e Tecnologico (cnpq), a Coordenação de Aperfeiçoamento de Pessoal de Nivel Superior (Capes), as produções estatisticas do Conselho Nacional de Justiça (cnj), do Conselho Nacional do Ministério Público (cnmp), além das pesquisas realizadas por organizações de classe como o Conselho Federal de Medicina (cfm), a Ordem dos Advogados do Brasil (oab), o Conselho Federal de Engenharia e Agronomia (cfea) e por universidades me ofertaram materialidade para refletir sobre efetividade da autonomia e da igualdade entre homens e mulheres no Brasil.

A partir dessas informações, os textos de autoras como Helena Hirata, Patricia Bertolin, Hildete Pereira de Melo, Maria Rosa Lombardi, Cristina Bruschini, Eli Wald, entre outras, foram sendo incorporados ao trabalho para me auxiliar na tarefa de contrabalançar os dados angariados por pesquisas de campo com as teorias jurídico-filosóficas, pois, para a Ciência Jurídica, basear-se em estatísticas para refletir sobre sua função, sua eficiência, seu papel social ainda não é uma constante nas produções acadêmicas.

O livro esta dividido em quatro capítulos, que se complementam e dialogam com as temáticas abordadas na intenção de desenhar um fio condutor para pensarmos sobre a relação do saber com a construção de uma vida autônoma.

No primeiro capítulo, analiso criticamente a educação superior e seu papel para a construção da igualdade e da autonomia, apresentando o que é considerado educação superior e qual é o papel dessa educação na engrenagem capitalista contemporânea. Debato sobre qual autonomia se adquire com formação superior e como ter mecanismos para construir uma realidade autônoma interfere na qualidade de vida do indivíduo. Para tanto, parte-se do entendimento de que, na contemporaneidade, ser autônomo é ter condições de fazer as próprias escolhas e de que, para exercer a prerrogativa de escolher, não basta apenas ter vontade, mas também condições efetivas.

Assim, o primeiro capítulo pondera sobre a realidade dessa autonomia econômica conquistada pela educação superior na vida das mulheres, ressaltando a aderência feminina à educação superior e, em contrapartida, as estatísticas da participação das mulheres no mercado produtivo e os rendimentos por elas aferidos, a partir das oportunidades conquistadas nesse mercado.

O segundo capítulo apresenta o caminho das mulheres brasileiras na educação superior. Começa-se relembrando a história jurídico-institucional da educação superior no Brasil, as primeiras escolas e seus cursos, assim como o caminho jurídico de autorização e acesso das mulheres a esse modelo de educação. Discorro sobre as mulheres vanguardistas que conseguiram chegar às chamadas carreiras imperiais – Medicina, Direito e Engenharia –, assim como a massa de mulheres que viram no magistério a possibilidade de ir além do estudo básico. Analiso ainda o papel da Escola Normal na formação e na profissionalização das mulheres, apontando como o lugar social designado às professoras era um reflexo do lugar social da mulher: do cuidado, da maternidade. O discurso estatal reforçava o estereótipo de que a profissão de educadora era mais do que a troca da força de trabalho pela remuneração, mas uma vocação, um chamamento intrínseco à condição de mulher. A educação de crianças e jovens se tornou, então, uma seara feminina e precarizada. A legião de mulheres que, desde o final do século XIX, ocupa-se da formação escolar das crianças brasileiras se manteve por todo o século XX e nas primeiras duas décadas do século XXI, sempre com baixos rendimentos e com carreiras pouco valorizadas. Paralelamente, o número mulheres entre os formados em cursos superiores de pedagogia e licenciatura continuam aumentando.

Aponto, então, as determinações jurídico-estatais sobre a educação superior no Brasil a partir das políticas educacionais de Vargas, a criação do Ministério da Educação, as leis estruturantes dos sistemas de ensino e a absorção pelo Estado brasileiro do conceito de educação como um instrumento de ascensão social e como ferramenta para o desenvolvimento industrial e econômico da sociedade brasileira.

Perpasso, em seguida, pelas políticas dos governos democráticos de Dutra e Juscelino Kubistchek, que pouco modificaram as estruturas jurídicas da educação, e pela promulgação, pelo também democrático governo do João Goulart, da primeira lei de diretrizes de bases do Brasil. Por fim, analiso as mudanças legais preconizadas pela ditadura militar a partir de 1964 para uma educação moderna e conservadora, principalmente na educação superior, graças à reforma universitária de 1968.

Durante todo o segundo capítulo, a participação das mulheres nas leis e políticas educacionais é considerada; ao final, apresento a trajetória das mulheres nas faculdades e universidades do país, em especial a partir da década de 1970, quando as mulheres brancas e de classe média começaram a ocupar as salas de aula dos cursos superiores com mais consistência. Busco, ainda, demonstrar como as mudanças políticas, as necessidades mercadológicas, as posições internacionais interferiram nas políticas de educação superior e como as mulheres foram atingidas por essas mudanças.

No terceiro capítulo, reflito sobre a feminização e feminilização das profissões, apresentando os dados da presença de homens e mulheres em determinados ramos profissionais, e como a escolha profissional tem ingerência nos rendimentos auferidos pelo trabalho. Analiso criticamente, ainda, a afirmação de que a produção científica estaria equilibrada entre homens e mulheres no Brasil.

Verifico, em seguida, a realidade atual do Direito no Brasil: levanto a relação das carreiras de Estado com as mulheres, embasada na hipótese de que o concurso público ofereceria igualdade de oportunidades e, assim, se tornaria uma dimensão feminina. Na esfera da advocacia, dois temas são enfrentados: a dinâmica de feminização e de precarização, a partir do reconhecimento de que a entrada das mulheres de forma mais substancial na carreira coincide com o momento histórico de desvalorização econômica do trabalho advocatício e a questão do teto de vidro.

No quarto e último capítulo, trago uma análise sobre o que Bruschini e Lombardi (2000) chamaram de "a bipolaridade do trabalho feminino", isto é, os dois polos opostos em que se encontram as mulheres:

as altamente qualificadas e integradas no mercado produtivo, normalmente brancas, em um polo, e as mulheres sem formação, absorvidas por trabalhos de baixa remuneração, pouca formalidade e valorização, na maioria negras, no outro.

Ao abordar as questões sobre as mulheres altamente qualificadas, deparo-me com a relação de conciliação e delegação utilizada amplamente no Brasil. As empregadas domésticas são peça-chave para a compreendermos a dinâmica familiar das classes média e alta brasileiras.

Ainda sobre as mulheres altamente qualificadas, levanto a realidade da pós-graduação no país e como os números e as posições de poder refletem a dinâmica das relações entre os sexos no mundo do trabalho e na sociedade como um todo. Nesse ponto, passo a evidenciar a realidade profissional das mulheres sem formação, aquelas que sempre trabalharam fora de casa no intuito de auferir renda, o que me impôs olhar para o trabalho doméstico, reconhecido nicho absorvedor da mão de obra feminina não qualificada.

Realizo, em seguida, investigação sobre o fenômeno da terceirização dos afazeres domésticos e como esse foi o dispositivo utilizado pelas famílias da classe média e alta para suprir o trabalho não remunerado de esposas, mães e filhas que adentraram o mercado de trabalho.

O derradeiro ponto explorado nesta tese diz respeito da intervenção do Direito como agente organizador da sociedade. O quanto o Direito pode interferir na forma com que as famílias se organizam? O quanto é possível e razoável regular as relações íntimas? Como, nos institutos jurídicos, o Estado já interfere no modelo de relação dos seus cidadãos?

Acredito que este trabalho possibilita pensarmos sobre o papel do Direito na promoção de uma sociedade mais igualitária, democrática e justa para homens e mulheres, e ponderarmos sobre as soluções pré-moldadas que defendemos e executamos na esperança de garantir direitos.

1. A Educação Superior: seu Papel para a Construção da Igualdade e da Autonomia

O primeiro capítulo, dividido em três subitens, inicia o debate sobre o papel social e econômico da educação, avança para a definição de autonomia para a obra e a sua relação com a educação superior, e termina abordando a dicotomia entre a autonomia econômica e a realidade das mulheres, ponderando se a educação superior, como mecanismo de profissionalização, seria, ou não suficiente para efetivar a autonomia das mulheres.

1.1. Educação superior: instrumento de produção de saber?

A educação é um instrumento de poder e do processo civilizatório, como aponta Durkheim (1978). O objetivo da educação é possibilitar que os indivíduos se integrem socialmente, aprendam quais são os valores e as condutas em voga no meio que convivem. Aristóteles (apud Ribeiro, 2002), há mais de dois mil anos, defendia que educação "tem caráter público" e que apenas o Estado poderia concretizar a educação, pois "todos pertencem ao Estado de que cada um é parte" (ARISTÓTELES, 1973).

O Estado, de fato, tem sido o responsável pelo desenvolvimento da educação das massas. Foram as estruturas estatais que construíram arcabouços teóricos, jurídicos e políticos capazes de desenvolver métodos de ensino para a população, métodos esses racionalizados a partir de uma opção do Estado sobre o que caberia, em cada momento, ao povo saber.

Em especial a partir da segunda metade do século xx, com o advento do sistema de organismos internacionais, com o desenvolvimento do

Estado de bem-estar social na Europa e nos Estados Unidos, com a defesa ideológica dos países ocidentais de que seria possível a junção de democracia, distribuição de renda e capitalismo, a educação ganhou *status* de direito fundamental e passou a integrar as políticas públicas. Como aponta Cury (2002, p. 246):

> Hoje, praticamente, não há país no mundo que não garanta, em seus textos legais, o acesso de seus cidadãos à educação básica. Afinal, a educação escolar é uma dimensão fundante da cidadania, e tal princípio é indispensável para políticas que visam à participação de todos nos espaços sociais e políticos e, mesmo, para reinserção no mundo profissional.

Em 1945, o texto de constituição da Organização das Nações Unidas para a Educação, a Ciência e a Cultura (Unesco) declarou que, "uma vez que as guerras se iniciam nas mentes dos homens, é nas mentes dos homens que devem ser construídas as defesas da paz" (CONSTITUITION..., 1945), culpabilizando a ignorância pela cultura da desigualdade.

Não obstante a importância da educação básica para a sociedade, nosso foco é sobre o papel do ensino superior na sociedade contemporânea, em especial na sociedade brasileira. Para tanto, precisamos compreender o que se intitula "educação superior" e quais são os resultados dessa educação.

A universidade, instituição medieval em que se originaram os estudos superiores, sobreviveu a mudanças sociais de séculos e se transformou em uma instituição presente em todos os Estados: em governos autoritários e democráticos, em projetos socialistas e liberais, em governos laicos e religiosos.

Com algumas exceções, em especial os Estados Unidos, a maioria dos países tem na gênese da sua universidade moderna e contemporânea o cunho público, como aponta Marginson (2007, p. 308, tradução nossa): "Em dimensão nacional, na maioria das nações, o ensino superior é primeiramente entendido como 'público' – a principal exceção são os Estados Unidos, onde o conceito inicial era de um mercado de ensino superior".[3]

---

[3] *"In the national dimension, where in most nations higher education is first of all understood as 'public' – the principal exception is the USA, where the prior concept is that of a higher education market."*

A EDUCAÇÃO SUPERIOR

O caráter público da educação superior, em especial nos pós-
-Segunda Guerra Mundial, dialoga com a consciência de que a prosperidade e a estabilidade de uma nação dependem da sua capacidade
de desenvolver discursos, culturas e tecnologias para impulsionar seus
ideais e objetivos, como ponderaram Johnstone, Arora e Experton, em
publicação do Banco Mundial (1998, p. 1, tradução nossa):[4]

> A educação terciaria sempre foi uma prioridade importante na agenda
> pública. É depositária e defensora da cultura, um agente de mudança nessa
> cultura, um motor para o crescimento econômico nacional e um instru-
> mento para a realização de aspirações coletivas.[5]

A universidade que aflorou a partir da segunda metade do século xx
buscava ser plural, inclusiva, preocupada com os institutos da democracia e com a participação de diversos grupos sociais. O saber se tornou
o norte do desenvolvimento econômico e social, o mundo ocidental se
intitulou como a sociedade do conhecimento, isto é, a sociedade que
valoriza e disponibiliza conhecimento. Um dos resultados desse fenômeno foi a ampliação da entrada de jovens na universidade, como
aponta Meyer (2006, p. x, tradução nossa):

> A educação em nível universitário expandiu-se enormemente no perí-
> odo moderno. A maioria dessa expansão ocorreu no último meio século.
> Assim, quase 20% dos jovens no mundo encontram-se em uma instituição
> de ensino superior – cinquenta anos atrás, poderia ter sido 2%, e cinquenta
> anos antes que poderia ter sido uma fração de 1%.[6]

---

[4] O Banco Mundial é uma instituição financeira internacional direcionada ao financiamento e ao empréstimo para países em desenvolvimento. Cinco instituições compõem
o comitê para redução da pobreza, aumento da prosperidade para todos e promoção do
desenvolvimento sustentável. Apesar do escopo de instituição promotora de igualdade econômica, o Banco recebe constantes críticas sobre a influência nas políticas públicas desenvolvidas nos países que recebem os recursos.

[5] *"Tertiary education has always been an important priority in the public agenda. It is a repository
and defender of culture, an agent of change in this culture, an engine for national economic growth, and
an instrument for the realization of collective aspirations."*

[6] *"University-level education has expanded enormously in the modern period. Most of the expansion
has occurred in the last half-century. So almost 20 percent of a cohort of young people in the world is
now found in an institution of higher education – fifty years ago, it might have been 2 percent, and fifty
years before that it might have been a fraction of 1 percent."*

Paralelamente a esse fenômeno, a partir do final do século xx, mais precisamente após a crise do petróleo em 1973,[7] os países desenvolvidos,[8] até então envoltos nas políticas desenvolvimentistas pós-guerra, viram seus preceitos colocados à prova. A teoria que rechaçava a intervenção estatal e reintroduzia a ideia de Estado mínimo ganhou terreno e o neoliberalismo[9] se tornou um modelo a ser seguido.

A estabilidade monetária deveria ser a meta suprema de qualquer governo. Para isso seria necessária uma disciplina orçamentária, com a contenção dos gastos com bem-estar, e a restauração da taxa "natural" de desemprego, ou seja, a criação de um exército de reserva de trabalho (ANDERSON, 1995, p. 10).

A nova sociedade, que academicamente se reconhecia como sociedade do conhecimento, produtivamente se percebe transformada na sociedade pós-industrial, em que o conhecimento é a estrutura da eco-

---

[7] A crise do petróleo ocorreu a partir do processo de nacionalização do petróleo pelos países árabes, majoritariamente, que compunham a Organização dos Países Exportadores de Petróleo (OPEP) e por sua decisão de diminuir a exportação de petróleo para os Estados Unidos a fim de forçar a retirada de Israel do território ocupado na Guerra dos Seis Dias, em 1967.

[8] Países desenvolvidos, para este livro, são os países com alto Índice de Desenvolvimento Humano (IDH), como classifica anualmente as Nações Unidas pelo *Human Development Index*.

[9] O neoliberalismo se baseia teoricamente nos escritos de Hayek, que em 1948 publicou *Individualism and economic order,* com um apanhado de textos construídos desde 1930 em que considerava o Estado de bem-estar social como uma ameaça as liberdades individuais, ao individualismo, as convicções liberais como um todo. Contudo, foi a partir dos anos 1970 que o discurso se consolidou como a única saída às crises econômicas, transformando o Estado e os direitos sociais como os grandes vilões da estabilidade e do crescimento econômico. Nas palavras de Leda Maria Paulani (2016, p. 121): "esta mensagem do neoliberalismo, agora muito mais econômica do que qualquer outra coisa, ficou confinada à discussão teórica por mais de vinte anos, até encontrar, com a crise enfrentada a partir dos anos 1970, um solo propício à sua difusão. A partir daí, tudo vira de cabeça para baixo e os sinais do jogo se invertem. O Estado surge de vilão, o mercado de panaceia. Todos os males parecem poder ser resolvidos pela abertura da economia, pela diminuição do Estado e/ou pela contração de seus gastos. No coração do sistema, os Estados Unidos atacam de *reaganomics e supply side economics*; a Inglaterra vem com mrs. Thatcher e suas privatizações; para o terceiro mundo reserva-se o Consenso de Washington".

nomia.[10] As novas tecnologias, os computadores, a internet, os maquinários menores e mais ágeis, a substituição cada vez mais rápida de trabalho humano por robôs, as descobertas médicas constantes empoderaram o saber científico-acadêmico ao estágio de transformá-lo no novo soberano.

O neoliberalismo, todavia, não se instalou nos países desenvolvidos de forma igual: a Europa ocidental, que se reconstruiu após a Segunda Guerra Mundial a partir da estrutura socioeconômica do Estado de bem-estar social,[11] reagiu de forma bem mais forte a retirada de direitos sociais.

Aos americanos, a guerra fria e o discurso anticomunista influenciaram de forma considerável as narrativas. A preocupação estava mais centrada na produção de mísseis do que em políticas sociais. Os europeus, com exceção da Inglaterra, resistiram mais em perder direitos, em privatizar instituições e em abrir mão da intervenção estatal em assuntos

---

[10] Sociedade pós-industrial seria aquela em que os setores de serviços, de tecnologia, de produção intelectual geram mais riqueza do que a produção industrial de produtos. Alguns estudiosos equiparam sociedade pós-industrial com sociedade do conhecimento ou sociedade da informação, contudo, nesta obra, concordamos com a ponderação de Bell (2001, p. 2013): "Empreguei o termo 'pós-industrial' por dois motivos. Primeiro, para enfatizar a natureza relativa e transitória dessas mudanças. Em segundo lugar, para sublinhar um princípio axial importante, a tecnologia é o principal determinante de todas as outras mudanças na sociedade. Nenhum esquema conceitual jamais exaure uma realidade social. Cada esquema conceitual é um prisma que seleciona alguns recursos, em vez de outros, para destacar mudanças históricas ou, mais especificamente, para responder a certas perguntas [*I employed the term 'post-industrial' for two reasons. First, to emphasize the interstitial and transitory nature of those changes. And second, to underline a major axial principle, that technology is the primary determinant of all other society changes. No conceptual scheme ever exhausts a social reality. Each conceptual scheme is prism which selects some features, rather than others, in order to highlight historical changes or, more specifically, to answer certain questions*]".

[11] Estado de bem-estar social ou Estado-Providência, como se refere Boaventura de Sousa Santos (s.d., p. 47) é: "a forma política dominante nos países centrais na fase de "capitalismo organizado", constituindo, por isso parte integrante do modo de regulação fordista. Baseia-se em quatro elementos estruturais: um pacto entre o capital e o trabalho sob a égide do Estado com o objetivo fundamental de compatibilizar capitalismo e democracia; uma relação constante, mesmo que tensa, entre acumulação e legitimação; um elevado nível de despesas em investimentos e consumos sociais; e uma estrutura administrativa consciente de que os direitos sociais são os direitos dos cidadãos e não produtos de benevolência estatal".

econômicos e sociais,[12] apesar de também terem cedido, mais ou menos dependendo do país, as políticas de austeridade.

Observa-se, como aponta Sader (2008, p. 38), que o ideário neoliberalista defendia a restrição dos direitos sociais, não por discordar ideologicamente, mas para não comprometer as contas públicas e assim resguardar o mercado financeiro:

> Afirmava-se que a recessão produzia um desequilíbrio entre os direitos e a capacidade financeira do Estado de atendê-los, propondo o que chamavam de "democracia restrita", ou seja, de atendimento seletivo dos direitos e, sobretudo, um corte naqueles existentes. A palavra "governabilidade" passou a ser incluída no vocabulário da nova versão do liberalismo, como categoria central, significando "possibilidade", "viabilidade", "exequibilidade", incluindo agora o filtro financeiro como critério de realização dos direitos.

Isto posto, independente do grau de aderência ao neoliberalismo ou ao Estado de bem-estar social, a educação superior nos países desenvolvidos continuou recebendo apoio, financiamento e posicionamento público da sua importância para crescimento dos Estados e das regiões.

Em 1987, a União Europeia aprovou um plano para a educação superior, e entre as ações estava a criação do programa Erasmus, para estimular a mobilidade de estudantes universitários europeus. O programa resistiu ao tempo: entre 1987 a 2002, um milhão de jovens tinham passado pelo programa, de 2003 a 2009 chegou-se a dois milhões e, em 2013, o montante era de três milhões de estudantes (Comissão Europeia, s.d.).

Em 1999, foi assinado o Processo de Bolonha, que em 2018 contava com 48 países signatários. O objetivo do processo é construir um espaço europeu de ensino superior. A compreensão europeia é de que, para ser um polo econômico dinâmico e competitivo, são essenciais a formação e a retenção de estudantes, professores, cientistas nas universidades euro-

---

[12] Como explica Mariani (2007, p. 2): "Os governos de outros países da Europa tiveram dificuldades na implementação do receituário neoliberal. Isso se deu por causa da resistência das organizações e movimentos populares, especialmente dos sindicatos que lutaram para manter os direitos adquiridos. Esses movimentos de resistência aconteceram em diversos países, tais como Alemanha, França, Espanha e Itália".

A EDUCAÇÃO SUPERIOR

peias e a promoção de intercâmbio de saberes (DECLARAÇÃO DE BOLO-NHA..., 1999).

A Europa decidiu também aumentar consideravelmente o número de formados em cursos superiores. Em 2008, 31,1% dos europeus entre 30 e 34 anos tinham formação superior, em 2015, essa porcentagem era de 38,7% e a meta a ser atingida até 2020 é de 40% (EUROSTAT, s.d.).

Os americanos, assim como os europeus, reconhecem a importância da educação superior para o avanço econômico do país e incentivam a entrada, de forma substancial, dos seus jovens nos bancos universitários. Em 1940, 5,5% dos homens e 3,8% das mulheres americanas com mais de 25 anos tinham completado quatro anos de educação superior. Trinta anos depois, em 1970, eram 14,1% e 8,2% respectivamente, em 2000, as porcentagens eram de 27,8% e 23,6%. Desde 2014, as mulheres passaram a ser a maioria dos formados e, em 2017, 34,6% das americanas e 33,7% dos americanos tinham formação superior (STATISTA, s.d.). A Organização para a Cooperação e Desenvolvimento Econômico (OECD, 2016),[13] em 2016, afirmou que os Estados Unidos continuavam sendo o país, entre os seus membros, com maior gasto por aluno em todos os niveis educacionais.[14]

Vale ressaltar que o gasto americano com educação superior não é majoritariamente público, o Estado arca com apenas 36% dos custos das instituições públicas de ensino superior e 2% das particulares (WOLANIN, 2015, p. 9). Isto é, instituições privadas, as famílias e até o próprio estudante americano estão convencidos da importância da educação superior, ao ponto de arcarem com ela privadamente.

Percebe-se que a educação superior, a partir do século XX, tornou-se, para o Estados ricos, uma ferramenta reconhecida na manutenção e no crescimento econômico. O discurso ocidental em âmbito internacional

---

[13] A Organização para a Cooperação e Desenvolvimento Econômico (OCDE) é uma instituição internacional que conta com 35 países membros. Seu objetivo é promover politicas econômicas e sociais para todos os países-membros a partir do diálogo com o mercado produtivo. Os países signatários, em sua maoria, são desenvolvidos. Entre os membros estão varios países europeus como a França, a Inglaterra e a Alemanha. São membros também Estados Unidos, Japão, Israel. Na America Latina, apenas o Chile faz parte (OECD, s.d.).

[14] A OCDE publicou em 2016 o relatório *Education at a Glance*, em que analisa os dados estatísticos no âmbito internacional dos seus países e de mais onze parceiros. Os dados originais foram disponibilizados pelos governos (OCDE, 2016a).

tem sido de que a educação é instrumento capaz de desenvolver um país e que expressivo investimento econômico nela resultaria em vantagens comparativas.

Os números mostram que, desde a década de 1970 e mais fortemente a partir do início do século XXI, a quantidade de estudantes da educação superior no mundo cresce de forma exponencial:

> O número de estudantes que buscam a educação superior disparou nos últimos 37 anos, crescendo cinco vezes: de 28,6 milhões em 1970 para 152,5 milhões em 2007. Isso se traduz em um aumento médio anual de 4,6%, com o número de estudantes do ensino superior dobrando a cada 15 anos. Todavia, um olhar mais atento aos dados revela que a expansão tem sido particularmente intensa desde 2000, com 51,7 milhões de novos alunos do ensino superior matriculados em todo o mundo em apenas sete anos (UNESCO, 2009, p. 10, tradução nossa)[15].

Aos países em desenvolvimento, tem sido sustentada a ideia de que a pobreza e a desigualdade serão vencidas com maior investimento em educação, tanto em níveis básicos como superiores.

O relatório do Banco Mundial de 2000 sobre a educação superior em países em desenvolvimento alertava que os países desenvolvidos estariam reagindo rápido ao surgimento de novas tecnologias, ao crescimento da força de trabalho intelectual, ao invés da física, e por isso colocavam a educação como a política central para o desenvolvimento do país (WORLD BANK, 2000, p. 15).

Entretanto, o discurso internacional sobre a importância do investimento em educação superior não é uniforme. Se por um lado as diretrizes das Nações Unidas enfatizam a necessidade de investimento em formação superior nos países em desenvolvimento, inclusive incluindo na *Agenda 2030*[16] a meta de ampliar substancialmente até 2020 o finan-

---

[15] *"The number of students pursuing tertiary education has skyrocketed over the past 37 years, growing five-fold from 28.6 million in 1970 to 152.5 million in 2007. This translates into an average annual increase of 4.6%, with the average number of tertiary students doubling every 15 years. But a closer look at the data reveals that the expansion has been particularly intense since 2000, with 51.7 million new tertiary students enrolled around the world in just seven years."*

[16] A agenda 2030 é uma iniciativa das Nações Unidas para implementar um desenvolvimento sustentável no mundo: "Em setembro de 2015, líderes mundiais reuniram-se na sede

A EDUCAÇÃO SUPERIOR

ciamento para estudantes de países em desenvolvimento, o Banco Mundial e a OCDE em suas recomendações para países pobres orientam que estes foquem os investimentos públicos em educação básica.

Em 1995, o Banco Mundial publicou um relatório para os países que buscavam empréstimos com o banco em que orientava que os governos deveriam se dedicar as escolas primárias e secundárias, e que a responsabilidade com educação profissional deveria ser repassada à iniciativa privada (LAUGLO, 1997, p. 12). Tal recomendação recebeu inúmeras críticas por reforçar as políticas neoliberais e não reconhecer a importância do Estado em oferecer a todos e todas as chance de construir uma vida econômica e socialmente melhor, como defendeu Altmann (2004, p. 86):

> Acreditar que a oferta de um ensino básico garantirá, a todos, oportunidades iguais no mercado de trabalho e na vida social é uma grande ilusão. Com esse tipo de investimento, há uma segmentação da população entre aqueles que só dispõem dos serviços básicos e os que obtêm serviços mais amplos.

No relatório *Learning to Realize Education's Promise*, de 2018,[17] o Banco Mundial já não dita de forma tão explicita a necessidade dos países mais pobres em gastar seu recurso especificamente em educação básica, reconhecendo a importância da educação superior para o desenvolvimento da nação. Porém ações do banco são baseadas na oferta de assistência na construção de uma sólida base educacional, com poucas referências a recursos e/ou estratégias para a educação superior.

Isto posto, apesar dos posicionamentos dos organismos internacionais, o que se percebe é que os números na educação, em especial na educação superior, são parâmetros relacionados a capacidade do país de crescer economicamente e de participar de forma mais significativa no mercado econômico. Além disso, o acesso à educação superior tem

---

da ONU, em Nova York, e decidiram um plano de ação para erradicar a pobreza, proteger o planeta e garantir que as pessoas alcancem a paz e a prosperidade: a Agenda 2030 para o Desenvolvimento Sustentável, a qual contém o conjunto de dezessete Objetivos de Desenvolvimento Sustentável (ODS)" (PLATAFORMA AGENDA 2030, s.d.).

[17] Relatório disponível em <http://www.worldbank.org/en/publication/wdr2018>. Acesso em: 27 abr. 2018.

efeito econômico e social na vida das pessoas: quanto mais educado, mais tempo se vive, mais se participa politicamente da sociedade e se produz mais riqueza. Os números oficiais corroboram com essa visão. O já referido relatório da OCDE de 2016 demonstrou a relação emprego, rendimentos e educação: dos 35 países que compõem a Organização e dos onze países parceiros, entre eles o Brasil, as pessoas com formação superior são mais empregadas do que as médias nacionais (OCDE, 2016a). Em relação aos rendimentos, a diferença também é observada em todos os países analisados. Em média, entre os países da OCDE, as pessoas com títulos de doutorado e/ou mestrado ganham o dobro dos que contam apenas com o ensino médio; os que têm a graduação completa ganham, em média, 48% a mais e aqueles que têm um curso técnico posterior a educação básica recebem 20% a mais (OECD, 2016a).

Observa-se também que os países com melhores índices de Desenvolvimento Humano (IDH) possuem um grande percentual de cidadãos com educação superior.[18] A Noruega, primeira colocada, contava, em 2017, com taxa de matrícula no ensino superior de 81% da população adulta. Os países africanos ranqueados abaixo da centésima posição, como Benin, Congo e Guinea, não chegavam a 15% (UNDP, s.d.).

Em reforço a questão da tecnologia e da educação superior como ferramentas do mercado produtivo, percebe-se a relação entre os países que investem em universidades e afins e os campeões de produção de patentes. As patentes são títulos de propriedade de uma invenção, uma inovação tecnológica, que possibilita ao inventor gozar de direitos de propriedade, isto é, produzir, vender, usar, exportar seu produto. Além de poder impedir que outros copiem sua invenção sem autorização, o dono da patente, privado ou público, tem, por um período, o monopólio daquela tecnologia e, consequentemente, o controle comercial e mercadológico. Japão, Estados Unidos, Alemanha e Coreia são os países com o maior número de patentes de caráter tecnológico (WIPO, 2017), estando entre os vinte primeiros países com os melhores índices de desenvol-

---

[18] O Índice de Desenvolvimento Humano (IDH) é uma medida alternativa utilizada pelo Programa das Nações Unidas para o Desenvolvimento (PNUD) para avaliar "progresso ao longo prazo em três dimensões básicas do desenvolvimento humano: renda, educação e saúde. O objetivo da criação do IDH foi o de oferecer um contraponto a outro indicador muito utilizado, o Produto Interno Bruto (PIB) *per capita*, que considera apenas a dimensão econômica do desenvolvimento" (PNUD, s.d.).

vimento humano e colocando mais de 60% dos seus jovens no ensino superior (UNDP, s.d.).

Vale ponderar que a educação superior no século XXI se depara com os mais diversos conflitos, as certezas do século XX estão ruindo. O fim da União Soviética, a queda do muro de Berlim, a vitória do capitalismo sob o socialismo real abriu espaço para o surgimento de uma pluralidade de novas correntes político-sociais. Sob o manto da invencibilidade do capital, as lutas identitárias, as reivindicações de grupos sociais até então invisíveis, os embates raciais, étnicos e de gênero obrigaram os espaços de produção de conhecimento a repensar seus modelos e estratégias.

Dito isso, no que tange a sustentabilidade do sistema capitalista, a relação de criação, produção e venda de bens e serviços estão intrinsicamente ligadas às inovações oriundas da produção dos centros de educação superior. As universidades e correlatas são ainda as fábricas de ideias, de tecnologias e de solução inovadoras para o mundo globalizado, tecnologicamente dominado e em constante mudança.

1.2. Autonomia e educação superior: a capacidade e a ferramenta para a construção da igualdade

Debater o conceito de autonomia não é o objetivo deste trabalho. Assim como todos os outros conceitos filosóficos, a definição de autonomia requer uma análise profunda sobre as grandes questões da humanidade, como o significado de sujeito, pensamento, ética e sociedade. Não obstante nossa pretensão mais simplória – empregar a ideia de autonomia para discutir o papel dela na vida das mulheres brasileiras que tiveram acesso à educação superior –, faz-se essencial entendermos de que autonomia estamos falando.

Nosso foco é debater o papel político, social e jurídico desse termo, apesar de sabermos que é possível utilizá-lo em questões médicas, relacionadas a autonomia funcional e capacidade de deslocamento, e em questões mecânicas, como a capacidade de autonomia de um veículo, entre tantos outros campos teórico-científicos. No entanto, a autonomia que analisamos aqui se baseia na construção cristã de livre-arbítrio, em que o homem,[19] individualmente, passou a ser responsável por suas esco-

---

[19] Neste livro, sempre que utilizarmos a palavra "homem" estaremos nos referindo ao indivíduo do sexo masculino.

lhas e não mais submetido a uma força externa incontrolável. Nas palavras de Segre, Silva e Schramm (1998, p. 16):

> [...] o pensamento cristão, ao cunhar a noção de alma individual criada por Deus, fez do homem uma criatura diretamente relacionada com o criador, e neste sentido liberta, ao menos em princípio, das injunções naturais. O destino transcendente da alma faz com que o mundo, entendido como o conjunto de elementos naturais, seja para a alma apenas um cenário de peregrinação rumo ao seu verdadeiro destino.

Contudo, nossa autonomia contemporânea está mais vinculada ao pensamento moderno que centra no sujeito os direitos, as liberdades, seja a liberdade física, de pensamento, de credo ou de opinião.

O conceito de autonomia pós-Revolução Francesa reforçava a razão sob os dogmas religiosos e a reafirmava como o grande diferencial do ser humano sobre os outros animais. Kant (1724-1804), um dos mais importantes filósofos da modernidade, ampliou a concepção de Rousseau sobre autonomia da vontade propondo que "a ideia de contrato social como um procedimento em que as pessoas obedecem a si mesmas na medida em que participam juntas da elaboração das leis" (TERRA, 2004, p. 12).

A ideia da autonomia da vontade como norte das relações humanas fundamentou o liberalismo. Econômica e juridicamente o contrato passou a ser o grande ente a ser respeitado: "se o *status* não mais importava, o novo ídolo era o contrato" (RODRIGUES JUNIOR, 2004, p. 117). O capitalismo, sistema econômico da modernidade ocidental, estrutura-se na ideia de livre iniciativa, de liberdade para comprar e vender. O respaldo jurídico desse sistema é a autonomia individual, que possibilita aos indivíduos venderem sua força de trabalho sob o ideal de que é possível negociar o valor e as formas dessa venda, sem questionar a legitimidade do acúmulo de capital. Essa autonomia, de base liberal, entende o Direito como alicerce da igualdade, pois o que se busca é igualdade para competir no mercado, como explica Singer (1996, p. 6):

> Esta confinava a igualdade entre os cidadãos aos resultados da competição no mercado. Os homens (mas não as mulheres) deviam ser iguais em direitos jurídicos, para poderem competir nos mercados, porém nada deveria reduzir a desigualdade "natural" entre ganhadores e perdedores.

A EDUCAÇÃO SUPERIOR

O sistema jurídico foi fortemente influenciado pela lógica kantiana de que direito e moral são as bases das regras da sociedade moderna, e a máxima "aja externamente de tal modo que o uso livre de seu arbítrio possa coexistir com a liberdade de cada um segundo uma lei universal" (KANT, 2013, p. 36) se tornou um pilar para a produção de normas e conduta social a partir do século XIX. Na contemporaneidade, todavia, a ideia de autonomia se expandiu. O dicionário de língua portuguesa define autonomia como: "Aptidão ou competência para gerir sua própria vida, valendo-se de seus próprios meios, vontades e/ou princípios" (DICIO, autonomia, s.d.). A definição nos obriga a refletir sobre o que seria socialmente necessário para que o indivíduo pudesse exercer essa aptidão. Mais do que a racionalidade, a sociedade contemporânea reconhece que as condições socioculturais interferem na capacidade do sujeito em fazer escolhas.

A autonomia, mais do que o livre-arbítrio, passou a ser compreendida como uma capacidade de decidir. Capacidade essa que, para ser exercida, precisa de meios efetivos, o que fez com que o termo passasse a dialogar com direitos humanos, com liberdade política e com democracia.

Bobbio (1986) explica que o ideal de liberdade que inspirou o modelo democrático se fundava na ideia de autonomia das vontades, da habilidade dos homens em decidirem as leis que os regem. Porém a democracia real, que se alastrou pelas nações ocidentais a partir do século XIX, baseia-se na representação, o que por si só seria o oposto da lógica de liberdade individual:

> O princípio inspirador do pensamento democrático sempre foi a liberdade entendida como autonomia, isto é, como capacidade de dar leis a si própria, conforme a famosa definição de Rousseau, que deveria ter como consequência a perfeita identificação entre quem dá e quem recebe uma regra de conduta e, portanto, a eliminação da tradicional distinção entre governados e governantes sobre a qual fundou-se todo o pensamento político. A democracia representativa, que é a única forma de democracia existente e em funcionamento, é já por si mesma uma renúncia ao princípio da liberdade como autonomia (BOBBIO, 1986, p. 25).

Além disso, as condições econômicas a partir da quebra da bolsa de Nova Iorque em 1929 e o avanço das ideias socialistas a partir da revolução russa de 1917 obrigaram o mundo ocidental a repensar os conceitos de liberdade, de direito e de autonomia. A miséria, a desigualdade econômica, a falta de condições mínimas reacendeu o debate sobre a força do entorno sob o indivíduo.

O individualismo, característica emancipatória da modernidade que possibilitou ao homem, no sentido estrito, não estar predestinado por sua linhagem, por seus antecedentes, por sua origem, também foi responsável pela desvalorização do conceito de comunidade, de compromisso social, de dever. Também, a realidade do capitalismo demonstrou que não é possível exercer a liberdade apenas pela letra do Direito, como ponderam Segre, Silva e Schramm (1998, p. 16):

> [...] ampla reavaliação crítica de alguns dos principais resultados da modernidade, a começar pelo "individualismo" (em particular o norte-americano) que passa a ser considerado, simultaneamente, como a melhor conquista da modernidade (pois teria emancipado o humano dos ordenamentos preestabelecidos do cosmos, da Grande Cadeia do Ser, da divindade) e também como uma das causas principais do "mal-estar da modernidade".

O século xx, em especial a partir do fim da Segunda Guerra Mundial, impôs ao mundo ocidental a reorganização do papel do Estado e das noções de igualdade, liberdade, livre-arbítrio, capacidade e autonomia. A igualdade formal, apenas, não mais representava o desejo da sociedade que vivenciou os horrores do holocausto, da miséria, do capitalismo desregulamentado.

A Declaração dos Direitos Humanos iniciou um longo repertório de acordos e convenções internacionais para garantir um mundo menos desigual e ao mesmo tempo a manutenção do capitalismo como sistema econômico.

Em 1941, os Estados Unidos e a Grã-Bretanha assinaram a Carta do Atlântico, em que acordavam em garantir às pessoas a autodeterminação. Em 1948, a Declaração dos Direito Humanos (art. 1º) afirmava que fazia parte dos objetivos da declaração relações entre os países de forma que garantisse a autodeterminação dos povos.

A autodeterminação, que pode parecer muito próxima do conceito de autonomia, é introduzida na política internacional pós-guerra como um conceito de inclusão e não de individualismo. A comunidade internacional entendeu que os países precisam buscar meios de se autogerir, e que a mesma fórmula não funciona em todos os lugares. Esse entendimento auxiliou na busca por reconhecimento étnico, cultural, social. Os direitos humanos que iniciaram com as garantias de direitos políticos e civis e depois evoluíram para as garantias sociais, econômicas e culturais costuram, ainda hoje, uma delicada gerência entre a manutenção dos direitos individuais e os mecanismos para o exercício desses direitos pelos Estados e pela comunidade internacional.[20]

O conceito de autonomia, na contemporaneidade, entrelaça com a busca de grupos sociais marginalizados por caminhos para o melhor viver. Isto significa que a Justiça e, consequentemente, o Direito precisam solucionar o encontro das duas demandas:

---

[20] Exemplos claros da difícil engenharia internacional na definição do que seriam os direitos humanos são os dois pactos de 1966: Pacto Internacional dos Direitos Econômicos, Sociais e Culturais e o Pacto Internacional dos Direitos Civis e Políticos. No processo da construção da Declaração dos Direitos Humanos, o intuito era aprovar dois documentos balizadores aos Estados signatários: uma carta de intenções, com os princípios gerais, e um pacto, este mais específico e vinculante ao sistema jurídico dos países participantes. Contudo, no processo de criação e aprovação da Declaração dos Direitos Humanos, o grupo de trabalho responsável não conseguiu angariar consenso para pacto e se restringiu a desenhar a Declaração e a expor a necessidade do pacto. A aprovação dos pactos ocorreu apenas dezoito anos depois e, em vez de um único documento, foram necessários dois pactos. O motivo foi contemplar as exigências diplomáticas dos países ocidentais, liderados pelos Estados Unidos, de direitos civis, de liberdade individual, sufrágio, democracia representativa; do lado do bloco socialista, liderados pela União Soviética, as demandas eram por reconhecimento dos direitos econômicos, sociais e culturais na efetivação dos direitos humanos. Comparato (2003, p. 167) argumenta que: "A elaboração de dois tratados e não de um só, compreendendo o conjunto dos direitos humanos segundo o modelo da Declaração Universal de 1948, foi o resultado de um compromisso diplomático. As potências ocidentais insistiam no reconhecimento, tão-só, das liberdades individuais clássicas, protetoras da pessoa humana contra os abusos e interferências dos órgãos estatais na vida privada. Já os países do bloco comunista e os jovens países africanos preferiam pôr em destaque os direitos sociais e econômicos, que têm por objeto políticas públicas de apoio aos grupos ou classes desfavorecidas, deixando na sombra as liberdades individuais".

Justiça, hoje, requer tanto redistribuição quanto reconhecimento; nenhum deles, sozinho, é suficiente. A partir do momento em que se adota essa tese, entretanto, a questão de como combiná-los torna-se urgente. Sustento que os aspectos emancipatórios das duas problemáticas precisam ser integrados em um modelo abrangente e singular. A tarefa, em parte, é elaborar um conceito amplo de justiça que consiga acomodar tanto as reivindicações defensáveis de igualdade social quanto as reivindicações defensáveis de reconhecimento da diferença (FRASER, 1997, p. 103).

A partir dessa base conceitual de autonomia como o Direito de pessoas e grupos sociais de buscarem seus próprios caminhos, as temáticas foram definindo o que seria autonomia para cada área. A educação e, em especial, a universidade, tem um amplo debate sobre autonomia universitária, as feministas têm um conceito de autonomia de gênero,[21] assim como a economia, a sexualidade, as artes, a bioética entre outros.

A terminologia da autonomia foi, inclusive, equiparada a soberania individual (*self ownership*), em que cada ser humano é moralmente dono de si, e debatida por autores liberais e socialistas sobre o real significado dessa soberania para o indivíduo:

> Os marxistas dependem da ideia de soberania individual para atacar a exploração dos trabalhadores, e os libertários dependem dela para rejeitar a tributação redistributiva necessária para o Estado de bem-estar social (PATEMAN, 2009, p. 181).

No entanto, apesar do debate teórico, saber quais são os mecanismos necessários para que a capacidade de escolha, logo de autodeterminação, seja garantida é uma árdua tarefa para as ciências, principalmente as ciências sociais, que lidam com parâmetros diferentes em cada momento histórico.

No âmbito da educação, autonomia tem três ramos igualmente importantes para a nossa pesquisa: a autonomia resultante do conhecimento, que compreende a aptidão de entender o mundo e assim fazer escolhas; a autonomia do saber, da qual a autonomia universitária é o

---

[21] Neste livro gênero será utilizado a partir do conceito defendido por Scott (1989, p. 28): "o gênero é um elemento constitutivo de relações sociais baseado nas diferenças percebidas entre os sexos, e o gênero é uma forma primeira de significar as relações de poder".

expoente; e o papel da educação na conquista da autonomia econômica, a partir das ferramentas que ela oferece aos indivíduos para que desenvolvam suas funções no mundo produtivo.

A autonomia resultante do conhecimento talvez seja a consequência historicamente mais esperada do processo de educação. Sócrates, quando afirma a celebre frase *sei que nada sei*,[22] intitula-se o homem mais sábio da Grécia porque reconhece a sua ignorância, não a nega ou ignora, "esse é o principal defeito, parece querer dizer Sócrates, de um ser humano: ignorar sua ignorância" (KOHAN, 2011, p. 68).

A escrita oferece às gerações futuras um vasto repertório de ensinamentos, possibilita pontos de partida a partir de vivências e experimentações de outrem. O registro garante a manutenção e a propagação da memória e da tecnologia de cada tempo. As habilidades da escrita e da leitura têm ofertado a humanidade um arcabouço documental para a manutenção e o desenvolvimento da sociedade. Outros saberes humanos, anteriores a escrita, como a matemática e a medicina, encontraram nas letras um meio de transmitir o conhecimento e, portanto, possibilitar seu desenvolvimento por novas mentes.

O letramento é uma capacidade que se aprende, que se adquire através do olhar atento e do ensinamento dos que já sabem. Sendo assim, se na escrita se armazena a memória da sociedade, ser capaz de entender o conteúdo desse armazenamento faz com que o indivíduo se integre e possa analisar as situações cotidianas, do seu tempo, de modo consciente.

Dito isso, a autonomia resultante do conhecimento para o debate contemporâneo está ligada ao poder. A educação pode ser tanto um instrumento de empoderar[23] como de subjugar, como ponderou Paulo

---

[22] Sócrates não escreveu uma só obra, seus ensinamentos são conhecidos através das obras de seus discípulos, em especial Platão. A frase atribuída a Sócrates não tem registro nos escritos de Platão, contudo, em *Apologia de Sócrates*, em que Platão relata um discurso do mestre, consta a frase: "aquele homem acredita saber alguma coisa, sem sabê-la, enquanto eu, como não sei nada, também estou certo de não saber" (PLATÃO, 2003, p. 8).

[23] Empoderar é uma expressão oriunda da palavra inglesa *empower*, muito utilizada nos debates feministas e que recebe críticas por representar a absorção de um conceito imperialista. Entretanto, Paulo Freire era um entusiasta da expressão. Em seu *livro Alfabetização: leitura do mundo, leitura da palavra*, o autor faz uma nota explicando o que significa *empower*: "o verbo *to empower* tem um significado muito rico: 1. Dar poder a; 2. Ativar a potenciali-

DIREITOS DAS MULHERES

Freire (1989, p. 16): não é possível pensar educação sem considerar a questão do poder, isto é, sem analisar qual educação está sendo oferecida ao educando (a): uma educação para o exercício da democracia e da transformação social ou uma educação mantenedora do *status quo*, voltada para a solidificação das estruturas sociais estratificadas.

A educação, como diz Durkheim (1922, p. 2, tradução nossa) "é a ação exercida pelas gerações adultas sobre aquelas que ainda não estão maduras para a vida social" e necessariamente tem um caráter valorativo. Não existe uma educação completamente livre, neutra, até porque o ato de ensinar perpassa por uma escolha, não é possível transmitir todo o conhecimento do mundo, e quando uma geração decide o que quer transmitir, o faz por opção ideológica.

Em uma sociedade democrática, plural, signatária dos direitos humanos, acredita-se que as pessoas precisam de conhecimentos que as garantam entender e, assim, participar das escolhas políticas, dos movimentos sociais e culturais, que as assegurem compreender as linguagens, os avanços tecnológicos, os arranjos institucionais, e são esses ensinamentos que irão dar autonomia ao indivíduo para exercer, como melhor entender, sua interação social.

A autonomia universitária, por sua vez, é um dos pilares mais importantes da ideia da universidade. O espaço universitário é ideologicamente um ambiente de produção e disseminação de conhecimento livre de amarras religiosas e culturais. Como uma instituição medieval que conseguiu, de certa forma, manter a sua função original, a universidade pode ser definida como: "uma escola de ensino superior que combina o ensino e a produção científica, caracterizada por sua autonomia corporativa e liberdade acadêmica" (PERKIN, 2007, p. 10, tradução nossa).[24]

Para conseguir cumprir a missão institucional, a produção de saber não poderia estar submetida aos limites religiosos, sociais, estatais. Fez-

---

dade criativa; 3. Desenvolver a potencialidade criativa do sujeito; 4. Dinamizar a potencialidade do sujeito. Por isso, preferimos manter a palavra no original, bem como suas derivadas *empowerment* (subst.), *empowering* (ger.), *disempower* (antôn.) etc." (FREIRE, 2011, nota 1).

[24] "*[...] a school of higher learning combining teaching and scholarship and characterized by its corporate autonomy and academic freedom.*"

-se, então, necessário garantir à universidade a possibilidade de negar o senso comum, como explica Marilena Chauí (2003, p. 5):

> A legitimidade da universidade moderna fundou-se na conquista da ideia de autonomia do saber em face da religião e do Estado, portanto, na ideia de um conhecimento guiado por sua própria lógica, por necessidades imanentes a ele, tanto do ponto de vista de sua invenção ou descoberta como de sua transmissão.

Eunice Ribeiro Durham (s.d) enumera quatro tipos de autonomia necessárias à autonomia universitária: a autonomia de pesquisa, que recai sobre a liberdade de produzir conhecimento; a autonomia didática, referente a liberdade de ensinar e aprender; a autonomia administrativa, que corresponde ao poder de se reger, escolher professores e alunos; e a autonomia econômica, que possibilita a instituição empregar seus recursos como melhor entender. A partir dessas condições foi possível à universidade se tornar um espaço de desenvolvimento de soluções, métodos e produtos que modificam constantemente a sociedade.

No capitalismo contemporâneo a produção cientifica originada nas universidades ou os resultados da produção de pessoas formadas nas universidades têm sido responsáveis pela criação de bens, serviços, modelos de produção, meios logísticos de distribuição, entre tantas outras formas que impulsionam o mercado econômico. Nos dizeres de Dagnino (2008, p. 146): "Na atualidade, o capital organiza sistematicamente a ciência e a educação científica".

O automóvel, a internet, o telefone celular, a vacina contra gripe, a Coca-Cola *light*, a embalagem dos óculos de sol, os xampus específicos para cabelos loiros são produtos desenvolvidos por engenheiros, químicos, médicos, nutricionistas, *designers* gráficos oriundos das universidades. Configuram o resultado de um processo de aprendizagem e pesquisa desenvolvida para este fim: ofertar novos produtos ao mercado. Tal realidade se repete no ramo dos serviços: advogados, médicos, arquitetos, dentistas, economistas oferecem soluções para os problemas individuais ou coletivos com base em um saber e uma técnica adquiridos nos bancos universitários e, a partir do domínio desse conhecimento, propõem novos arranjos, novas metodologias, demandam de outros ramos novos produtos.

DIREITOS DAS MULHERES

Vale ressaltar que o viés mercadológico da produção universitária não é a única seara na qual a autonomia universitária influência. Os dilemas sociais, as teorias políticas, os sistemas de justiça são debates acolhidos pela universidade. Desde a segunda metade do século XX, a luta por democracia, as alternativas ao sistema capitalista, as teorias socialistas, os direitos humanos têm constituído o espaço universitário:

> A partir das revoluções sociais do século XX e com as lutas sociais e políticas desencadeadas a partir delas, a educação e a cultura passaram a ser concebidas como constitutivas da cidadania e, portanto, como Direitos dos cidadãos, fazendo com que, além da vocação republicana, a universidade se tornasse também uma instituição social inseparável da ideia de democracia e de democratização do saber (CHAUÍ, 2003, p. 5).

Entretanto, não é possível negar que a autonomia universitária tem sido peça fundamental na consolidação da universidade como terreno fértil ao desenvolvimento constante do objeto central do sistema capitalista: o produto.

No contexto da autonomia, em especial a autonomia econômica produzida em consequência do acesso à educação, precisamos ponderar o que se entende por autonomia econômica. Como debatemos acima, autonomia é a capacidade do indivíduo de fazer escolhas, economia, por sua vez, é a ciência social dedicada ao estudo da "produção, distribuição e consumo de bens e serviços, com o intuito de promover o bem-estar da comunidade; ciências econômicas" (Michaelis, s.d.), ou como diz Marshall (1920, p. 1, tradução nossa) o estudo do "homem ganhando a vida".[25] Logo, autonomia econômica pode ser entendida como a habilidade do indivíduo em produzir riqueza suficiente para bancar suas próprias escolhas.

A importância da educação para a sociedade não é uma ideia nova, mais de dois mil anos se passaram e ainda nos debruçamos na produção teórica de Sócrates, Platão, Aristóteles sobre educação, saber, ciência. Porém a educação da contemporaneidade tem função social, como disse Paulo Freire (1967, p. 88), é "uma educação para a decisão, para a responsabilidade social e política".

---

[25] *"Economics is a study of men earning a living."*

A Organização das Nações Unidas para a Educação, a Ciência e a Cultura (Unesco), agência do sistema da Organização das Nações Unidas (ONU), entende a educação como o instrumento capaz de construir a paz, acabar com a pobreza e encaminhar o mundo para o desenvolvimento sustentavel (UNESCO, s.d). Quando a Unesco aponta que a educação é instrumento para acabar com a probreza, necessariamente reconhece que o resultado da educação irá produzir riqueza. A influência da educação na diminuição da pobreza perpassa pela formação dos indivíduos capazes de participar do mundo produtivo.

A educação como agente de autonomia econômica está relacionada com uma educação para a interação com o mercado, de carater profissional, que faça com que o saber adquirido vire valor, seja mensurável. Em uma sociedade em que o trabalho ainda é a principal fonte de recursos para a maioria dos individuos,[26] para aqueles que não são herdeiros do capital, ter autonomia econômica passa por se ter acesso aos postos de trabalho remunerados. A quantidade e a qualidade da educação, por sua vez, determinam em que nivel, entre os postos existentes, aquele indivíduo poderá atuar.

1.3. Autonomia econômica e as mulheres: educação basta?

Nosso debate se centra na autonomia das mulheres, isto é, a capacidade delas em autodeterminar os seus destinos, e como essa autonomia se relaciona com a educação e consequentemente com a economia.

Às mulheres não foi dado automaticamente os mesmos direitos dos homens quando a razão passou a ser o centro do pensamento humano. A conquista feminina por autonomia, direitos e reconhecimento tem sido um longo caminho, com avanços e retrocessos.

---

[26] Segundo o Banco Mundial, em 2017, 3,4 bilhões de pessoas faziam parte da força de trabalho mundial. O conceito de trabalho utilizado na pesquisa é: "A força de trabalho inclui pessoas com 15 anos ou mais que fornecem mão de obra para a produção de bens e serviços durante um período específico" (WORLD BANK, 2017a, tradução nossa).

DIREITOS DAS MULHERES

A luta por autonomia está intrinsicamente ligada ao feminismo.[27] Em 1791, Olympe de Gouges,[28] apresentou à Assembleia Nacional da França a proposta da Declaração dos Direitos da Mulher e da Cidadã, e pretendia aprovar igualdade de direitos e deveres, liberdade de opinião, de propriedade e de indicação da paternidade. Apesar de não ter conseguido êxito, a proposta demonstrou a consciência das mulheres francesas, no século XVIII, em relação a opressão que viviam e inspirou as lutas das mulheres ocidentais.

O desejo de votar, de poder ser dona de propriedade, de decidir sobre divórcio, sobre seus corpos, sua sexualidade, ser livre para produzir dinheiro e decidir como gastá-lo são demandas desde os primórdios do discurso feminista. Em um segundo momento histórico, a ampliação do movimento feminista para a incorporação de demandas sociais, étnicas, regionais tem feito com que outras facetas da autonomia entrem na pauta, como a autonomia das mulheres negras em suas relações com as mulheres brancas, a autonomia das reivindicações das mulheres em países em desenvolvimento, a autonomia de pauta das mulheres mulçumanas, indígenas, entre outras.

A contemporaneidade ocidental retirou, se não toda, a grande maioria dos impedimentos legais para as mulheres se autodeterminarem. O debate sobre igualdade de direitos e de oportunidades para ambos os sexos[29] perpassa, então, pela garantia de autonomia e autodeterminação das mulheres e meios para a concretização dessa garantia.

---

[27] A definição de feminismo que iremos utilizar neste trabalho é a Hildete Pereira de Melo e Débora Thomé: "A ideia de feminismo se inicia na expressão da sexualidade organizada em dois sexos – homem e mulher –, uma divisão que permeia as relações sociais". Feminismo é uma teoria sobre o poder e sua distribuição desigual nas sociedades humanas (MacKinnon, 2016). Assim, o feminismo compreende movimentos políticos e sociais que pretendem construir direitos iguais para os seres humanos na sociedade"

[28] Olympe de Gouges, pseudonimo de Marie Gouze, foi uma revolucionária francesa, filha da pequena burguesia, defensora dos direitos humanos e dos direitos das mulheres. Após a revolução, lançou-se na luta pelos direitos da mulher, inclusive redigindo a *Declaração dos Direitos da Mulher e da Cidadã*, em resposta a falta de referência aos direitos das mulheres na Declaração do Homem e do Cidadão de 1789. Escreveu ainda um contrato social, em que mulheres e homens teriam os mesmos direitos no casamento. Por sua posição politica, foi guilhotinada pelo novo governo burguês o qual ajudou a chegar ao poder.

[29] Neste livro, o termo sexo se refere ao sexo biológico como definido pela Organização Mundial de Saúde (OMS, 2010, p. 13): "The term sex refers to biological and physiological

Em 2010, a partir da junção de quatro agências do sistema ONU que tratavam das questões relacionadas às mulheres, criou a Organização das Nações Unidas para Igualdade de Gênero e Empoderamento das Mulheres, a ONU Mulheres.[30] Tal iniciativa é reflexo da compreensão de que a igualdade de gênero não é mais uma das temáticas de igualdade, mas sim base para as outras igualdades.

Ainda no âmbito a ONU, em 2000, a organização lançou os *Objetivos do Milênio*, oito metas globais para mundo. Entre essas metas, duas eram direcionadas as mulheres: a melhora da saúde das gestantes e a promoção da a igualdade entre os sexos e a autonomia das mulheres. Em 2015, a ONU propôs uma agenda para o desenvolvimento sustentável, com dezessete objetivos, entre eles a igualdade de gênero (ONUBR, s.d.)

O empoderamento feminino, palavra-chave nas campanhas por igualdade de gênero, está diretamente vinculado com a oferta de mecanismos para que as mulheres tenham autonomia, façam escolhas e não mais vivam em um estado de submissão ao homem. A educação, por sua vez tem sido considerada um dos instrumentos mais importantes para esse embate, porque, por um lado, costuma ser o meio das mulheres se conscientizarem sobre sua condição, seu papel no mundo, sobre conceitos de justiça, e por outro mantêm uma esfera de opressão simbólica. O lugar da mulher na educação reforça seu lugar social, como diz Soihet (1997, p. 14):

> A educação é elemento fundamental na tomada de consciência das mulheres de sua condição subalterna, ao mesmo tempo que lhes proporciona o instrumental para ultrapassar essa condição. Dialeticamente, porém, constitui se num dos principais veículos de difusão da violência simbólica, contribuindo incisivamente para a inscrição das representações

---

characteristics that define males and females. Males and females differ at every biological level, with differences occurring in cells, organs, organ systems and anatomy".

[30] A ONU Mulheres "foi criada, em 2010, para unir, fortalecer e ampliar os esforços mundiais em defesa dos direitos humanos das mulheres. Segue o legado de duas décadas do Fundo de Desenvolvimento das Nações Unidas para a Mulher (Unifem) em defesa dos direitos humanos das mulheres, especialmente pelo apoio a articulações e movimentos de mulheres e feministas, entre elas mulheres negras, indígenas, jovens, trabalhadoras domésticas e trabalhadoras rurais" (ONU MULHERES-BR, s.d.; ver também UN WOMEN, About..., s.d.).

DIREITOS DAS MULHERES

da inferioridade feminina nos "pensamentos e nos corpos" de umas e de outros.

O acesso à educação formal foi um dos primeiros embates vitoriosos das mulheres. Ainda no século XVIII, países ocidentais iniciaram políticas educacionais que incluíam as mulheres. Os Estados Unidos, por exemplo, abriram a primeira escola para meninas, fundada em 1727,[31] e, em 1767, a primeira escola pública, isto é, paga com recursos de impostos, para mulheres.[32] A monarquia russa decidiu oferecer a educação primária e secundária para meninas em 1786 (ENGEL, 2004, p. XVI), e o Brasil garantiu constitucionalmente o Direito a educação pública primária para ambos os sexos em 1824, ainda quando Império (ENGEL, 2004, p. 13).

Se compararmos aos direitos políticos, por exemplo, percebemos como o acesso à educação foi socialmente aceitável muito antes do reconhecimento da condição cidadã das mulheres. Utilizando os mesmos países acima citados, observa-se que os Estados Unidos nacionalizaram Direito ao voto para as mulheres em 1920, com a emenda constitucional 19; a Rússia abarcou o voto feminino apenas após a revolução de 1917 (RAMIREZ; SOYSAL; SHANAHAN, 1997, p. 743) e o Brasil em 1932, pelo Decreto nº 21.076 do então presidente Getúlio Vargas.

Não obstante a possibilidade de mulheres serem educadas ser historicamente anterior aos direitos políticos e a muitos outros direitos civis, essa possiblidade não se configurou rapidamente em oportunidade. Os séculos XIX e XX ainda foram dominados por homens mais educados do que mulheres e por conteúdos diferenciados por sexos: eles e elas recebiam conteúdos diferentes. A educação pública das mulheres iniciou, no Brasil e no mundo, com modelos e conteúdos distintos da educação dos homens. A decisão de educar as mulheres veio acompanhada do conteúdo específico que sociedade queria que elas soubessem a fim de melhor operar o lugar social ao qual eram circunscritas.

---

[31] Urseline Academy é a primeira escola para meninas e a primeira escola católica dos Estados Unidos, fundada em 1727 pelas irmãs da Ordem de Santa Úrsula. Está em funcionamento até hoje (URSELINE ACADEMY, s.d.).

[32] Vale ressaltar que a educação pública nos Estados Unidos não é um direito constitucional. Cada estado da federação tem suas leis especificas sobre a formação das suas crianças e jovens.

A EDUCAÇÃO SUPERIOR

No entanto, em 2018, o relatório *The Global Gender Gap Report*, do Fórum Econômico Mundial, apontou que, mundialmente, as mulheres têm 95% da educação dos homens, um dos quesitos com maior igualdade entre os sexos, apesar de ainda não ser uma igualdade consolidada (wef, 2018, p. 9). Em relação ao Brasil, as mulheres já configuram o maior número de pessoas educadas em todos os nichos, inclusive na educação superior (unpd, 2016, p. 215).

Não é possível negar que a educação, para as mulheres, tem sido um forte instrumento de conscientização, de abertura de possibilidades, de busca por meios de desenvolver uma vida e uma sociedade melhor.[33]

Quando se disponibiliza conhecimento, sabe-se por onde se começa, mas nunca onde irá terminar. Por mais que a escola possa ser, ainda, um lugar de estrutura sexista, racista, homofóbica, as ferramentas educacionais, em especial as habilidades de ler, escrever, pensar lógica e matematicamente abrem frestas para a conscientização em relação às opressões legais, oferecem a possibilidade de pensar e lutar por igualdade. Segundo Freire (2002, p. 13):

> [...] é a força criadora do aprender de que fazem parte a comparação, a repetição, a constatação, a dúvida rebelde, a curiosidade não facilmente satisfeita, que supera os efeitos negativos do falso ensinar. Esta é uma das significativas vantagens dos seres humanos – a de se terem tornado capazes de ir mais além de seus condicionantes.

---

[33] Um dos exemplos contemporâneos mais fortes do papel da educação na autonomia das mulheres é da Paquistanesa Malala Yousafzai, que desde 11 anos luta pelos direitos de as meninas paquistanesas estudarem. Em 2012, quando Malala tinha 15 anos, o Talibã, movimento fundamentalista islâmico, tentou matá-la enquanto ela estava em um ônibus escolar. Malala recebeu um tiro na testa, ficou com sequelas estéticas e de mobilidade, mesmo assim continuou a campanha pelo Direito de todas as meninas estudarem. Em 2014, Malala recebeu o prêmio Nobel da Paz "pela sua luta contra a supressão das crianças e jovens e pelo o Direito de todos à educação", tornando-se a mais jovem pessoa a receber a premiação. Malala, atualmente, vive na Inglaterra, escreveu um livro que se tornou um sucesso internacional, em que conta a sua história. Apesar da fantástica e triste história da jovem, vale ressaltar que Malala é filha de uma família abastada economicamente e dona de uma rede de escolas. A educação, para Malala, sempre foi uma disputa pública e nunca privada e/ou familiar (Yousafzai; Lamb, 2016).

O discurso da capacidade transformadora da educação, por sua vez, não se restringe a academia. A ONU (UNITED NATIONS, s.d., tradução nossa) afirma que a educação é um direito humano e uma necessidade para o mundo:

> A educação não é apenas um direito, mas um passaporte para o desenvolvimento humano. Abre portas e expande oportunidades e liberdades. Contribui para promover a paz, a democracia e o crescimento econômico, bem como para melhorar a saúde e reduzir a pobreza.[34]

Para as mulheres, a educação tem sido um espaço mais receptivo do que o universo do trabalho e do poder, e tem sido através da educação que as mulheres têm conseguido, mesmo que lentamente, abrir portas em esferas originalmente masculinas.

O acesso à educação no século XXI, no mundo ocidental, está mais vinculado a questão econômica do que de sexo. As mulheres economicamente seguras têm, em sua maioria, acesso a todos os níveis de educação. A educação superior, destinada a formar o profissional para atuar no mercado produtivo, tem sido invadida pelas mulheres, o que é essencial para gabaritá-las a exercer funções técnicas.

Segundo a Unesco (s.d.), desde a década de 1990, mais mulheres completam o curso superior do que os homens e, nas pesquisas mais recentes, em 80% dos países analisados o número de mulheres formadas na faculdade também era superior. Entretanto, apesar das mulheres estarem entrando no mundo produtivo mais preparadas academicamente do que os homens há mais de 25 anos, a participação feminina no mercado de trabalho se manteve em torno de 39% desde 1995 (WORLD BANK, 2018b). Além disso, as que estão inseridas no mercado de trabalho recebem, mundialmente, 77% dos rendimentos masculinos e tem mais chances de ficarem desempregadas do que os homens (UN WOMEN, Women in Changing..., s.d.).

Restringindo as análises dos números aos países ricos, vislumbra-se que a diferença entre homens e mulheres persiste. Entre os países da OECD, em 2016, as mulheres recebiam, em média, 13,5% a menos do que

---

[34] *"Education is not only a right but a passport to human development. It opens doors and expands opportunities and freedoms. It contributes to fostering peace, democracy and economic growth as well as improving health and reducing poverty."*

os homens, porém, quando analisados os rendimentos das mulheres em altos cargos, a diferença era de 26% em relação aos homens em cargos equivalentes (OECD, 2018).

Sem negar as dificuldades de cunho legal, religioso, familiar e econômico que encaram as mulheres de alguns países árabes, africanos e asiáticos, onde os direitos de educação e trabalho ainda não estão formalmente garantidos, no mundo ocidental, as barreiras legais não mais impedem as mulheres de acessar e avançar na educação e no trabalho. A educação em geral e especificamente a educação superior, como mostraram os dados, tornaram-se um terreno mais feminino do que masculino ao redor do mundo, e as mulheres ocidentais não mais vivenciam entraves diferentes dos homens para chegar à formação de alto nível.

Isto posto, essa educação não tem se transformado, de forma numericamente igualitária, em riqueza, em trabalho, em ganhos econômicos e consequentemente em autonomia. As mulheres do mundo cumpriram a exigência socialmente posta, lutaram e venceram os desafios da educação, mesmo lidando, no percorrer dos séculos XIX e XX, com barreiras legais, sociais, morais, familiares e econômicas. A elas, vendeu-se a ideia de que o que as impedia de conquistar o mundo produtivo era sua falta de saber específico e que a dedicação aos estudos iria modificar tal realidade.

O que se observa, mais de um quarto de século após as mulheres ultrapassarem os homens na conquista de diplomas universitários, é que os resultados econômicos esperados pela educação superior são distintos entre os sexos. Aos homens, ainda, é mais economicamente vantajoso estudar do para as mulheres.

2. Educação Superior, o Brasil e as Mulheres

O segundo capítulo está dividido em quatro subitens e inicia analisando o percurso legal e institucional da educação superior e os momentos em que as mulheres foram sendo incluídas. Avança para entender o papel da escola Normal na educação profissionalizante das mulheres, relaciona as políticas públicas dos governos Vargas, Dutra, Juscelino, Jango e a ditadura militar, e termina analisando o percurso das mulheres na educação superior, suas escolhas e oportunidades.

2.1. O caminho da educação superior no Brasil e a presença das mulheres

A história da educação no Brasil não fugiu à regra e está entrelaçada à história política do país. Os colonizadores portugueses impuseram às suas colônias restrições à educação, reconhecendo o perigo de ofertar conhecimento a uma população excluída das decisões políticas.

A educação brasileira, em especial a educação superior, nasceu sob a tutela da necessidade de mão de obra especializada para atender uma demanda não prevista nos planos dos portugueses: a fuga da família real da invasão de Portugal por Napoleão.

O primeiro curso superior, Curso Médico de Cirurgia da Bahia, foi instituído no país por ocasião da vinda da Família Real Portuguesa em 1808 (VILLANOVA, 1948, p. 8). A primeira universidade brasileira só foi constituída em 1920, pelo decreto nº 14.343, que por meio da reunião da Escola Politécnica, de Medicina e de Direito, que se transformou em Universidade do Brasil na então capital da República (FÁVERO, 2006, p. 22).

Ensino Superior no Brasil nunca foi um assunto fácil: em comparação aos seus vizinhos latino-americanos, o Brasil demorou muito mais a contar com uma universidade em seu território. A primeira universidade do continente americano foi fundada em 1551, no Peru,[35] pelos padres dominicanos. A Argentina criou sua primeira universidade ainda no século XVII, a Universidade Nacional de Córdoba,[36] instaurada pelos padres jesuítas, a mesma ordem que educou a elite colonial brasileira e que tentou instituir a educação superior no Brasil:

> Desde logo, negou-a a Coroa portuguesa aos jesuítas que, ainda no século XVI, tentaram criá-la na Colônia. Em decorrência, os alunos graduados nos colégios jesuítas iam para a Universidade de Coimbra ou para outras universidades europeias, a fim de completar seus estudos (FÁVERO, 2006, p. 20).

Educação para os espanhóis parece ter tido uma importância maior do que para os portugueses, o que pode ser evidenciado na fundação da Universidade de Salamanca ainda em 1218 e em funcionamento até hoje,[37] na construção de universidades nas colônias americanas e na alfabetização do povo. Como aponta Cunha (2007, s.p.): "nas colônias espanholas da América a universidade não foi uma instituição estranha".

Os motivos portugueses para não instituir Universidades nas colônias, em especial no Brasil, são diversos. O mais utilizado é que Portugal "bloqueava o desenvolvimento do ensino superior no Brasil, de modo que mantivesse a colônia incapaz de cultivar e ensinar as ciências, as letras e as artes" (CUNHA, 2007, s.p.). Contudo, esse não pode ser considerado o único motivo. Portugal e Espanha, nos séculos XVI, XVII e XVIII, tinham diferenças estruturantes em relação às condições do ensino superior. Enquanto a Espanha contava, no século XVI, com 8

---

[35] Universidad Nacional Mayor de San Marcos, fundada em 12 de maio de 1551 e em funcionamento até hoje (UNIVERSIDAD NACIONAL MAYOR DE SAN MARCOS, s.d.).

[36] Universidad Nacional de Córdoba, fundada em 1621 pelos Jesuítas e em funcionamento até hoje (UNIVERSIDAD NACIONAL DE CÓRDOBA, s.d.).

[37] Universidade de Salamanca, fundada em 1218 e em funcionamento até hoje (UNIVERSIDAD DE SALAMANCA, s.d.).

universidades,[38] Portugal "dispunha apenas de uma universidade, a de Coimbra, mais tarde a de Évora, esta de pequeno porte" (CUNHA, 2007, s.p.). Salamanca, por exemplo, no século XVI, tinha seis mil alunos e sessenta cátedras (FARIA, 1952, p. 91). A Espanha tinha condições de desenvolver a universidade, tinha professores, metodologias, mão de obra para exportar para as colônias e para formar novos educadores. Vale apontar que foi espanhola a primeira mulher a obter um título de doutorado: Juliana Marell (1594-1653), filha de um banqueiro espanhol e órfã de mãe, em 1608, conquistou o título em Avignon, na França.[39]

No Brasil, ainda antes da vinda da família real, os jesuítas da Companhia de Jesus se incumbiram de oferecer teologia e filosofia em seus seminários, a fim de produzir doutrinadores capazes de catequisar os índios e de formar "quadros para o aparelho repressivo do Estado (oficiais da Justiça, da Fazenda e da Administração)" (CUNHA, 2007, s.p.). O interessante dos jesuítas, que os diferenciava das outras ordens religiosas instaladas no Brasil, é que suas escolas não estavam apenas a serviço da produção de mão de obra especializada para a Igreja, mas também de mão de obra para o Estado que começava a se desenvolver. Mesmo assim, pondera Cunha (2007, s.p.) "O ensino desenvolvido nos cursos de Filosofia e Teologia no Brasil, do século XVI ao século XVIII, só pode ser entendido com atividade de um aparelho educacional posto a serviço da exploração da Colônia pela Metrópole".

Cavalcante (2000, p. 8) reafirma a importância dos jesuítas para a educação superior no Brasil quando aponta que, apesar da proibição da Corte em transformar o Colégio da Bahia em universidade, quando comparado "o trabalho aqui desenvolvido com o do México e do Peru, à mesma época, é possível concluir que os grandes colégios jesuítas já funcionavam em moldes universitários".

---

[38] Universidades de Salamanca, Valencia, Lérida, Barcelona, Santiago de Compostela, Valadolid, Ovideo e Alcalá (CUNHA, 2007, s.p.).

[39] Juliana Morell foi uma garota prodígio. Nascida em Barcelona em 16 de fevereiro de 1594, perdeu a mãe quando tinha 2 ou 3 anos de idade. Aos 6 anos (alguns dizem 7), deixou a Espanha com o seu pai, um proeminente banqueiro que estava fugindo de acusações de assassinato. Ele educou sua preciosa filha com excelentes tutores de Lyon. Ela aprendeu grego, latim, hebraico e também jurisprudência e música. Por volta de 1606, com cerca de 12 anos, defendeu a tese "cum Logica tum Morales" que dedicou (depois de impresso!) a Margareth da Áustria, Rainha da Espanha (MORLEY, 1941, p. 137).

Todavia, a vinda da corte portuguesa ao Brasil em 1808 trouxe, de fato, os cursos superiores para as terras brasileiras, uma vez que passou a existir a necessidade de mão de obra especializada em novas áreas, em especial na burocracia estatal. Como aponta Cunha (2007, s.p.), "o novo ensino superior nasceu sob o signo do Estado nacional", isto é, foi desenvolvido para suprir a nova demanda oriunda da transferência da sede da corte portuguesa para o Rio de Janeiro. No entanto, pondera Fávero (2006, p. 20), não havia interesse em uma cultura do saber, tanto que "o Brasil consegue apenas o funcionamento de algumas escolas superiores de caráter profissionalizante".

Os cursos implantados eram direcionados, primordialmente, para formar a burocracia da nova sede da Coroa e subsidiariamente para ofertar profissionais liberais. Importante lembrar que, junto com a transferência da sede do Estado português, vieram ao Brasil a corte portuguesa, e era necessário oferecer a essa classe dominante médicos, advogados, engenheiros. O objetivo inicial da corte foi garantir suas condições de permanência na desequipada colônia. Por isso, no primeiro momento, foram instituídas escolas de medicina, em 1808, tanto na Bahia como no Rio de Janeiro e, em 1810, a Academia Real Militar. Os cursos de direito começaram a funcionar apenas em 1828, em São Paulo e Olinda (FÁVERO, 2006 p. 21).

Vale salientar que a decisão portuguesa de não implementar educação superior no Brasil nada tem a ver com falta de visão estratégica sobre a importância da educação ou ignorância sobre o instituto universidade, até porque a primeira universidade portuguesa é datada de 1290, o Estudo Geral Português, que depois iria se tornar a Universidade de Coimbra e que quando fundada já contava com faculdades de artes, direito e medicina.[40] Em 1537, a universidade foi transferida para a cidade de Coimbra, vindo a transformar o vilarejo em cidade universitária, com diversas escolas.

---

[40] Ao assinar o "Scientiae thesaurus mirabilis", D. Dinis criava a universidade mais antiga do país e uma das mais antigas do mundo. Datado de 1290, o documento dá origem ao Estudo Geral, que é reconhecido no mesmo ano pelo papa Nicolau IV. Começou a funcionar em Lisboa, sendo transferida definitivamente para Coimbra em 1537, por ordem do rei D. João III, após um período de migração entre essas duas cidades. É no Paço Real da Alcáçova, mais tarde Paço das Escolas, que se concentram todas as faculdades da Universidade de Coimbra – teologia, cânones, leis e medicina (UNIVERSIDADE DE COIMBRA, s.d.).

Em 1308, entre debates relativos ao Estudo Geral Português, o bispo de Coimbra (apud RODRIGUES, [2006], p. 117), lutando para que a universidade se fixasse na sua cidade, ponderou:

> Procurando, através de estudos eficazes, contribuir para o progresso da sociedade, devido à obrigação do ofício pastoral a que presidimos, pela graça do Senhor, somos levados pelo grande desejo e movidos pela mais profunda solicitude para que os estudos das Letras, por meio das quais se adquire o incomparável Tesouro do Saber e se chega à glória da alegria espiritual e temporal, se espalhem por toda a parte com louvável desenvolvimento e se frutifiquem naturalmente, sobretudo naqueles lugares e países onde são distinguidos de forma idónea e apropriada, para que a cultura, ao aumentar, produza frutos salutares. O que sobretudo se verifica nas regiões onde existe a ortodoxia e onde varões notáveis se ilustram no que convém às ciências e às virtudes, para que, quer por si quer segundo as opiniões dos seus Conselheiros e as directrizes da Providência, possam governar de modo que os seus súbditos vivam e prosperem sob a observância da rectidão, e reconheçam com gratidão a felicidade e serenidade daí resultantes.

Tal citação evidencia que a elite portuguesa, ainda na Idade Média, entendia perfeitamente o papel da educação no desenvolvimento do Estado.

Em 1772, em Portugal, aconteceu a reforma da educação superior, chamada de Reforma Pombalina,[41] com o intuito de modernizar a educação portuguesa, de incentivar o surgimento de jovens aptos a produzir saberes pertinentes aos novos mercados que se iniciavam; uma educação científica, não vinculada aos dogmas religiosos, capaz de romper com as dúvidas e buscar soluções técnico-científicas para o reino:

> Os desígnios do novo projecto educativo deveriam fixar-se na consecução de um objectivo consequente de um ensino moderno – que a aprendi-

---

[41] A reforma pombalina ocorreu na Universidade de Coimbra em 1772, com o objetivo de modernizar a educação superior portuguesa e diminuir a interferência dogmática no conhecimento. Com base no Iluminismo: "A reforma pombalina das ciências procurou fazer chegar a ciência moderna à universidade, onde ela tinha tido alguma dificuldade em chegar e em permanecer. As ideias de Galileu e Newton, alicerçadas no método experimental, vieram a influenciar todo o século XVIII, o século das luzes" (MARTINS; FIOLHAIS, 2006, p. 82).

zagem da metodologia experimental das ciências da natureza tivesse como resultado primordial o desenvolvimento de novas artes, novas manufacturas, novas fábricas, e o aperfeiçoamento das existentes. Para além da formação prática, os estudantes também deveriam obter uma formação teórica consentânea com os desenvolvimentos mais recentes da ciência (MARTINS, 2013, p. 3).

Importa alertar que a educação jesuíta, referência em Portugal no século XVIII, não era apenas uma educação dogmática, mas uma educação filosófica. Pinharanda Gomes (1987, p. 128) sintetiza em seu dicionário de filosofia portuguesa a reforma pombalina como: "mais ciência e menos lógica, mais prática e menos metafísica, mais utilitarismo e menos idealismo". Portugal, no intuito de se adequar as mudanças trazidas pelo Iluminismo, buscava se aproximar do resto da Europa, que pulsava com conceitos como racionalidade, ordem, clareza, ciência, e os jesuítas representavam exatamente o oposto: "Jesuítas e jesuitismo encerram um conceito/visão de carga negativa, pessimista. Representam todo um passado cultural, educativo, mental que urgia repudiar e abolir" (POMBAL, 2008, p. 19).

Importante salientar que a reforma pombalina não ocorreu apenas no âmbito educacional, mas em toda a forma com que o Estado português se posicionava em relação às mudanças de paradigmas que prevaleciam naquele momento, tais como os preceitos iluministas, a industrialização, a consolidação do capitalismo.

A Inglaterra, já ultrapassada a revolução burguesa,[42] assumia o papel de financiadora do ideal capitalista e, na prática, de metrópole de Portugal, pois os acordos econômicos impunham ao Estado português submissão aos produtos manufaturados ingleses, concessões econômicas draconianas "numa situação em que as relações comerciais lhe eram

---

[42] Sobre a revolução burguesa da Inglaterra, vale ressaltar que, diferente das revoluções francesa e americana, que pretenderam colocar no poder a burguesia e retirar a nobreza, os ingleses vivenciaram um breve período de "ditadura revolucionária" sob o comando de Cromwell, mas logo em seguida a burguesia recompôs com a nobreza, implantando a monarquia parlamentarista. Não houve, então, "mudança brusca, de ruptura drástica, súbita, convulsiva, insurrecional, concentrada num curto espaço de tempo, que subverte a antiga ordem ou 'estado de coisas reinante' e constrói uma outra, radicalmente nova", mas sim o primeiro grande acordo entre o capital e o Estado (ver SEGATTO, 1998, p. 35).

profundamente desvantajosas" (CUNHA, 2007, s.p.), em troca proteção político-militar. Tal realidade fez com que fosse necessário a Portugal reposicionar seu *modus operandi* para tentar sair da situação de subalternidade, e Pombal[43] buscou saídas por meio das reformas, como explica Cunha (2007, s.p.):

> A política pombalina constituiu num conjunto de medidas que visavam criar condições para que ocorresse em Portugal a industrialização que se processava na Inglaterra, de modo que se pudesse dispor de requisitos econômicos para a quebra da situação de subordinação. Era, em suma, uma tentativa de superar a dominação, tornando-se igual ao dominador, assimilando aquilo que lhe dava força para dominar: poderio econômico.

Na mesma época, em consonância com as mudanças educacionais, a monarquia portuguesa modificava sua relação com o clero, impondo ao reino reformas administrativas que reforçavam o império civil: "poder próprio do monarca, que o exercia como um direito de fazer leis, direito também de inspecionar a conduta dos clérigos, além de procurar animar o comércio e as ciências" (OLIVEIRA, 2005, p. 47). Logo, podemos ponderar que a não autorização para os jesuítas iniciarem universidades no Brasil dialogava com duas frentes: o reconhecimento do papel da educação como instrumento de autonomia e a concentração de poder na mão do Estado e não da Igreja. O Estado português reconhecia à educação como uma ferramenta importante para o desenvolvimento econômico social, portanto só autorizava sua expansão na metrópole. Além disso, quando fosse disponibilizada para a colônia, deveria ser pelas mãos do Estado e não da Igreja, a fim de produzir saber cientifico e não teológico.

Todavia, o intuito não é aprofundar o debate sobre decisões políticas da educação portuguesa, mas simplesmente apontar que o saber sempre foi compreendido como relevante para a elite, inclusive pelos nossos

---

[43] Dom José I, rei de Portugal (1750-1777), nomeou como primeiro ministro Sebastião de Carvalho e Melo, o Marquês de Pombal, que durante 27 anos comandou a política e a economia portuguesa. Ele reorganizou o Estado, protegeu os grandes empresários, criando as companhias monopolistas de comércio. Combateu tanto os nobres quanto o clero e reprimiu igualmente as manifestações populares em função da defesa do Estado absolutista português. Durante esse período, o rei concedeu-lhe os títulos de Conde de Oeiras (1759) e de Marquês de Pombal (1769) (SECO; AMARAL, 2006, p. 1).

colonizadores, e a criação e disponibilização dele é uma decisão política, e não apenas um descuido ou desinformação. Como disse Darcy Ribeiro (1977): "A crise da educação no Brasil não é uma crise, é um projeto".

No Brasil, o ensino superior, a partir da vinda da família real, concentrou-se, em um primeiro momento, na Escola Cirúrgica da Bahia, criada em 1808, responsável por formar médicos para atender à Corte que se instalava (FACULDADE DE MEDICINA DA BAHIA, s.d.), e na Academia Militar, em 1810, que formou não só corpo técnico militar, mas engenheiros das mais diversas áreas para responder a demanda que crescia exponencialmente com a nova sede do Estado português.

O curso de direito, por sua vez, foi constituído em 1827, após a independência do país. O decreto de criação do curso instituía duas escolas, em Olinda e em São Paulo, a fim de desenvolver uma elite capaz de dar conta das exigências burocráticas que advinham da recente condição de Estado independente e não mais de colônia, tais como legislação, administração pública, diplomacia. O novo país, gigante em tamanho, precisava de robustez administrativa, burocrática, técnica e jurídica e, para isso, precisava de uma elite bem formada de conhecedores dos meandros do Direito, além de precisar construir seus próprios preceitos jurídicos e não mais se submeter, única e exclusivamente, aos ensinamentos de Coimbra ou Lisboa.

Foram instituídos, ainda, em 1820, a Real Academia de Desenho, Pintura, Escultura e Arquitetura Civil; em 1841, o Conservatório de Música, no Rio de Janeiro; e ainda cadeiras esparsas para ensinar economia política, matemática superior, química, história e desenho (CUNHA, 2007). Entretanto, as carreiras imperiais – medicina, engenharia e direito – foram de fato as escolas criadas para educar a elite brasileira que se constituía em terras tropicais desde a chegada do D. João VI.

Apesar das dificuldades da implantação da educação superior no Brasil, as mulheres foram autorizadas a participar a partir do Decreto nº 7.247, publicado em 19 de abril de 1879, que reformava "o ensino primário e secundário no município da Côrte e o superior em todo o Império" (BRASIL, 1879), assinado pelo então imperador D. Pedro II e por Carlos Leôncio de Carvalho.[44]

---

[44] Carlos Leôncio de Carvalho era advogado, tinha ocupado a pasta Negócios do Império por convite do D. Pedro II e, quando deputado, eleito pela província de São Paulo, aprovou

EDUCAÇÃO SUPERIOR, O BRASIL E AS MULHERES

O interessante do decreto acima citado é que ele explicitamente mencionava a possibilidade de as mulheres cursarem as escolas das áreas médicas, como expressamente previsto: "É facultada inscripção de que tratam os §§ 16, 17, 18 e 19 aos indivíduos do sexo feminino, para os quaes haverá nas aulas logares separados". Os outros cursos de que tratam o decreto, como Direito e Escola Normal de Formação de Professores, não citavam as mulheres explicitamente, mas também não as excluíam. O texto ainda tratava da educação primária e secundária e possibilitava o acesso das meninas às duas etapas.

Tal referência à mulher, na lei acima citada impressiona porque as mulheres brasileiras, no século XIX, ainda não eram cidadãs. A Constituição de 1824 não fez qualquer referência às mulheres, não lhes garantiu nenhum direito, nenhuma segurança jurídica. Elas eram propriedade dos pais e/ou maridos, logo, terem autorização expressa para estudar em cursos superiores de caráter profissionalizante pode ser considerada uma conquista em seu tempo histórico.

A primeira brasileira formada no Brasil em um curso superior foi Rita Lobato Velho Lopes (1866-1954), graduada em 1887, em Medicina, na Bahia. Rita era de uma família grande e abastada, seus pais tiveram catorze filhos e, além dela, mais dois irmãos se formaram em Medicina. Quando seu pai se mudou, em 1884, para a capital do Império, para garantir a educação dos seus cinco filhos mais velhos, entre eles Rita, levou três escravos juntos, e quando a filha se formou, presenteou-a com um anel com chuveiro de brilhantes, tradição à época para os formandos (LIMA, 2011). A médica clinicou mais de quarenta anos e foi ainda vereadora de Rio Pardo, no Rio Grande do Sul, aos 67 anos, na primeira eleição em que o voto das mulheres foi autorizado no Brasil, em 1934.

Contudo, interessante relembrar que a primeira brasileira a ter um diploma superior foi Maria Augusta Generoso Estrela (1860-1946), que se formou em Nova Iorque, em 1882, tendo iniciado seus estudos aos 16 anos, a partir de uma autorização especial da universidade, que só aceitava alunos com mais de 18 anos. O pai de Maria Augusta, que financiava seus estudos e incentivava sua carreira, perdeu seu negócio e ficou impossibilitado de arcar com os custos da jovem nos Estados Unidos,

e assinou em conjunto com o imperador a reforma educacional conhecida como a reforma da educação livre, que autorizou, entre outros avanços, as mulheres a estudarem.

porém D. Pedro II, por decreto, concedeu-lhe uma bolsa de estudos e arcou com o resto da sua formação. Quando Augusta retornou ao Brasil, aprovada com distinção, já experiente em estágios em Nova Iorque, recebeu honrarias da Corte, convalidou seu diploma e exerceu sua profissão até o final da vida, aos 86 anos (Rago, 2000).

A história de Maria Augusta, inclusive, influenciou o Império a permitir o acesso das mulheres à educação superior, em especial à educação médica. Ela pode ser considerada a impulsionadora desse avanço legal conquistado com o decreto nº 7.247, de 1879.

> Uma feminista brasileira que lutou pelos direitos civis das mulheres, tendo exercido influência nos debates travados pela intelectualidade brasileira do século XIX que levaram D. Pedro II a assinar a Reforma Leôncio de Carvalho, decreto nº 7.247, abrindo as portas do ensino superior às mulheres no Brasil, em 19 de abril de 1879 (Rago, 2000, p. 204).

A primeira advogada brasileira a exercer a profissão foi Myrthes de Campos, que se formou na Faculdade Livre de Ciências Jurídicas e Sociais em 1898. Em 1888 e 1889, na Faculdade de Direito de Recife, Maria Coelho da Silva Sobrinha, Delmira Secundina, Maria Fragoso e Maria Augusta C. Meira Vasconcelos já tinham colado grau, todavia nenhuma delas atuou profissionalmente (Guimarães; Ferreira, 2009, p. 136).

Importante salientar que, como apontam Guimarães e Ferreira (2009) a entrada de Myrthes na advocacia não foi uma tarefa fácil, já que, após a aprovação no curso de bacharelado foi necessária a inscrição no Instituto da Ordem dos Advogados Brasileiros, a organização precursora da Ordem dos Advogados do Brasil (oab). Em um primeiro momento, a orientação era de que ela se inscrevesse como estagiária, justificando que era uma categoria destinada aos formados há menos de dois anos. Após o período de estágio, ela novamente se candidatou, e a Comissão de Justiça do Instituto considerou que

> [...] não se pode sustentar, contudo, que o casamento e a maternidade constituam a única aspiração da mulher ou que só os cuidados domésticos devem absorver-lhe toda atividade. [...] não é a lei, é a natureza, que a faz mãe de família. [...] a liberdade de profissão é, como a igualdade civil da qual promana, um princípio constitucional [...]; nos termos do texto do art. 72,

§ 22 da Constituição o livre exercício de qualquer profissão deve ser entendido no sentido de não constituir nenhuma delas monopólio ou privilégio, e sim carreira livre, acessível a todos, e só dependente de condições necessárias ditadas no interesse da sociedade e por dignidade da própria profissão; [...] não há lei que proíba a mulher de exercer a advocacia e que, importando essa proibição em uma causa de incapacidade, deve ser declarada por lei [...] (Revista IOAB, 6 jul. 1899).

Isto posto, apesar do posicionamento progressista à época, o parecer da comissão recebeu críticas e a inscrição efetiva ainda demorou meses.

Em São Paulo, por exemplo, a primeira mulher a se formar em Direito foi Maria Augusta Saraiva (1879-1961), em 1902. Filha de um major e irmã de advogado, Maria Augusta teve uma carreira acadêmica brilhante, sendo aprovada com louvor em diversas matérias durante o período do curso e nas provas finais. Sua presença na Escola de Direito foi reconhecida pelo orador de sua turma com a seguinte fala:

> Entre nós uma bacharelanda, uma distinta colega, que soube provar que o Direito, esse poder moralmente inviolável, pode perfeitamente ser estudado pela mulher. Se a energia do homem é necessária para manter a aplicação do Direito, não menos útil, para determiná-lo, aconselhá-lo, testemunhá-lo, é a delicadeza do coração da mulher (MENSAGEM APRESENTADA..., 1902, p. 1).

No entanto, o registro e a expedição oficial do seu diploma só ocorreram em 1914. Depois de um breve período exercendo a advocacia, Maria Augusta voltou aos bancos escolares, na Escola Normal, para se tornar professora. Em 1947, aposentou-se como professora estadual de São Paulo.

Vale a reflexão de que os cursos de Direito iniciaram sua trajetória no Brasil com a função de "acolher principalmente os filhos das elites com objetivo de influenciar o Estado – e não representantes de segmentos médios da sociedade, interessados em ascender coletivamente (BERTOLIN; RIBEIRO, 2011, p. 300).

Essas mulheres que chegavam as salas de aula do Direito tinham uma relação ambígua com os modelos sociais: por um lado, pertenciam, como seus colegas homens, à elite brasileira, reafirmando os espaços sociais existentes, por outro, feriam a organização social em voga e obrigavam a repensar formas e modelos de Estado, educação e trabalho. A ambiguidade pode ser percebida quando observamos que entre a formatura da primeira advogada e o sufrágio feminino se passaram mais de quarenta anos.

Engenharia, ramo masculino até hoje, iniciou sua trajetória acadêmica no Brasil, como já apontado, por meio da Academia Real Militar em 1810, sem a presença feminina obviamente, até porque a "modalidade militar significa uma recusa formal à entrada de mulheres na profissão" (BRUSCHINI; LOMBARDI, 1999, p. 3). Apenas em 1919, formava-se a primeira mulher engenheira, Edwiges Maria Becker, na Escola Politécnica do Rio de Janeiro.

> Edwiges Maria Becker, Anita Dubugras, Iracema da Nóbrega Dias e Maria Esther Corrêa Ramalho, que receberam seus diplomas em 1919, 1920, 1921 e 1922, respectivamente. Ou seja, nesses quatro anos, apenas uma engenheira formou-se por ano na Politécnica (CABRAL, 2010, p. 2).

A primeira mulher a se formar na escola Politécnica de São Paulo foi Anna Fridda Hoffman, em 1928, e depois, apenas em 1945, Josephina Pedroso Rosenburg (CABRAL, 2010, p.03). Entre as três carreiras imperiais, a Engenharia, com certeza, foi a que mais demorou em incorporar a presença feminina, mesmo que apenas como uma exceção a confirmar a regra. Contudo, apesar do vanguardismo da Medicina no acesso das mulheres ao ensino superior, seria no magistério, nos cursos Normais, que as mulheres apareceriam, no início, em maior número.

A educação pública, gratuita e para ambos os sexos foi instituída legalmente no Brasil em 15 de outubro de 1827,[45] ainda no governo de D. Pedro I. A lei determinava a criação de escolas de primeiras letras em todas as todas as cidades, vilas e lugares mais populosos do Império e, no art. 11, garantia a criação de escolas de meninas nas cidades e vilas mais populosas. A lei ainda disciplinava as funções dos mestres e das mestras de forma diferenciada. Enquanto aos homens, cabia ensinar

---

[45] A Constituição de 1824 determinava em seu art. 179, XXXII, a educação primária e gratuita para todos os cidadãos, mas não fazia referência explícita as mulheres. A lei de 15 de outubro de 1827 não tem numeração ou qualquer nome que a intitule, sendo apenas lei de 15 de outubro de 1827 (BRASIL, 1827).

[...] a ler, escrever, as quatro operações de aritmética, prática de quebrados, decimais e proporções, as noções mais gerais de geometria prática, a gramática de língua nacional, e os princípios de moral cristã e da doutrina da religião católica e apostólica romana, proporcionados à compreensão dos meninos; preferindo para as leituras a Constituição do Império e a História do Brasil (BRASIL, 1827, art. 6º).

As professoras eram orientadas a ensinar as mesmas matérias dos homens, além de economia doméstica. Entretanto, quando lecionavam matemática, deveriam se restringir às quatro operações e estavam proibidas de ensinar geometria, como determinava o art. 12 da mencionada lei.

Importante salientar que o art. 13, expressamente, determinava que os rendimentos das mestras e dos mestres deveriam ser iguais. Porém os níveis salariais eram determinados pelo ensinamento de geometria, e como este não era uma exigência para as mulheres, pois estava excluído por lei do currículo base das meninas, elas iniciaram a docência na educação pública brasileira ganhando menos (BRUSCHINI; AMADO, 1988).

A educação pública ofertada pelo Império já determinava que os saberes mais científicos, técnicos não eram necessários às mulheres. Além disso, o Estado oferecia instrução para os serviços domésticos, trabalhos tidos como exclusivamente femininos.

Ainda vale apontar que as exigências para o ingresso no magistério também diferenciavam os sexos, enquanto para ambos era necessário serem "brasileiros que estiverem no gozo de seus direitos civis e políticos, sem nota na regularidade de sua conduta" (art. 8º), para as mulheres ainda era preciso ser de "reconhecida honestidade" (art. 12º). A professora do Império precisava responder ao modelo de "mulher-mãe com qualidades morais altruísticas, a fêmea humana, bondosa, redentora" (ALMEIDA, 2007, p. 32).

Contudo, apesar das desigualdades legais, o magistério foi a porta de entrada das mulheres para o exercício de uma profissão remunerada com alguma qualificação técnica:

> Como o ensino secundário, com seu perfil marcadamente propedêutico, destinava-se apenas àquelas que pretendiam prosseguir os estudos até o nível superior, e este era vedado às mulheres, as escolas Normais, nascidas

como ramo de ensino que se sobrepunha ao primário e com uma característica marcadamente profissionalizante, converteram-se numa das poucas oportunidades de continuação dos estudos para as mulheres (BRUSCHINI; AMADO, 1988, p. 5).

Em 1890, já na primeira república, foi criada a primeira escola de enfermagem no Brasil, chamada Alfredo Pinto, e em 1916, impulsionadas pela Primeira Guerra Mundial, a escola da Cruz Vermelha Brasileira, ambas no Rio de Janeiro. Como o magistério, a enfermagem se tornou uma seara feminina por ser o cuidado entendido socialmente como função da mulher. Gastaldo e Meyer (1989, p. 9) explicam:

> Como nos outros países, no Brasil grande parte do atendimento aos doentes era feito por religiosas e o sentimento de religiosidade teve e tem uma influência marcante no desenvolvimento da enfermagem. Outra característica da enfermagem brasileira foi ter sido criada com base no modelo vocacional nightingaliano,[46] mantendo, portanto, a ênfase nos aspectos morais e de caráter e na rigidez disciplinar.

A mulher brasileira iniciou o século xx distante da maioria dos cursos superiores, e o Brasil ainda longe da universidade. Vale ressaltar que o país demorou para ter universidades por uma opção política; o Estado, fosse imperial ou republicano, tendia a querer ter domínio da educação, como aponta Sergio Adorno (1988, p. 236):

> Nasceram ditados muito mais pela preocupação de se constituir uma elite coesa, disciplinada, devota às razões do Estado, que se pusesse à frente dos negócios e pudesse, pouco a pouco, substituir a tradicional burocracia herdada da administração Joanina, do que pela preocupação em formar juristas que reproduzissem a ideologia-política do Estado Nacional emergente.

---

[46] O modelo vocacional nightingaliano foi trazido para o Brasil por enfermeiras inglesas, formadas pelo sistema de Florence Nightingale. Era o tipo de ensino exclusivamente voltado às mulheres (chamadas *ladies nurses*) com os seguintes princípios e características fundamentais: escola e serviço de enfermagem, ambos dirigidos por enfermeira (*matron*); ensino metódico, teórico e prático; regime de internato das alunas; escolas dentro de hospitais; seleção rigorosa de candidatas dos pontos de vista físico, moral, intelectual, e ainda com aptidão profissional (CARRIJO, 2007, p. 53).

Universidade, por conceito, unifica educação e ciência, sendo um espaço de produção e de autonomia do conhecimento, opções que nem sempre são interessantes para governos autoritários e/ou submetidos. Como exemplificou Miguel Lemos, chefe da Igreja Positiva no Brasil, em 1881, em uma revista publicada em Paris:

> O Brasil possui número mais do que suficiente de escolas superiores para satisfazer às necessidades profissionais e a fundação de uma universidade só teria como resultado estender e dar maior intensidade às deploráveis pretensões pedantocráticas[47] de nossa burguesia (SAMPAIO, 1991, p. 6).

Entretanto, apesar da iniciação tardia, a universidade se instituiu no Brasil. Como já dito, a primeira universidade brasileira foi a Universidade do Brasil, constituída em 1920, no Rio de Janeiro, a partir da junção das escolas Politécnica, de Medicina e de Direito, porém foi no governo provisório de Getúlio Vargas, a partir da reforma de Francisco Campos, que a ideia de universidade foi absorvida pelo poder público. Como apontam Queiroz e et al. (2013, p. 352): "após a Revolução de 30, conscientes da importância estratégica da educação, a ideia de universidade passou a ser imposta e o Estado procurou assumir o controle".

O Decreto nº 19.851, de 11 de abril de 1931, dispunha sobre o ensino superior e determinava que ele obedeceria, preferencialmente, o sistema universitário. Contudo, autorizava a manutenção de institutos isolados. Seu art. 1º consagrava a universidade como um espaço de pesquisa livre em todos os campos do conhecimento:

> Art. 1º – O ensino universitário tem como finalidade: elevar o nível da cultura geral, estimular a investigação cientifica em quaisquer domínios dos conhecimentos humanos; habilitar ao exercício de atividades que requerem preparo técnico e científico superior; concorrer, enfim, pela educação do indivíduo e da coletividade, pela harmonia de objetivos entre professores e estudantes e pelo aproveitamento de todas as atividades universitárias, para a grandeza na Nação e para o aperfeiçoamento da Humanidade (BRASIL, 1931).

---

[47] Pedantocracia: governo ou predomínio dos pedantes; Influência das mediocridades ambiciosas (AULETTE, *online*).

DIREITOS DAS MULHERES

O decreto não faz nenhuma menção às mulheres, não trazendo referências a diferenças por sexo ou mesmo exigências distintas para cargos. Em nenhum momento são elas citadas, seja para incluí-las ou para excluí-las – simplesmente, as mulheres não existiam.

A Universidade de São Paulo (USP) foi criada em 1934, também a partir da junção de diversas escolas já em funcionamento, como a de Direito, Medicina, Farmácia, Veterinária. Além das já existentes, foram introduzidas novas escolas como Educação, Filosofia, Ciências e Letras. Na esteira da lógica do homem como neutro,[48] isto é, como o universal, o decreto de fundação da USP (SECRETARIA DE ESTADO DA EDUCAÇÃO E DA SAÚDE PÚBLICA, 1934) não fez menção alguma às mulheres, nem mesmo quando tratou do magistério, das licenciaturas, mantendo a neutralidade masculina do discurso.

Isto posto, vale salientar que, apesar da relevância das universidades para o país, em 1933, somente 33.723 alunos cursavam o ensino superior no Brasil e, em 1945, esse número cresceu apenas para 41.275 (INEP, 2010 apud QUEIROZ, 2013, p. 355). Para se ter uma ideia da proporção estudante/população, segundo o censo de 1940 (IBGE, 2000), o Brasil contava com mais de 40 milhões de pessoas. A educação superior, em números, mostra-nos que seu alcance era muito restrito nos anos de 1930-1940.

O censo de 1940 identificou, ainda, que apenas 5% da população brasileira tinha curso superior completo no país; 40.294 mil o estavam cursando, divididos em 32.655 homens e 7.639 mulheres, isto é 81% dos estudantes eram homens e 19% mulheres (IBGE, 1940 apud SOARES; MELO; BANDEIRA, 2014). Apesar das mulheres representarem quase 20% dos estudantes, elas estavam quase que exclusivamente nos chamados cursos de cuidados:

> [...] os resultados do Censo de 1940 mostraram que as mulheres eram maioria somente nas áreas de artes domésticas (dos 12,5 mil, 96% eram mulheres), serviços sanitários e de assistência social (dos 5,4 mil, 71,4% eram mulheres), pedagógico ou magisterial (dos 66 mil, 90% eram mulheres)

---

[48] A neutralidade do masculino, é, como explica Colling (2004, p. 26), é resultado da diferenciação binária e massiva entre os sexos: "o homem adquire o estatuto de neutro, é o ponto de partida, o modelo a partir do qual se separa o outro e através do qual deve ser explicado".

e música (dos 6,7 mil, 85% eram mulheres). Há setenta anos os primeiros dados sobre grau de instrução e formação profissional mostraram um elevado contingente de mulheres com formação que remontam o ambiente doméstico em relação ao cuidado com a casa e das pessoas e o ensino (SOARES; MELO; BANDEIRA, 2014, p. 3).

Os anos 1950 não representaram grandes mudanças para as mulheres na arena educacional, todavia legalmente houve um avanço. Em 21 de outubro de 1953, o decreto nº 34.330, que veio regulamentar a lei nº 1.821, também de 1953, autorizava as alunas e alunos dos cursos Normal a ingressarem no curso Clássico, e os alunos do segundo ciclo do ensino normal a fazer vestibular para cursos superiores.

Importante apontar que a possibilidade de prestar vestibular não significava que a aluna oriunda do ensino normal poderia fazê-lo para qualquer curso, até porque os vestibulares eram disponibilizados por área de aprendizagem, isto é, o candidato poderia concorrer a uma determinada lista dependendo da sua formação na escola secundária. O decreto-lei nº 34.330/53, em seu art. 5º determina que:

> Art. 5º – Além dos habilitados em curso colegial poderão inscrever-se em exames vestibulares ou concursos de habilitação:
>
> a) aos cursos de Faculdade de Ciências Econômicas, aos de Faculdade de Direito, aos de Geografia e História, e Ciências Sociais de Faculdade de Filosofia, e de Jornalismo, os candidatos que houverem concluído os cursos técnicos de ensino comercial, com duração mínima de três anos;
>
> b) às Escolas de Engenharia, de Química Industrial e de Arquitetura e aos cursos de Matemática, Física, Química e Desenho de Faculdade de Filosofia, os candidatos que houverem concluído os cursos técnicos de ensino industrial;
>
> c) às Escolas de Engenharia, de Agronomia e Veterinária e aos cursos de Física, Química, História Natural e Ciências Naturais de Faculdade de Filosofia, os candidatos que houverem concluído os cursos técnicos de ensino agrícola;
>
> d) *aos cursos de Pedagogia, Letras Néo-Latinas, Letras Anglo-Germânicas e Pedagogia de Faculdade de Filosofia, os candidatos que houverem concluído o segundo ciclo do curso normal, nos têrmos da Lei número 1.759, de 12 de dezembro de 1952;*
>
> e) aos cursos de Faculdade de Direito e aos de Filosofia, Letras Clássicas, Letras Néo-Latinas, Letras anglo-Germânicas e Pedagogia de Faculdade de

DIREITOS DAS MULHERES

Filosofia, os candidatos que houverem concluído curso de Seminário com a duração mínima de sete anos;

f) à seção de Pedagogia de Faculdade de Filosofia, os candidatos que houverem concluído o curso pedagógico, além do curso técnico, ambos de ensino industrial (BRASIL, 1953ª, grifos nossos).

Logo, a lei que deveria ter um efeito equalizador no acesso ao curso superior manteve as desigualdades entre os sexos, pois as mulheres eram, na sua maioria, normalistas, e as profissões tecnológicas, médicas, jurídicas continuaram de difícil acesso.

Estatisticamente, os cursos superiores continuavam sendo para poucos homens e pouquíssimas mulheres. Nos anos de 1950, eram 210 mil pessoas com nível superior, 10% eram mulheres (SOARES; MELO; BANDEIRA, 2014, p. 4). Em 1960, elas eram 90% das alunas dos cursos das escolas Normais, de pedagogia e dos sanitários; eram também 79% nos cursos de Belas Artes, além de estarem presentes de forma expressiva nos cursos de Geografia e História, (62%) e nos de Letras (61%). Os homens, por sua vez eram, 71% dos alunos de Matemática, Física e Química (IBGE, 1906 apud SOARES; MELO; BANDEIRA, 2014).

Os anos de 1960 foram um marco para as mulheres no Brasil e no mundo, com o movimento feminista, os movimentos de contracultura, a luta por uma sociedade mais justa, mais fraterna.

> O contexto social em que ocorre a expansão do ensino superior é marcado pela abertura do regime político ditatorial, pela liberalização sexual e pela quebra de antigos "tabus". O movimento feminista começa a ressurgir no Brasil e a entrada das mulheres no mercado de trabalho aparece também nas classes mais altas, nas quais tradicionalmente o papel desempenhado pelo contingente feminino estava ligado ao espaço doméstico e aos afazeres do lar. Essas mudanças são de suma importância para o espaço ocupado pelas mulheres no processo de escolarização da população brasileira (GUEDES, 2008, p. 121).

O Brasil, no início da década de 1960, passara mais tempo sob uma democracia representativa: desde o fim da ditadura Vargas, tínhamos eleições regulares, alternância de poder e Estado de direito. Em 1961, João Goulart, presidente empossado após a renúncia de Jânio Quadros e sob um ambiente político tenso, promulgou as diretrizes e bases da educação nacional, lei nº 4.024, de 20 de dezembro de 1961 (BRASIL, 1961). A lei não trouxe nenhum grande avanço à estrutura educacional do país, mas ajudou na democratização, em especial do ensino secundário:

A Lei de Diretrizes e Bases de 1961 provocou a democratização do Ensino Secundário no país, possibilitando uma educação de cunho especializado a partir da efetivação de uma cultura escolar e de um currículo voltados à transmissão de um *habitus* de caráter instrumental e tecnicista. Esta reforma garantiu o acesso ao ensino secundário à grande parte da população, especialmente ao ciclo ginasial – fato que foi favorável aos interesses das classes populares que até então faziam-se pouco presentes neste nível de ensino, tendo em vista que almejavam a partir da escolarização a obtenção de uma formação para o trabalho, antes não oferecida no ensino secundário devido ao seu foco nas humanidades (TREVIZOLI; VIEIRA; DALLABRIDA, 2013, p. 11-2).

Para as mulheres, a lei em tela modificou a realidade educacional do acesso aos cursos superiores, pois agrupou, no ensino médio, todos os cursos secundários, técnicos e de formação de professores. Além disso, o art. 69 determinava que:

Nos estabelecimentos de ensino superior podem ser ministrados os seguintes cursos: a) de graduação, abertos à matrícula de candidatos que hajam concluído o ciclo colegial ou equivalente, e obtido classificação em concurso de habilitação (BRASIL, 1961).

O ensino das mulheres, concentrado nos cursos de formação de professores, a escola normal, não se modificou com a lei de diretrizes e bases, como aponta Tanuri (2000, p. 78)

A Lei de Diretrizes e Bases da Educação Nacional (lei 4.024, de 20 dez. 1961) não trouxe soluções inovadoras para o ensino normal, conservando as grandes linhas da organização anterior, seja em termos de duração dos estudos ou de divisão em ciclos. Registre-se apenas a equivalência legal de todas as modalidades de ensino médio, bem como a descentralização administrativa e a flexibilidade curricular, que possibilitariam o rompimento da uniformidade curricular das escolas Normais.

Entretanto, as normalistas passaram a poder fazer vestibular para qualquer curso, e não mais apenas para os pedagógicos ou de licenciatura. Tal mudança viria a retirar o último entrave legal ao acesso das mulheres aos cursos superiores e possibilitaria, a partir daí, o escalonamento feminino nas diversas áreas do conhecimento.

Isto dito, a possibilidade de ingressar nos cursos considerados mais nobres, como Direito, Medicina, Engenharia, continuou a ser um desafio para as brasileiras, pois, como apontam Barroso e Mello (1975), entre 1955 e 1970, 63% das formandas em ensino secundário eram oriundas de escolas Normais, que as qualificavam para lecionar em educação básica e não para prestar vestibular em áreas concorridas. Guedes (2008, p. 123) argumenta que:

> Essa opção tornava mais difícil seu acesso às universidades, uma vez que o conteúdo exigido nas provas de vestibular baseava-se em disciplinas lecionadas nos chamados ensino secundário científico e ensino secundário clássico, cursados majoritariamente por meninos. Nesse contexto, as meninas que quisessem ingressar em uma universidade eram duplamente desestimuladas: primeiramente eram pressionadas, pela tradição feminina, a cursar o Normal (o que lhes conferia uma profissão que não exigia maiores estudos), e posteriormente, quando desejavam ingressar nas universidades, enfrentavam a necessidade de estudos complementares em cursinhos, a fim de poderem contar com conteúdo nunca estudados em sua vida escolar.

A Lei de Diretrizes e Bases de 1961 foi uma das ferramentas que auxiliaram a entrada das mulheres, em escala, na universidade. Contudo sua atuação foi restrita e auxiliar, sem transformar a realidade educacional das mulheres, pois não mexeu nas estruturas do ensino primário e secundário, além de não questionar os estereótipos sociais que impunham às mulheres os guetos educacionais.

O Direito brasileiro do século xx determinava às mulheres restrições objetivas: o Código Civil de 1916 considerava a mulher casada relativamente incapaz até 1962, com a aprovação do Estatuto da Mulher Casada, que retirou, então, a discricionariedade do marido autorizar ou não a mulher a trabalhar:

> Por conta disso, a legislação concedeu ao homem amplos poderes para limitar as oportunidades abertas à mulher para alcançar autonomia pessoal,

EDUCAÇÃO SUPERIOR, O BRASIL E AS MULHERES

mesmo se sua motivação para a buscar estivesse na tentativa de escapar de uma união conjugal infeliz (MARQUES; MELO, 2008, p. 469).

Retornando ao debate sobre à universidade, podemos perceber que, entre 1940 e 1960, o número de universitários cresceu estatisticamente, de forma impressionante. A industrialização, o crescimento dos setores médios e urbanos e a necessidade de mão de obra especializada impulsionaram a educação superior. Como explica Sampaio (1991, p. 14), "o número de matrículas entre 1940-1960 passou de 27.671 a 93.202, ou seja, aumentou em mais de três vezes. A população do país nesse mesmo período cresceu de 41,2 para 70,1 milhões, ou 70%".[49]

A partir da década de 1960 o crescimento ganhou escala. Enquanto nos anos 1960 não tínhamos 100 mil estudantes universitários, em 1980 já contávamos com mais de um 1,3 milhão de estudantes, entre eles mais de 850 mil em estabelecimentos privados (LEVY, 1986 apud SAMPAIO, 1991, p. 91).

As mulheres se beneficiaram consideravelmente do aumento de vagas nas universidades e nos cursos superiores. Nos anos de 1970, dos 607 mil estudantes universitários, as mulheres já representavam 42,5%, aumento impressionante se pensarmos que, no censo de 1960, as mulheres eram 25% dos universitários. Contudo, elas continuavam concentradas nos cursos pedagógicos, de Belas Artes (70%), de Enfermagem

---

[49] Vale ressaltar que a taxa de fecundidade do Brasil entre as décadas de 1940 e 1970 era de algo em torno de seis filhos(as) por mulher, e a mortalidade diminuiu consideravelmente, aumentando a expectativa de vida de 44 para 54 anos, como explica Carvalho (2004, p. 5): "Entre 1940 e 1970 o Brasil experimentou um processo de rápido incremento demográfico, em virtude de seu alto crescimento vegetativo, não tendo as migrações internacionais exercido papel significativo. No período, a população passou de 41 para 93 milhões de pessoas, com taxa média de crescimento de 2,8% ao ano. Houve, inclusive, um aumento do ritmo de crescimento entre a década de 1940 e as duas seguintes, quando a taxa média anual passou de 2,4% para 3,0% e 2,9%, respectivamente. O aumento no ritmo de crescimento deveu-se exclusivamente ao declínio da mortalidade, com a esperança de vida ao nascer passando de 44 para 54 anos entre as décadas 1940 e 60. Neste intervalo, a fecundidade manteve-se em níveis altos, tendo a taxa de fecundidade total (TFT) decrescido apenas de 6,3 para 5,8 filhos por mulher. A evolução diferenciada da mortalidade e fecundidade fez com que a taxa bruta de mortalidade (TBM) caísse muito mais rapidamente do que a taxa bruta de natalidade (TBN), o que proporcionou, como consequência, uma ampliação significativa da taxa de crescimento corrente da população".

DIREITOS DAS MULHERES

(90,7%), Psicologia (70,1%), Serviço Social (88,5%) e, obviamente, Normal (94,5%) (IBGE, 1960-70 apud SOARES; MELO; BANDEIRA, 2014).

As escolhas das carreiras das mulheres estavam, nesse período histórico, vinculadas a diversos fatores: um deles, já tratado aqui, era a dificuldade de prestar vestibular das candidatas oriundas dos cursos normais no ensino secundário. Todavia, tal dificuldade foi diminuindo com a padronização da educação secundária e mesmo com a opção das mulheres de cursarem o ensino científico e/ou o clássico[50] em vez do ensino normal. Entretanto, a opção por carreiras mais pedagógicas, a partir da década de 1970, estava mais ligada ao esforço feminino de conciliar as obrigações trabalhistas com as obrigações domésticas do que uma imposição social por si só, prevaleceu a ideia de que o magistério possibilitaria "conciliar a vida profissional com as tarefas domesticas e familiares" (BRUSCHINI; AMARO, 1988, p. 7).

As mulheres entraram, massivamente, no mercado de trabalho e, em menor escala, mas também de forma considerável, na universidade, ainda envolvidas no discurso masculino de que seu trabalho remunerado seria complementar. Fonseca (2000, p. 23), quando pondera sobre a relação simbólica do trabalho das mulheres aponta que "a crença recorrente de que o homem é o legítimo provedor familiar confere, por consequência, uma posição de trabalhadora complementar à mulher". O discurso institucional, no final do século XX, ainda reforçava que a função laboral das mulheres era algo a mais que sua obrigação originária, mesmo que economicamente sua contribuição fosse de suma importância para o orçamento doméstico.

---

[50] Decreto-lei nº 4.244, de 9 de abril de 1942:

Art. 2º – *O ensino secundário será ministrado em dois ciclos.* O primeiro compreenderá um só curso: o curso ginasial. *O segundo compreenderá dois cursos paralelos: o curso clássico e o curso científico.*

Art. 3º – O curso ginasial, que terá a duração de quatro anos, destinar-se-á a dar aos adolescentes os elementos fundamentais do ensino secundário.

Art. 4º – O curso clássico e o curso científico, cada qual com a duração de três anos, terão por objetivo consolidar a educação ministrada no curso ginasial e bem assim desenvolvê-la e aprofundá-la. *No curso clássico, concorrerá para a formação intelectual, além de um maior conhecimento de filosofia, um acentuado estudo das letras antigas; no curso científico, essa formação será marcada por um estudo maior de ciências* (BRASIL, 1942, grifos nossos).

Observa-se que a concepção de que os rendimentos recebidos pelas mulheres poderiam ser mais baixos do que dos homens pelo fato de serem complementares ou secundários ao orçamento familiar não resiste aos dados em pesquisas realizadas ainda nos anos de 1970-1980.

Todos os argumentos que contribuíram para fazer do magistério um gueto feminino caem por terra, contudo, à simples observação dos dados de algumas pesquisadoras: 44% das professoras da amostra de Mello trabalhavam 48 horas semanas, além de pelo menos cinco horas-extras de trabalho dedicados ao preparo de aulas, correção de provas e outras tarefas. Das cinquenta professoras entrevistadas por Bruschini (1978) em 1974, 60% lecionavam mais do que 35 horas semanais, acrescidas de cinco a quinze horas-extras de trabalho em casa, por semana. Três quartos das entrevistadas por Mello declararam que seu salário era o único ou o principal suporte econômico de suas famílias. Rosemberg e suas colaboradoras, assim como Madeira (1982), analisando a jornada de uma professora, constataram que seu cotidiano era sobrecarregado de trabalho profissional, em dois ou três turnos escolares e de trabalho doméstico concentrado nos fins de semana. Apesar de muito baixos, seus salários correspondiam, no entanto, a 50% do orçamento familiar (BRUSCHINI; AMADADO, 1988, p. 7).

As mulheres educadas entraram no mercado de trabalho discriminadas, mal pagas e subvalorizadas. A força de trabalho feminina iniciou seu caminho pela educação profissional envolta nas dificuldades sociais, históricas e até jurídicas inerentes à mulher do século xx.

2.2. A Escola Normal e a formação de professores como porta de entrada para as mulheres

A igualdade explícita entre os sexos só passou a existir no Brasil a partir da Constituição de 1988, com a determinação do i, do art. 5º, de que homens e mulheres são iguais em direitos e obrigações. Pela primeira vez, saímos do genérico todos iguais perante a lei, que reforça o masculino como universal e passamos a ter a mulher como sujeito declarado da igualdade.

Como já apresentado nesta obra, a lei deixou de ser a barreira ao acesso à educação superior para as mulheres. A concentração das mulheres, em um primeiro momento fora dos espaços de formação e,

DIREITOS DAS MULHERES

em um segundo momento, restrita a espaços determinados, estava vinculada ao lugar social e a função que lhe couberam e que, de certa forma, ainda lhe cabem na sociedade. Durante muito tempo, o magistério e a enfermagem foram considerados os únicos trabalhos dignos para mulheres pobres, porém "honestas". A enfermagem, assim como o magistério, também tem sido seara predominantemente feminina, pois o cobertor do cuidado também atinge a atividade, como explicam Spindola e Santos (2005, p. 157):

> O trabalho de enfermagem é constituído por atividades relativas ao cuidado e administração do espaço assistencial, organizado sob a égide da divisão parcelar ou pormenorizada do trabalho. Desde sua organização, a profissão "é predominantemente subordinada e assalariada" (8). A profissão organiza-se dentro do sistema capitalista de produção e, apesar de deter certa autonomia em relação aos demais profissionais de saúde, encontra-se subordinada ao gerenciamento do ato assistencial realizado pelos médicos.

Tal guetização não ocorreu apenas no Brasil, nem fomos nós diferentes dos outros países ocidentais. Helena Araújo (1990, p. 14), em estudo sobre as professoras portuguesas, apontou que "a feminização do ensino constitui um problema sociológico". Miriam E. David, em 1980, em seu livro *The State, The Family and Education*, desenvolveu um estudo sobre a função da educação na sociedade norte-americana, e observou que "educar garotas de classe média como governanta era originalmente o único trabalho respeitável para uma mulher de classe média, principalmente porque se dava dentro de casa, era a melhor opção depois de esposa"[51] (DAVID, 1980, p. 96, tradução nossa). Em 1985, Carolyn Steedman (1985, p. 149, tradução nossa) publicou um artigo narrando a história da pedagogia na Inglaterra e citando Friedrich Frobel, o fundador da teoria da pré-escola, disse: "a professora ideal de crianças pequenas é como uma mãe consciente".[52]

Isto posto, o magistério, em especial o magistério de crianças pequenas, pode ser considerado o primeiro espaço profissional para as mulheres que exigia alguma formação acadêmica prévia. As escolas Normais, a

---

[51] *"Teaching middle class girls as governess was originally about the only respectable occupation for a middle class woman, partly because it took place within the home and was second-best to being a wife."*
[52] *"[...] the ideal teacher of Young children is like a mother made conscious".*

partir do final do século XIX, passaram a ser ocupadas pelas mulheres e ajudaram a consolidar o *ethos* de que educar era uma faceta da maternidade e, por isso, as mulheres seriam mais predispostas a exercer tal trabalho.

A educação das crianças brasileiras, no final do século XIX, estava ligada a formação de uma nação moderna, como aponta Hahner (2011, p. 468), a burguesia nacionalista entendia que "a educação seria um elemento essencial para o desenvolvimento do país", e as mulheres tinham a obrigação moral e cívica de formar as novas gerações de brasileiros, e para isso precisavam ser formadas. Além disso, por uma contenção econômica, a coeducação, isto é, a educação de meninos e meninas na mesma sala de aula, começou a ser defendida pelas lideranças da época como a única forma de oferecer educação ao elevado número de crianças em idade escolar. Essa educação mista, por sua vez, só poderia ser desempenhada pelas mulheres, pois não seria possível um homem educar meninas, logo, ainda nas palavras de Hahner (2011, p. 468) "assim, ligaram a educação da mulher à ideia do destino nacional". O magistério como trabalho feminino se transformou em algo tão legitimado que, em 1943 no Distrito Federal, foi publicado o Decreto nº 7.941, que proibia os homens de fazer o curso Normal do Instituto de Educação do Rio de Janeiro (RABELO; MARTINS, 2006, p. 6173).

A questão da maternagem apontada acima não é a única razão pela qual foram as mulheres encapsuladas no papel de professoras. Entre os fatores mais estruturantes para a feminização da educação, podemos apontar: a relação de custo-benefício para o Estado; a necessidade de conciliação entre o trabalho e as tarefas domésticas e as poucas opções de acesso à educação pós-primária.

No Império, ainda, a escola normal era a única opção para as mulheres continuarem seus estudos, pois o ensino nas escolas secundárias era "propedêutico e destinava-se àqueles que pretendiam prosseguir os estudos em nível superior" (DEMARTINI; ANTONES, 1993, p. 6). E já nesse período histórico que o número de mulheres inscritas nos cursos de magistério era expressivo, rapidamente se tornando superior aos homens. Em 1880, a Escola Normal de São Paulo teve 61 alunos e 29 alunas em seu curso regular de 1º e 2º ano, o curso anexo, por sua vez recebeu "55 rapazes e 72 moças, sendo que no 1º ano havia 24 moças para 20 rapazes" (DEMARTINI; ANTONES, 1993, p. 6).

Outro ponto já levantado anteriormente é a questão salarial. A educação sempre sofreu com baixos rendimentos no Brasil: o Estado não despendia recursos suficientes em educação para priorizar os rendimentos dos professores e professoras, em especial nas séries iniciais, que passaram a ser obrigação estatal desde a Constituição de 1824, ainda no Império. Saviani (2001, p. 5) aponta que, no Segundo Império, a média de dispêndio "dos recursos financeiros investidos em educação foi de 1,80% do orçamento do governo imperial" (p. 5, 2001) e em comparação com outras despesas, o gasto governamental era irrisório, como expõe, em 1882, Rui Barbosa (apud SAVANI, 2001, p. 5) "O Estado, no Brasil, consagra a esse serviço apenas 1,99% do orçamento geral, enquanto as despesas militares nos devoram 20,86%".

Era preciso constituir um corpo de profissionais para ensinar em todo o território, mas não havia orçamento para arcar com uma remuneração digna. A partir dessa realidade, se fortaleceu o entendimento que "a docência seria uma ocupação de segundo nível ou complementar" (DEMARTINI; ANTONES, 1993, p. 7), como observaram Bruschini e Amado (1988, p. 7) "ocupação ideal para as mulheres", pois a responsabilidade de provedor da família recaia ao homem, o chefe da casa.

A necessidade de ampliação ao acesso à educação básica e a obrigação do poder público em arcar com os custos da educação motivou a discurso de que educar era uma tarefa sublime, magnânima, uma dedicação para o bem e não apenas um emprego. Esse argumento tornou possível arregimentar uma de mão de obra barata, que deveria se sentir valorizada pelo simples fato de estar fazendo bem as crianças, ao país. Como explica Catani et al. (1997, p. 28-9):

> Para que a escolarização se democratizasse era preciso que o professor custasse pouco: o homem, que procura ter reconhecido o investimento na formação, tem consciência de seu preço e se vê com direito à autonomia – procura espaços ainda não desvalorizados pelo feminino. Por outro lado, não se podia exortar as professoras a serem ignorantes, mas se podia dizer que o saber não era tudo nem o principal. Exaltar qualidades como abnegação, dedicação, altruísmo e espírito de sacrifício e pagar pouco: não foi por coincidência que este discurso foi dirigido às mulheres.

O discurso de que educar era uma tarefa de amor, maternal, fez com que o trabalho social de professora fosse aceito socialmente "por correntes de pensamento que consideravam a mulher, e somente ela, dotada biologicamente pela natureza com capacidade de socializar as crianças". Logo, o magistério infantil era uma continuação das funções maternas, era "profissão feminina por excelência" (BRUSCHINI; AMADO, 1988, p. 5).

> A associação da atividade de magistério a um "dom" ou a uma "vocação" feminina baseia-se em explicações que relacionam o fato de a mulher gerar em seu ventre um bebê com a "consequente função materna" de cuidar de crianças; função esta que seria ligada à feminilidade, à tarefa de educar e socializar os indivíduos durante a infância. Dessa forma, a mulher deveria seguir seu "dom" ou "vocação" para a docência (RABELO; MARTINS, 2006, p. 6168).

Era a junção perfeita entre incluir as mulheres em um mercado de trabalho que precisava da mão de obra, sem de fato reforçar a autonomia, a independência financeira e o trabalho como função de organização socioeconômica.

A mulher continuava responsável pelas tarefas domésticas, pela criação de filhos e filhas, pelos cuidados com os doentes, e passava a acumular a tarefa de educar institucionalmente as crianças em troca de pouco rendimento e pouco reconhecimento. Contudo, quando os espaços eram de poder, mesmo no magistério, os homens continuavam ocupando "os cargos administrativos e de liderança" (RABELO; MARTINS, 2006 p. 6172). As discriminações entre os sexos se mantiveram no magistério, quando houve "concentração mais maciça de mulheres nos degraus inferiores da pirâmide ocupacional" (BRUSCHINI; AMADO, 1988, p. 6). Os professores homens, em 1980, ganhavam, em média 5,3 salários mínimos, enquanto as professoras ganhavam 1,9 salários. Vale ressaltar ainda que 75% do professorado era empregado do Estado e que 84,5% desses empregados eram mulheres (BRUSCHINI; AMADO, 1988, p. 5). Isto é, o Estado pagava valores diferentes entre os professores homens e mulheres.

Nos anos de 1930, quando a educação superior começou a crescer no país, as carreiras de licenciatura foram o primeiro lugar que as mulheres se estabeleceram numericamente. O censo de 1940 revelou que 90% dos estudantes de pedagogia e magistério eram mulheres e que das "960 mil mulheres com curso completo, 68% estavam no ramo de atividades domésticas e escolares" (BRUSCHINI; AMADO, 1988, p. 6).

As razões para as mulheres não buscarem outras carreiras não estavam apenas vinculadas com os pontos levantados acima, como condição de conciliação trabalho-família e dom natural ao ensino, mas tinham também um cunho jurídico: para entrar em cursos outros era necessário ter feito escola secundária e não escola normal (BRASIL, 1946, cap. IV, art. 6º). Como as jovens estavam concentradas nas escolas Normais, como já exposto, as opções eram escassas, como aponta Saffioti (2013, p. 315): "as escolas Normais, oficiais ou livres, não davam acesso direto aos cursos de nível superior, constituindo-se, por isso, praticamente no ponto final de uma carreira de estudos". As meninas viviam então um círculo vicioso: tinham na escola normal seu acesso mais fácil à educação secundária, mas isso automaticamente as limitava na continuação de seus estudos em áreas não pedagógico-filosóficas.

O consenso de que a educação estaria vinculada com o papel maternal produziu uma geração de mulheres com educação normalista. Mesmo que isso não se transformasse em profissão de fato, seria um saber útil para a função essencial da mulher, ser mãe. Como explica Mary Del Priore (2007, p. 471), a formação da escola normal não necessariamente era um desejo profissional das mulheres, mas um curso que garantia *status* social: "As normalistas nem sempre seriam professoras, mas o curso era, de qualquer modo, valorizado. Isto fazia com que, para muitas, ele fosse percebido como um *curso espera marido*".

Essa limitação jurídica, somada ao peso moral do magistério e à compreensão de que profissões mais técnicas-cientificas estavam destinadas aos homens, além do desinteresse masculino pelo magistério, devido aos baixos rendimentos, empurrou as mulheres para o gueto da educação, em especial nos primeiros cinquenta anos do século xx.

Em 1953, o leque de opções das mulheres aumentou um pouco, ganharam elas a possibilidade de fazer exames vestibulares para os cursos de Pedagogia e Letras, mas só em 1961, com a Lei de Diretrizes e Bases, foi possível às normalistas realizarem vestibular para qualquer curso superior, independente do ramo. No entanto, quando foi retirado o impedimento jurídico, as mulheres já representavam a maioria esmagadora das estudantes e formadas em cursos de caráter magistral, seja pedagogia, sejam licenciaturas, como mostra a Tabela 1.

Tabela 1 – Grau do curso completo das pessoas de 10 anos ou mais de idade segundo a espécie do curso onde mulheres são maioria-1960.

Espécie do Curso	Total	Homens	%	Mulheres	%
Artes Domésticas	507	461	46,2%	537	53,8%
Belas Artes	39	18	20,7%	69	79,3%
Bacharelado e didática	16.040	15.992	47,8%	17.477	52,2%
Geografia e História	1.509	1.472	37,1%	2.491	62,9%
História Natural	774	732	41,9%	1.013	58,1%
Letras	5.345	5.306	38,7%	8.404	61,3%
Normal ou pedagógico	32.649	32.639	9,7%	303.189	90,3%
Serviços sanitários	366	358	8,1%	4.058	91,9%

Fonte: adaptado de IBGE,1960 apud Soares; Melo; Bandeira (2014, p. 5).

Com o golpe militar de 1964, o governo em exercício decidiu expandir a educação universitária a fim de responder à demanda crescente por mão de obra vinculada às necessidades do capitalismo tecnológico[53] que se pretendia implementar no Brasil. Segundo Ferreira Jr. e Bittar (2008, p. 336), "a educação no âmbito do regime militar foi concebida como um instrumento a serviço da racionalidade tecnocrática, com o objetivo de se viabilizar o *slogan* 'Brasil Grande Potência'".

---

[53] Bresser-Pereira (2011, p. 178) divide o capitalismo em três grandes estágios: "o capitalismo mercantil entre o século XIV e o XVIII, o capitalismo clássico no século XIX e, desde o início do século XX, o capitalismo dos profissionais ou tecnoburocrático". O autor explica que essa terceira fase, que chama de capitalismo tecnoburocrático, seria como uma "segunda revolução industrial: a revolução da eletricidade, do motor a explosão, da produção em linha de montagem e do consumo de massa. E é consequência de dois fatos novos: 1) a organização substitui a família no papel de unidade básica de produção e 2) o conhecimento substitui o capital na qualidade de fator estratégico de produção; e a burguesia é obrigada a partilhar poder e privilégio com a nova classe média profissional que então emerge e o capitalismo dos profissionais se configura" (BRESSER-PEREIRA, 2011, p. 178-9).

DIREITOS DAS MULHERES

A educação obrigatória, até então de quatro anos, passou, com a Lei nº 5.692 de 11 de agosto de 1971, a ser de oito anos (BRASIL, 1971).[54] A educação primaria e a ginasial foram integradas passando a se chamar 1º grau de ensino. A educação secundária, por sua vez, ainda não obrigatória, transformou-se no 2º grau.

Além do aumento do número de anos de ensino obrigatório, o regime militar também incentivou a formação docente superior, para que fosse possível ter professores especialistas. No anteprojeto da lei acima citada, o então ministro da educação, Coronel Jarbas Gonçalves Passarinho, defendeu:

> Outro capítulo de extrema importância é o "dos professores e especialistas" [...]. No que toca à formação, previu-se graduação superior, de duração curta e plena, para o exercício até os 1º e 2º graus, respectivamente, e habilitação de 2º grau para exercício até a metade do 1º. Para o preparo superior de curta duração, reforçando a rede existente, concebeu-se um tipo novo de faculdade, mais modesta, a surgir "nas comunidades menores". Não há dúvidas de que este esquema "permanente" só a longo prazo poderá ser implantado em âmbito nacional (PASSARINHO apud FERREIRA JR.; BITTAR, 2006, p. 1164).

A mudança imposta abriu espaço no mercado de trabalho para professores e professoras no país inteiro e também ampliou o acesso, em especial das mulheres, à universidade, mesmo que em cursos de licenciatura curta. Contudo, o projeto educacional da ditadura militar teve resultados ruins, o arrocho salarial: "no conjunto dos assalariados oriundos das classes médias, o professorado do ensino básico foi um dos mais atingidos pelas medidas econômicas que reduziram drasticamente a massa salarial" (FERREIRA JR; BITTAR, 2006, p. 1166) e a formação acadêmica pouco exigente ou, como argumentou o ministro Passarinho, "mais modesta", fazendo com que a professora tivesse pouca utilidade, além da sala de aula, para o seu aprendizado superior.

A educação pensada pelos militares era para qualificar as professoras em matérias que interessavam ao país, a ponto de possibilitar que seu aluno chegasse a educação superior, mas não formar a professora de

---

[54] Em 6 de Fevereiro de 2006, entrou em vigor a lei nº 11.274, que determinou o aumento de um ano letivo na educação fundamental, totalizando, então, nove anos (BRASIL, 2006).

forma plena. Contudo, os números absolutos do magistério são incontestes: as mulheres brasileiras passaram a ter presença maciça no mercado trabalho profissionalizado, isto é, com a necessidade de um saber acadêmico prévio, por meio do magistério. Em 1980, 86,6% dos professores eram mulheres e esse percentual subia para 99% e 96,2% respectivamente, quando analisados os docentes de pré-escola e do então primeiro grau (Recenseamento Demográfico de 1980 apud BRUSCHINI; AMADO, 1988, p. 5).

Importante apontar que a lei de 1971 não acabou com o ensino normal exatamente, mas mudou a sua estrutura. A partir da criação do 2º grau, a formação do magistério infantil até a 6ª série virou uma habilitação específica de 2º grau, como explica Saviani (2009, p. 147):

> Aprovado em 6 de abril de 1972, a habilitação específica do magistério foi organizada em duas modalidades básicas: uma com a duração de três anos (2.200 horas), que habilitaria a lecionar até a 4ª série; e outra com a duração de quatro anos (2.900 horas), habilitando ao magistério até a 6ª série do 1º grau. O currículo mínimo compreendia o núcleo comum, obrigatório em todo o território nacional para todo o ensino de 1º e 2º graus, destinado a garantir a formação geral; e uma parte diversificada, visando à formação especial. O antigo curso normal cedeu lugar a uma habilitação de 2º Grau.

Para as series seguintes e para o 2º grau, a formação necessária era superior, seja nos cursos de licenciatura curta, com duração de três anos, ou de licenciatura plena, com quatro anos.

Em 1996, já na democracia, foi promulgada uma nova Lei de Diretrizes e Bases cujo resultado, apesar da mobilização social a favor da democracia e da qualidade da educação pública, "não correspondeu às expectativas [...]. A LDB sinalizou uma política educacional tendente a efetuar um nivelamento por baixo" (SAVIANI, 2009, p. 148).

O art. 62 da nova lei impunha a obrigatoriedade da formação em licenciatura de graduação plena em universidades ou institutos superiores de educação, que foram implantados como remédio aos cursos de licenciatura curta em voga no regime militar. Como explica Saviani (2009, p. 148): "os institutos superiores de educação emergem como instituições de nível superior de segunda categoria, provendo uma formação mais aligeirada, mais barata, por meio de cursos de curta duração".

No art. 87, § 4º, foi determinado que em 2007, todos os professores/as admitidos teriam formação superior. Tal decisão criou uma controvérsia, pois a massa dos estados e municípios não tinha em seus quadros pessoal qualificado suficiente para garantir 100% de graduados.

Por meio do parecer 01/2003, o Conselho Nacional de Educação garantiu que os professores formados pelo ensino normal ou equivalente de nível médio "têm assegurado (e até o fim de suas vidas) o exercício profissional do Magistério nas turmas de Educação Infantil e séries iniciais do Ensino Fundamental". Contudo, a regra mantinha dúbia possibilidade de contratação de mão de obra com formação média. Então, pela lei nº 12.796 de 2013 foi vetada tal possibilidade e acabou-se a polêmica. Entretanto em 2017, viria a ser modificado novamente o art. 62, que ganhou a seguinte redação:

> Art. 62 – formação de docentes para atuar na educação básica far-se-á em nível superior, em curso de licenciatura plena, admitida, como formação mínima para o exercício do magistério na educação infantil e nos cinco primeiros anos do ensino fundamental, a oferecida em nível médio, na modalidade normal (art. 62 da Lei nº 9394/96, modificado pela lei nº 13.415, de 16 de fevereiro de 2017).

O Plano Nacional de Educação (PNE), em sua meta 15, prevê que até 2020 todos os professores da educação básica tenham, no mínimo, formação superior na área que atuam (MEC, [2010]).

Na segunda década do século XXI, as mulheres continuam sendo maioria nas salas de aula, como professoras e como alunas, de licenciatura e pedagogia. Em 2012, tínhamos 991.102 mulheres em cursos de licenciatura contra 375.457 homens (INEP, 2017).[55] Em 2007, 81,6% dos professores em sala de aula da educação básica eram mulheres, de um total de mais de 1,5 milhão de docentes (INEP, 2009, p. 22). Percebe-

---

[55] O Inep (Instituto Nacional de Estudos e Pesquisas Educacionais Anísio Teixeira) é uma autarquia ligada ao Ministério da Educação. Em seu sítio na internet (portal.inep.gov.br) é possível realizar pesquisas aos dados coletados pelo instituto sobre a educação no Brasil. Sempre que nos referirmos à sigla INEP, estaremos fazendo menção ao que foi coletado no portal.

-se que a escola normal e os cursos de licenciatura e pedagogia foram os espaços acadêmicos mais receptivos às mulheres no século xx. Apesar das condições salarias das professoras(res) o mercado da educação foi e tende a continuar sendo um campo com muitas vagas, e, portanto, ter feito magistério garantiu e continua garantindo a essas mulheres uma carreira profissional.

2.3. O ensino superior no Estado brasileiro: de Vargas aos militares

A era Vargas modificou o país como um todo, pois transformou a economia brasileira, até então essencialmente rural, em uma economia capaz de produzir e exportar bens industrializados. O Estado brasileiro, a partir da "revolução" de 1930[56] e mais especificamente a partir de 1937, com o Estado Novo,[57] "assumiu um novo papel: interveio direta e intensamente na economia, promovendo a industrialização" (CUNHA, 2007, s.p.). O poder no Brasil mudou de mãos, os latifundiários, até então o grande grupo social de controle do Estado, começaram a perder força para os capitalistas industriais, que deixaram de ser seus aliados para serem os detentores reais do poder econômico.

[56] Movimento armado iniciado no dia 3 de outubro de 1930, sob a liderança civil de Getúlio Vargas e sob a chefia militar do tenente-coronel Pedro Aurélio de Góis Monteiro, com o objetivo imediato de derrubar o governo de Washington Luís e impedir a posse de Júlio Prestes, eleito presidente da República em 1º de março anterior. O movimento tornou-se vitorioso em 24 de outubro, e Vargas assumiu o cargo de presidente provisório a 3 de novembro do mesmo ano.
As mudanças políticas, sociais e econômicas que tiveram lugar na sociedade brasileira no pós-1930 fizeram com que esse movimento revolucionário fosse considerado o marco inicial da Segunda República no Brasil (FGV CPDOC, A Revolução de 1930 (verbete), s.d.). Vale ponderar que revolução está entre aspas, porque se questiona o caráter revolucionário do movimento como explicam Bertolin, Ozório e Dias (2014, p. 228): "Importa compreender se a terminologia induz a uma visão parcial da realidade, na tentativa de adequar ideologicamente os fatos a ela subjacentes". Para aprofundar o assunto ver BERTOLIN; OZÓRIO; DIAS, 2014.
[57] Dulce Pandolfi (1999, p. 10), em apresentação a um livro produzido pela Fundação Getulio Vargas, explica que o Estado Novo foi o regime autoritário implantado no Brasil a partir de 1937 resultante da "escalada repressiva iniciada em 1935", e que "teve como desfecho o golpe de 10 de novembro de 1937, que deu origem ao Estado Novo. Naquele dia, alegando que a Constituição promulgada em 1934 estava 'antedatada em relação ao espírito do tempo', Vargas apresentou à nação nova carta constitucional, baseada na centralização política, no intervencionismo estatal e num modelo antiliberal de organização da sociedade".

Enquanto isso, o autoritarismo estatal subjugava os trabalhadores, que ainda na primeira república já tinham alguma organização de classe, principalmente pela presença de italianos e espanhóis, conhecedores da força e da estrutura dos sindicatos no velho mundo.[58]

A Era Vargas, em especial o Estado Novo, impõe-se sob a ótica de "um regime político autoritário, uma espécie de fascismo sem mobilização de massas" (CUNHA, 2007, s.p.). Isso posto, no que tange à política de educação, os anos de 1930 trazem debates sobre a concepção estatal de ensino. Por um lado, os liberais, que defendiam "uma escola pública para todos e que se empenhavam em dar novos rumos à educação" e questionavam o "tradicionalismo" (ANDREOTTI, 2006, p. 105) e, por outro lado, a Igreja Católica, que sempre esteve presente na educação brasileira e que se opunha ao novo modelo, pressionando por educação religiosa nas escolas, pela separação de meninas e meninos no ambiente escolar e pela centralidade da família na educação. O embate garantiu vitórias e derrotas para os dois lados: a Constituição de 1934 determinou que a educação era um direito de todos e um dever do Estado e da família, contudo também garantiu o ensino religioso nas escolas públicas, mesmo que facultativo.[59]

---

[58] O Brasil, a partir do século XIX, iniciou um incentivo a migração de europeus, "havia no país uma tendência de homogeneização da população brasileira, que pregava a exclusão dos negros" (BERTOLIN; OZÓRIO; DIAS, 2014, p. 219). A indústria brasileira do começo do século XX era composta majoritariamente por trabalhadores brancos, europeus que vieram fugidos da guerra, da fome e em busca de novas oportunidades. Entre as nacionalidades que migraram, os italianos foram, no final do século XIX, início do século XX, os que mais desembarcaram em solo nacional. "De 1.129.315 imigrantes entrados no território nacional de 1891 a 1900, 734.985 foram para São Paulo sendo que destes 430.243 eram italianos. Nas décadas seguintes, caem não só a imigração em números absolutos, como também a percentagem a favor de São Paulo, que assim mesmo se mantém ainda bem significativa. De 1901 a 1910, para 631 mil, ao todo, 367.834 rumaram para São Paulo, com 174.634 italianos entre eles." (ALMEIDA, s.d.). Vindos da Europa borbulhante com a Revolução Russa, com a Primeira Guerra Mundial e com as ideias comunistas e anarquistas disseminadas e encontrando péssimas condições de trabalho e nenhuma regulamentação trabalhista no Brasil, esses imigrantes foram impulsionadores das lutas operárias no país.

[59] "Art. 149 – A educação é direito de todos e deve ser ministrada, pela família e pelos Poderes Públicos, cumprindo a estes proporcioná-la a brasileiros e a estrangeiros domiciliados no País, de modo que possibilite eficientes fatores da vida moral e econômica da Nação, e desenvolva num espírito brasileiro a consciência da solidariedade humana. [...]

Outra novidade do governo de Vargas foi a criação do Ministério dos Negócios da Educação e Saúde Pública, em 1931, que, entre diversas ações, "estruturou e centralizou para a administração federal os cursos superiores, adotando o regime universitário" (ANDREOTTI, 2006, p. 106).

As mudanças implementadas pelo governo federal tinham um propósito: educar a população para o capitalismo, produzir mão de obra qualificada para atuar nos novos espaços que a industrialização oferecia e garantir, assim, que o Brasil se tornasse um polo industrial.

> Nos anos de 1930, a legislação educacional incluiu em sua pauta o ensino comercial como ensino médio, e o governo central incentivou a criação de Liceus Industriais nos centros urbanos, visando à formação de mão de obra qualificada para o sistema produtivo que se expandia (ANDREOTTI, 2006, p. 109).

Gustavo Capanema, ministro da Educação de 1934 até 1945, foi um dos responsáveis pela definição do caminho que a educação tomou a partir da chegada de Vargas ao poder. Capanema, que durante quase toda a sua permanência no Ministério contou com Carlos Drummond de Andrade como seu chefe de gabinete, desenvolveu diversas políticas para adequar a educação aos tempos modernos. Quando, em 1935, encaminhou o projeto de reorganização do Ministério da Educação, explicou na carta de envio:

> Busquei realizar um trabalho de sentido moderno, incorporando, no plano que ora lhe apresento, as ideias que, a respeito de administração pública em geral e sobre os problemas da saúde e da educação em particular, vigoram nas nações mais experientes e adiantadas (apud HORTA, 2010, p. 20).

Seu objetivo era implementar mudanças modernas, em consonância com os novos tempos, porém conservadoras, no que tange os conceitos

---

Art. 153 – O ensino religioso será de frequência facultativa e ministrado de acordo com os princípios da confissão religiosa do aluno manifestada pelos pais ou responsáveis e constituirá matéria dos horários nas escolas públicas primárias, secundárias, profissionais e normais." (BRASIL, 1934).

morais, até porque Capanema era associado "com os setores mais militantes e conservadores da Igreja católica" (SCHWARTZMAN, 1985, p. 165).

O final da década de 1930 foi o início do Estado Novo e, com isso, a consolidação de um Estado central forte. A construção de uma linguagem estatal coesa foi essencial para desenhar o discurso de um país moderno e de uma política nova, brasileira. Na educação, isso se refletiu em uma base educacional nacionalista, uniforme e em conformidade com o ideal do então governo:

> Era Vargas caracterizou-se pelo desenvolvimento econômico, o nacionalismo, o controle sobre os trabalhadores, sobre os sindicatos. O planejamento estatal, a legislação social, os investimentos públicos e, sobretudo, pelo papel atribuído ao Estado como agente econômico (ARAUJO, 1999, p. 7).

Não obstante as questões políticas gerais, o que nos interessa analisar são as mudanças no ensino secundário iniciadas em 1942, as chamadas Leis Orgânicas do Ensino, que se predispunham a padronizar a educação brasileira pós-primária em todo o território nacional, a fim de garantir que, do Oiapoque ao Chuí, fossem ensinados o mesmo conteúdo, as mesmas técnicas e a mesma ideologia.

Entre janeiro de 1942 e dezembro de 1943 foram promulgados: Lei Orgânica do Ensino Industrial pelo decreto-lei nº 4.073, de 30 de janeiro 1942; Lei Orgânica do Ensino Secundário pelo decreto-lei nº 4.244, de 9 de abril de 1942; e Lei Orgânica do Ensino Comercial pelo decreto-lei nº 6.141, de 28 dez. 1943. Vale observar as finalidades dos decretos: enquanto o Decreto do Ensino Industrial, no art. 3º, determinava que a educação deveria atender aos interesses do trabalhador; aos interesses das empresas e aos interesses da nação, e o art. 1º do Decreto do Ensino Comercial determinava que a finalidade da educação era formar profissionais aptos ao exercício de atividades específicas no comércio, o Decreto do Ensino Secundário tinha uma finalidade bem mais abrangente e bem mais humanista. Seu objetivo era:

> Formar, em prosseguimento da obra educativa do ensino primário, a personalidade integral dos adolescentes; acentuar a elevar, na formação espiritual dos adolescentes, a consciência patriótica e a consciência humanística e dar preparação intelectual geral que possa servir de base a estudos mais elevados de formação especial (BRASIL, 1942).

O intuito dessa divisão era formar os jovens a partir das suas classes sociais e das funções que a sociedade esperava que fossem exercidas por eles. Logo, cabia ao jovem pobre ou de classe média baixa a educação profissionalizante, e aos jovens mais abastados, a educação secundária, que iria possibilitar a continuação dessa educação nos cursos superiores.[60]

Para as mulheres, as mudanças propostas no decreto-lei nº 4.224 representaram avanços e retrocessos. O compromisso do governo de Vargas em educar as crianças e os jovens para o capitalismo, o aumento de vagas nas escolas secundárias e o discurso neutro, que tratava "o aluno", independente de sexo, religião, origem social fez com que as mulheres conquistassem espaço nos bancos escolares do ensino secundário.

Entretanto, a afirmação legal do "ensino secundário feminino" (BRASIL, 1942, art. 25) reforçou a ideia de que homens e mulheres deveriam aprender matérias diferentes e deveriam ser fisicamente separados. Saffioti (2013, p. 320) defende que, apesar dos avanços no acesso à educação, a Reforma Capanema foi um retrocesso para as brasileiras:

> Sem penetrar na qualidade do ensino que instituiu, pelo simples fato de ter concebido um "ensino secundário feminino", discriminou as mulheres e desferiu um golpe no processo de aceitação social da coeducação em curso. [...] Embora as diferenças de currículo dos cursos secundários femininos e masculinos fossem de pouca significação, o espírito de segregação dos sexos preside aos termos da reforma, evidenciando-se nas expressões "natureza da personalidade feminina" e "missão da mulher no lar".

A retomada da democracia, em 1945, não modificou as políticas educacionais imediatamente. A legislação imposta por Vargas cruzou os primeiros anos democráticos e, inclusive, as leis que surgiram posteriormente mantiveram a essência do projeto de Capanema.

---

[60] As primeiras organizações do sistema S foram criadas nessa época. O Serviço Nacional de Aprendizagem Industrial (Senai) é de 1942, o Serviço Nacional de Aprendizagem Comercial (Senac), de 1946. Essas iniciativas, que se mantêm até hoje no Brasil, correspondiam a junção da decisão da iniciativa privada em formar mão de obra para o seu negócio e do Estado em direcionar os cidadãos, de origem não burguesa, aos trabalhos do capitalismo industrial.

O ensino normal pode ser um bom exemplo disso: em 1946, já no governo do Dutra, foi publicado o decreto-lei nº 8.530, de 2 de janeiro de 1946, intitulado a Lei Orgânica do Ensino Normal, que na mesma esteira das leis orgânicas do ensino industrial e do ensino comercial, tinha como finalidade de "prover à formação do pessoal docente necessário às escolas primárias" (BRASIL, 1946, art. 1º).

As mulheres, em especial as não abastadas, que estavam concentradas nas escolas Normais, mantiveram-se impedidas de dar continuação aos estudos em grau superior, ficando limitadas a ensinar nas escolas primárias. O Brasil pós-ditadura não incorporou a ideia da educação como oportunidade de ascensão social; o objetivo, ainda, era de educar as massas para servir a elite:

> A legislação em vigor nas décadas de [19]40 e [19]50 preservava a antiga organização "dualista" do ensino, caracterizada pela coexistência de algo como dois sistemas paralelos de educação, um para o povo em geral e outro para as elites, o primeiro iniciado na escola primária e continuado depois nas escassas escolas profissionais de nível médio então existentes, e o segundo, igualmente iniciado na escola primária e continuado depois na escola secundária, organizada com a intenção de encaminhar sua clientela para as escolas superiores e para as posições mais privilegiadas na sociedade (EISIEGEL, 1995, p. 393).

A temática moderna e realizadora implementada por Juscelino Kubistchek, com o Plano de Metas e com a propaganda "50 anos em 5" deu ao Brasil um novo impulso desenvolvimentista,[61] consagrando, inclusive, JK como o presidente que "ousou duvidar da eterna vocação agrícola do país e que aliou ao desenvolvimento acelerado uma experiência bem-sucedida de governo democrático" (BENEVIDES, 1991, p. 9).

O Plano de Metas, nome dado ao Plano Nacional de Desenvolvimento, tinha entre as suas finalidades centrais a "Educação para o Desenvolvimento", defendida desde a campanha eleitoral e que norteou todo o governo de Juscelino. Ficava claro, inclusive qual seria o discurso oficial do modelo de educação proposto pelo Estado: capaz de produzir

---

[61] Maria Vitoria Benevides explica, inclusive, que a palavra *Desenvolvimentismo* teria sido inventada por Juscelino Kubitschek: "o inventor da palavra, cuja a mítica ficou, na história contemporânea, inarredavelmente vinculada ao seu nome" (BENEVIDES, 1991, p. 9).

um povo compromissado com o desenvolvimento do país, formado para trabalhar e desenvolver o país industrializado, moderno e capitalista. Na explicação das finalidades da educação é possível identificar esses objetivos:

> A "Educação para o Desenvolvimento" é o quinto tema básico de nosso Plano Nacional de Desenvolvimento. A formação de elites dirigentes capazes de interpretar com objetividade as peripécias de nossa luta pela conquista de um continente tropical e o processo histórico de nossa formação social, e de influir, com novas táticas, no destino dessa luta e desse processo; a educação de elites e de massas para a realização de novas tarefas, impostas por novas formas sociais e novas técnicas de vida econômica – eis o objetivo a que nos impelem as circunstâncias do momento que vivemos. A suscitação acelerada de uma "inteligência" numerosa e de alto padrão de cultura e objetividade, *constituída de homens* aptos a dirigir e criar no campo das atividades econômicas, na administração e na política, deve constituir motivo de um esforço planejado, que oriente nossa juventude para o campo das atividades de maior importância e para as profissões de que mais necessitamos (Oliveira, 1955, p. 23, grifo nosso).

Entretanto, a educação ser um dos alicerces do Plano Nacional de Desenvolvimento, não fez com que recebesse a mesma quantidade de recursos destinados às outras áreas do plano:

> O Plano de Metas mencionava cinco setores básicos da economia, abrangendo várias metas cada um, para os quais os investimentos públicos e privados deveriam ser canalizados. Os setores que mais recursos receberam foram energia, transportes e indústrias de base, num total de 93% dos recursos alocados. Esse percentual demonstra por si só que os outros dois setores incluídos no plano, alimentação e educação, não mereceram o mesmo tratamento dos primeiros (Silva, s.d., s.p.).

Apesar de a educação não ter recebido a mesma quantidade de recursos que outros setores, o governo de Juscelino lhe propôs mudanças, em especial na educação superior, a fim de forjar uma formação mais racional, especializada, capaz de ajudar o país na modernização. O governo incentivou a ampliação e criação de cursos superiores de administração e aprovou a criação da Universidade de Brasília, que já nasceria sob

DIREITOS DAS MULHERES

a égide de um Estado moderno e desenvolvimentista, como explica Bomeny (s.d.): "Em termos mais gerais, acreditava-se que, com uma elite bem preparada, o país se beneficiaria e poderia estender progressivamente a educação ao conjunto da população". Contudo, ainda se observa que a educação superior em um governo democrático, de caráter desenvolvimentista e inovador, continuava sendo apenas para as elites e centralmente para os homens.

Em 1961, como já mencionado, no governo de João Goulart, foi publicada a lei nº 4.024, que fixava as bases e as diretrizes da educação, a primeira Lei de Diretrizes e Bases do Brasil. Apesar de ser aprovada em 1961 sua tramitação começara em 1948, ainda no governo Dutra, tendo passado por um longo processo de debate, modificações e disputas. O grande debate se concentrava na intervenção do Estado na educação: quanto era possível, em uma sociedade democrática, o poder público de interferir na educação de crianças e jovens? Carlos Lacerda,[62] então deputado federal, apresentou um substitutivo ao projeto de lei que pretendia resguardar "às instituições católicas, que dominavam o segmento

---

[62] Carlos Frederico Werneck de Lacerda, político carioca, começou sua militância na Aliança Nacional Libertadora (ANL), organização que reunia a oposição de esquerda ao governo Vargas. Em 1939, foi expulso do PCB por escrever artigo prejudicial ao partido, filiado à União Democrática Nacional (UDN), foi o candidato mais votado na eleição de 1947 para a Câmara Municipal do Rio de Janeiro, então Distrito Federal. No final de 1949, fundou seu próprio jornal, a Tribuna da Imprensa, de onde iria comandar uma campanha implacável contra Getúlio Vargas, eleito em 1950 para presidir. Em 1954 sofreu um atentado foi ferido no pé, mas o major-aviador Rubens Vaz, que naquele dia lhe dava proteção, foi morto. O evento foi o golpe fatal no cambaleante governo de Vargas, que, à renúncia, preferiu o suicídio. Chamado de "assassino de Vargas", Lacerda teve que se esconder para escapar da fúria da multidão, que acorreu às ruas para chorar a morte do "pai dos pobres". A fama de "demolidor de presidentes" se firmaria em novembro de 1955, quando assumiu a liderança civil do movimento que tentou impedir a posse dos eleitos em outubro, Juscelino Kubitschek e João Goulart. A transformação da cidade do Rio de Janeiro em estado da Guanabara, candidatou-se e foi eleito governador. A derrubada do governo Goulart pelo golpe militar de 1964, incentivado e apoiado pelo Palácio Guanabara, não ajudou a caminhada de Lacerda rumo a Brasília. O estreitamento político em nível nacional, bem como a ocupação de espaços na política carioca por outros atores, como Chagas Freitas, levou Lacerda a apostar na Frente Ampla, de oposição ao regime militar, e a procurar dois antigos adversários, os ex-presidentes Kubitschek e Goulart, ambos cassados em 1964. A Frente Ampla fracassaria, e Lacerda também seria cassado, em 30 de dezembro de 1968, em seguida ao AI-5. Morreu em 27 de maio de 1977, aos 63 anos (MOTTA, 2005).

do ensino secundário, e aos empresários da educação, ainda existentes em menor número naquele momento" (MONTALVÃO, 2014, p. 25).

Anísio Teixeira (1959, p. 27), por sua vez, chamou o anteprojeto de Lacerda de "anacronismo educacional", pois o objetivo do substitutivo era: "de conceder categoria pública ao ensino privado. Realmente, parece que algo de incoercível compele o país a fazer do público o privado, ou seja, a dar ao privado as regalias e privilégios do público". A disputa travada era entre o ensino privatizado, apoiado nas instituições religiosas, em especial a Igreja, com um currículo não unitário, que poderia variar dependendo do estado, do município ou da religião, e um ensino público, estatal, laico e democrático, que pretendia oferecer a toda a nação o mesmo currículo.

Tanto Lacerda como Teixeira defendiam uma educação democrática, mas para Lacerda isso significava que a "liberdade deveria permitir às famílias conduzirem seus destinos de acordo com a orientação espiritual cristã" (MONTALVÃO, 2014, p. 37). Teixeira por sua vez, entendia a educação democrática como educação igualitária que "deveria permitir o rompimento com as hierarquias presentes entre as famílias da 'boa sociedade' e as provenientes das classes populares" (MONTALVÃO, 2014, p. 37).

Teixeira se solidificou com um nome que defendia a educação laica e recebeu inúmeras críticas por isso, suas ideias modernizadoras incomodaram a Igreja católica a tal ponto que em 1958 foi denunciado para o então presidente JK:

> No auge dos debates sobre o papel do Estado no sistema educacional, o arcebispo metropolitano de Porto Alegre dom Vicente Scherer e os bispos gaúchos dirigiram memorial ao presidente Juscelino Kubitschek denunciando Anísio como paladino da escola pública que iria "preparar o povo para reivindicações sociais" (COUTINHO, s.d).

Em que se pese o debate ideológico travado, em 20 de dezembro de 1961, foi promulgada a primeira Lei de Diretrizes de Bases (LDB), que garantia que a educação era um direito de todos, mas possibilitava que a família escolhesse onde seus filhos e filhas iriam receber essa educação. A lei determinava que os estabelecimentos oficiais deveriam disponibilizar o ensino religioso, apesar de não obrigar os alunos à cursarem a disciplina.

Em relação à educação superior, a LDB determinou que seu objetivo seria "a pesquisa, o desenvolvimento das ciências, letras e artes, e a formação de profissionais de nível universitário" (BRASIL, 1961, art. 66). A despeito da lei em voga ter sido aprovada em um período de democracia, no caso da educação superior, as premissas se mantiveram as mesmas implantadas no Estado Novo, com exceção do número dos estudantes matriculados: "O período de 1945-1965 se destacou por um crescimento acelerado do ensino superior público, sendo que, durante esse intervalo de tempo, suas matrículas saltaram de 21 mil para 182 mil estudantes" (MARTINS, 2009, p. 17).

Todavia, o período de democracia no Brasil não durou muito e, em 1964, os militares desferiram um golpe de Estado que durou até 1985. Nesse período, ocorreu a grande reforma da educação superior e universitária sob a tutela da Lei nº 5.540, de 28 de novembro de 1968. Os militares aproximaram o "projeto de modernização conservadora[63] no qual propunham um vínculo estreito entre educação e mercado de trabalho" (GISI, 2006, p. 100) com o projeto educacional que garantisse uma estrutura capaz de ofertar um ensino baseado em "desenvolvimento, segurança nacional, defesa do Estado, repressão e controle político-ideológico da vida intelectual e artística" (GISI, 2006, p. 100).

As mulheres, por sua vez, aumentaram sua participação na educação superior no momento histórico em que governo desejava produzir mão de obra técnica para um capitalismo pactuado com o autoritarismo político:

> Os governos militares adotaram um movimento político de duplo sentido: ao mesmo tempo que suprimiam as liberdades democráticas e instituíam instrumentos jurídicos de caráter autoritário e repressivo, levavam à

---

[63] Florestan Fernandes, em seu livro *A universidade brasileira: reforma ou revolução?*, explicou que a história da universidade brasileira era uma "conglomeração de escolas superiores" (FERNANDES, 1975, p. 70) e que as mudanças necessárias para, de fato, responder as demandas histórico-sociais, não iriam acarretar em uma reforma universitária, mas sim "um processo de revolução educacional" (FERNANDES, 1975, p. 69), e que um governo autoritário não estaria disposto a desenvolver uma universidade que rompesse com o que ele chamava de "inércia cultural" (FERNANDES, 1975, p. 68). Além disso, a reforma proposta não garantiria a liberdade de opinião, de visão, de versão, premissas essenciais para a produção de pesquisa científica. A reforma do governo militar era mais de cunho quantitativo, aumento de alunos do que de produção científica.

prática os mecanismos de modernização do Estado nacional, no sentido de acelerar o processo de modernização do capitalismo brasileiro (FERREIRA JR.; BITTAR, 2008, p. 335).

Nesse contexto político, mesmo sem políticas públicas específicas, as mulheres, de forma robusta, ganharam as salas dos cursos superiores e universidades e o hiato de gênero na educação[64] superior começou a ser revertido.

2.4. As mulheres brasileiras e o percurso nos cursos superiores

Trabalhar em troca de rendimento não é um fenômeno do século XX para todas as mulheres. As mulheres pobres buscam e exercem trabalho remunerado desde sempre, como pondera Lobo (1989, p. 171), "o trabalho doméstico faz parte da condição de mulher, o emprego faz parte da condição de mulher pobre". A novidade do século XX foi a introdução de mulheres instruídas em funções tidas como masculinas, de alta remuneração, de caráter científico, técnico, não doméstico.

O final dos anos 1960 e os anos 1970 foram tempos de embate social e mudança de paradigmas. No Brasil, o movimento feminista apareceu com força, em conjunto com a resistência à ditadura militar, imposta ao país desde 1964. Embora influenciado pelas experiências europeias e norte-americanas, o início do feminismo brasileiro dos anos 1970 foi significativamente marcado pela contestação à ordem política em voga no país. Uma parte expressiva dos grupos feministas estava articulada a organizações de influência marxista, clandestinas à época, e fortemente comprometida com a oposição à ditadura militar, o que imprimiu ao movimento características próprias (SARTI, 2004, p. 36).

Contudo, vale apontar que suas militantes eram de origem social média ou alta e formalmente educada. O movimento feminista das décadas de 1960-1970 estava diretamente ligado à academia, sendo um movimento influenciado pelo pensamento produzido nas universidades:

---

[64] Hiato de gênero é a diferença entre a presença de homens e mulheres em determinados nichos. O termo é usado mais comumente para tratar a diferença do acesso à educação entre os sexos. O fim do hiato de gênero na educação é o fim da diferença numérica de homens em relação a mulheres nas escolas.

Se por um lado, o movimento feminista brasileiro que surge nos anos [19]70 se caracteriza por um intenso compromisso político, por outro, suas participantes – majoritariamente das camadas médias intelectualizadas – tiveram sempre uma forte preocupação com a pesquisa sobre a situação daquilo que se pensava ser "a mulher brasileira" (GROSSI, 2004, p. 213).

A realidade brasileira não é exatamente excepcional. A França, berço do feminismo moderno, teve em Simone de Beauvoir, filosofa, e na sua obra *O segundo sexo*, publicada em 1949, o referencial teórico do feminismo francês. Nos Estados Unidos, Betty Friedan, jornalista, marxista e judia, que se tornou a voz da segunda onda do feminismo a partir do seu livro *The Feminine Mystique*, assim como Simone Beauvoir, era branca, de classe média alta e educada na estrutura universitária.

O pensamento desenvolvido na universidade proporcionou às mulheres a oportunidade de questionar seu lugar no mundo, de observar sua realidade a partir de novos conceitos. No entanto, apesar dos debates sobre a mulher terem entrado na pauta da academia brasileira a partir dos anos 1970, foi a possibilidade de profissionalização que levou as mulheres à universidade.

Enquanto, em 1940, elas representavam apenas 9% dos universitários, em 1960 essa porcentagem subiu para 14% e, em 1970, para 42% (IBGE, Censos Demográficos, 1940, 1960, 1970). Em trinta anos, a disparidade entre os sexos diminuiu consideravelmente, colocando as mulheres, mesmo que apenas estatisticamente, mais perto da equidade de acesso ao curso superior. Sustentam Soares, Melo e Bandeira (2014, p. 5):

> A década de 1970 é considerada pela literatura de gênero como um marco para as mulheres no campo do trabalho e dos movimentos feministas. No entanto, esse marco pode ser atribuído também aos avanços educacionais das mulheres. Embora neste período as mulheres ainda fossem maioria entre os analfabetos, a distribuição por sexo dos estudantes entre os níveis de ensino ficou bem mais equilibrada.

Em meio a realidade relatada foi sancionada, em 2 de novembro de 1968, a lei nº 5.540, que fixava as normas do ensino superior e sua articulação com o ensino médio, conhecida como a Reforma Universitária de 1968. O objetivo era, por um lado, modernizar, expandir e desenvolver tecnologia nas universidades federais e, por outro, ampliar a participação da educação privada no ensino superior. As mudanças mais transformadoras impostas pela lei foram a abolição da cátedra vitalícia, a inclusão do regime departamental, o sistema de créditos, a introdução de ciclo básico nos cursos e a criação de uma política de pós-graduação. Paralelamente, a essas mudanças, a reforma introduziu o ensino privado como agente auxiliar do Estado no aumento das cadeiras universitárias. Porém os novos cursos superiores privados, que nasceram pós-reforma de 1968, diferenciavam-se dos existentes até então, em especial as universidades católicas, que tinham um "caráter semiestatal" (Martins, 2009, p. 17), isto é, dependiam de financiamento e apoio governamental para se manter e expandir.

A educação privada que se desenvolveu no Brasil após 1968 era estruturada "nos moldes de empresas educacionais voltadas para a obtenção de lucro econômico e para o rápido atendimento de demandas do mercado educacional". Tal modelo destoava do que ocorria na universidade pública na mesma época, que passava a tentar articular ensino e pesquisa, recebia o financiamento, por parte do BNDES e depois da Finep para a construção de novos *campi*, prédios e laboratórios (Martins, 2009, p. 21). As novas instituições privadas não tinham a preocupação com uma universidade autônoma, criativa, mas em formar profissionais preparados para exercer funções necessárias ao capitalismo.

Em 1961, ainda antes do golpe militar, a Organização dos Estados Americanos (OEA), sob a tutela dos Estados Unidos, promoveu, na cidade de Punta Del Leste, no Uruguai, o Encontro Extraordinário do Conselho Econômico e Social Interamericano, que tinha o objetivo de selar a "Aliança para o Progresso", um compromisso assumido pelos norte-americanos em financiar o desenvolvimento socioeconômico dos países latino-americanos, em especial para questões como a diminuição do analfabetismo, o aumento da renda *per capta* e o fim da pobreza extrema.

O esforço do então presidente americano John F. Kennedy era de possibilitar que os países latino-americanos saíssem da condição que estavam por via "democrática", isto é, não aderindo ao comunismo, que nesse momento se apresentava como uma opção viável. Leacock (1990, p. 62-3, tradução nossa), em seu livro sobre a relação Estados Unidos e o Brasil, explicou a intenção norte-americana com essa aliança:

As revoluções não são feitas pelos famintos, pelos destituídos, pelos sem-teto. Revoluções são mais prováveis de ocorrer quando as condições vida das pessoas estiverem melhorando de alguma forma, mas não rápido o suficiente, quando a expectativa de vida das pessoas foi elevada, mas não consolidada. Isto era exatamente o que estava acontecendo nas nações subdesenvolvidas. Elas estavam sendo varridas por uma "revolução de aumento de expectativas". As expectativas eram por rápido desenvolvimento econômico, e melhorias no campo educacional, social e político. Se não fossem demonstrados meios de se atingir esses objetivos democraticamente, eles poderiam renunciar as instituições democráticas e buscar mudanças através da violência. Os países subdesenvolvidos poderiam se degenerar em focos de problemas crônicos, em lugares de constante ebulição. Pior ainda, para os Estados Unidos, eles poderiam se direcionar para o comunismo.[65]

A educação na América Latina transformou-se em uma das ferramentas de combate às ideias comunistas e a reafirmação dos valores capitalistas e norte-americanos aos jovens do continente.

Após o golpe de 1964, a relação entre os EUA e o Brasil se aprofundaram, e no campo da educação foram determinantes para apontar o caminho que seria adotado como política pública estatal em âmbito educacional. Entre 1961 e 1969, diversos acordos bilaterais foram assinados entre o Ministério da Educação (MEC) e a United States Agency for International Development (USAID). Contudo, para a educação superior, o acordo MEC-USAID, de 1966, para modernização da administração universitária, que depois foi substituído pelo acordo de planejamento do ensino superior, são instrumentos-chave para entender a estrutura da educação superior brasileira.

---

[65] *"Revolutions were not made by the chronically hungry, the destitute, the homeless. Revolutions were most likely to occur when the living conditions of people were improving somewhat, but not fast enough, when people's expectations about life were raise but not met. That was exactly what was happening in the underdeveloped nations. They were being swept by 'a revolution of rising expectations'. The expectations were for rapid economic development, education, social e political betterment. If they were not shown the way to achieve these things democratically, they might renounce democratic institutions and seek change through violence. The underdeveloped nations might degenerate into chronic trouble spots, places in constant turmoil. Even worse, for the United States, they might turn to communism."*

Como observa Romanelli (1978, p. 196) "o MEC entregou a reorganização do sistema educacional brasileiro aos técnicos oferecidos pela AID". A partir das diretrizes traçadas por eles, em especial pelo professor Rodolph Atcon, foi proposta uma reestruturação ao ensino brasileiro com as seguintes premissas:

1. Inovação, quanto à "flexibilidade estrutural e diversificação docente, dentro de um critério de máxima integração e economia";
2. Novas atividades acadêmicas e científicas;
3. Satisfação, com os produtos da Universidade, das reais necessidades da sociedade;
4. Melhora da qualidade e ampliação da quantidade;
5. Criação de cursos básicos de estudos fundamentais gerais;
6. Criação dos departamentos e eliminação da cátedra;
7. Implantação de tempo integral dos professores;
8. Ampliação e diversificação dos cursos profissionais;
9. Criação de unidades de estudos básicos, chamados Centros Universitários de Estudos Gerais (como opção diferente dos Institutos Centrais, aos quais o autor se opunha);
10. Criação de um Conselho de Reitores das Universidades Brasileiras, manipulador de mecanismos de controle interno das universidades e independentes do poder executivo, conselho esse que seria "o lugar mais lógico para empreender, no nível mais alto, e em longo prazo, pesquisas metapedagógicas e o planejamento integral do ensino superior, em todo o referente à sua administração, estrutura e seu conteúdo acadêmico-científico" (ROMANELLI, 1978, p. 212)

Na mesma esteira, o relatório final da equipe de assessoria ao planejamento superior, resultante da parceria MEC-USAID, em 1969, apontou que.

O ensino superior no Brasil se caracteriza historicamente pelo traço de culturalização e não tecnificação das profissões. O problema do mercado de mão de obra categorizado está evidentemente ligado às necessidades socioeconômicas do país (RELATÓRIO, 1969, p. 77 apud PINA, 2011, p. 89).

Todavia as questões de gênero, sexo, raça, regionalidade não aparecem no relatório acima citado nem nas diretrizes determinadas para a educação brasileira pelos americanos ou mesmo na fala institucional sobre a modernização da educação superior brasileira. O planejamento se referia ao aluno como uma entidade neutra, logo, homem, branco, jovem e residente nas cidades. A única diferença social abordada no processo de reestruturação da educação superior brasileira foi a pobreza, como pondera Pina (2011, p. 78):

> Entre os objetivos a serem alcançados por meio das medidas acima citadas estava o aumento da taxa de escolarização, a eliminação do analfabetismo e a distribuição de bolsas de estudo a alunos pobres. Dentro deste contexto, a educação passou a ter um papel decisivo na formação da mão de obra profissional e técnica.

Os militares precisavam constituir um contingente de trabalhadores e trabalhadoras formados para as profissões que demandavam algum saber técnico-teórico, não necessariamente conhecimentos filosóficos, capacidade de pensar as grandes questões da humanidade, mas aptos para executar as tarefas necessárias ao capitalismo industrial desenvolvimentista. Como apontou Souza (1981, p. 10):

> Portanto, podemos dizer que de 1964 a 1975 veio se delineando um sistema educacional, cuja finalidade é a preparação dos recursos humanos para o desenvolvimento do país conforme o novo modelo de desenvolvimento adotado, correspondente a determinado modelo político e ideológico.

Como já apontado acima, a reformulação imposta pelos militares a partir da lei nº 5.540/1968 teve a iniciativa privada como parceira prioritária, a ampliação das vagas ocorreu graças ao incentivo a grupos econômicos da educação em ampliar seus horizontes, espalhar-se pelo país e garantir a "primazia da iniciativa privada na educação" (LIRA, 2010, p. 103).

A lei em tela não fez nenhuma menção às mulheres, nem como alunas nem como professoras. O feminino não apareceu na lei, porém também não apontou nenhuma dificuldade jurídica para o ingresso das normalistas, já que seu art. 17 determinava que a graduação estivesse aberta para aqueles que "hajam concluído o ciclo colegial ou equivalente e tenham sido classificados em concurso vestibular" (BRASIL, 1968, art. 17).

EDUCAÇÃO SUPERIOR, O BRASIL E AS MULHERES

A partir de 1970 a presença feminina nos cursos superiores começou a ter um crescimento vertiginoso. No censo de 1970, as mulheres representavam 25,6% das pessoas com curso superior completo no Brasil, contudo elas eram 42,5% das estudantes de curso superior. Em 1980, elas eram 49,2% dos estudantes de nível superior e, em 1991, as mulheres superam os homens em vagas nas faculdades (IBGE, 1970 apud SOARES; MELO; BANDEIRA, 2014, p. 6). Essa mudança de paradigma refletiu primeiramente nos números de alunas, porém, em 1970-1980, elas continuavam concentradas nos cursos de saúde, educação, assistência social, realidade parecida com os anos de 1940, "os cursos tipicamente femininos nesta década eram enfermagem e normal, com mais de 90% de mulheres" (IBGE, 1970 apud SOARES; MELO; BANDEIRA, 2014, p. 6).

Na década de 1980, o curso de secretariado ganhou destaque: das 51,4 mil estudantes, 95% eram mulheres (IBGE, 1970 apud SOARES; MELO; BANDEIRA, 2014, p. 7). Tal realidade dialogava com o país mais urbano, industrializado e com estruturas empresariais que absorveram as mulheres, porém em espaços subalternos, ainda de cuidado, ainda de auxílio. Quando em 1991, finalmente, acabou o hiato de gênero na educação[66] e as mulheres passaram a ser 51% das universitárias, algumas profissões historicamente masculinas, como Medicina, Odontologia, Administração e principalmente Direito começaram a ter uma maior diversidade de sexos em suas salas de aula.

Além de maior equidade entre os sexos em profissões outrora masculinas, algumas carreiras passaram a ter a presença constante e crescente das mulheres. O Direito, principalmente a advocacia, pode ser considerado o melhor exemplo dessa ampliação da participação das mulheres. Em 2017, os inscritos na Ordem dos Advogados do Brasil eram 485 mil mulheres para 529 mil homens, porém, entre os inscritos com até 25 anos, elas eram 39 mil contra 24 mil, e 16 mil estagiárias para 14 mil estagiários (CFOAB, Institucional/Quadros de advogados, s.d.).

Não foi apenas o Direito que viveu essa mudança. A Medicina, também passou a formar, desde 2009, mais médicas do que médicos.

---

[66] "No Censo de 1991, pela primeira vez o percentual de mulheres no ensino superior superou o dos homens e alguns nichos masculinos começaram a se descentralizar, como os cursos de Medicina, odontologia, estatística, física, administração e contábeis." (SOARES; MELO; BANDEIRA, 2014, p. 8).

Segundo pesquisa de Scheffer e Cassenote (2013, p. 269-70), realizada através da análise dos dados dos 27 conselhos regionais de Medicina e das informações constantes na base de dados da Comissão Nacional de Residência Médica e da Associação Médica Brasileira, as mulheres em 2012 representavam 41,26% dos médicos brasileiros e 53,31% dos médicos com menos de 29 anos.

Nos anos 2000, as mulheres já estavam inseridas em todos os ramos educacionais, da Medicina à Engenharia, do Direito à Agricultura. Essa inserção, pode ser vista tanto em relação ao aumento numérico de mulheres nos cursos antes ocupados por homens como nas mudanças estruturais que a presença feminina tem causado em nichos de estudo e emprego anteriormente exclusivamente masculinos. Como aponta Menkel-Meadow (2013, p. 69), em seu estudo sobre as mulheres na advocacia:

> Existe um nível de complexidade na definição do que seria "feminizada". Para aqueles que atribuem qualidades "femininas" para mulheres (ou para homens), a profissão jurídica se torna "feminizada" quando estas qualidades femininas (empatia, compreensão, conforto, cooperação) são reconhecidas, apreciadas e absorvidas no desempenho de tarefas e funções legais. Para outros a profissão se torna "feminizada" não pelas atribuições estereotipadas de qualidades de gêneros na prática do Direito, mas por uma influência feminina que inclui mudanças na prática jurídica (adaptações entre trabalho e família) e no Direito substantivo em si mesmo (variando de problemas de discriminações nas contratações até o Direito familiar e criminal).

No entanto, no que se refere aos números, o avanço da presença das mulheres é inquestionável. O Censo Demográfico de 2000 apontou que as mulheres eram 55% dos brasileiros com curso universitário. Em 2010, o Censo demonstrou que "o percentual de mulheres de 25 anos ou mais de idade com nível superior era 12,5% (praticamente o dobro em relação à década anterior) e no caso dos homens o percentual era de 9,9%" (SOARES; MELO; BANDEIRA, 2014, p. 10). Além das mulheres serem a maioria das detentoras de diplomas universitários, também são elas a maioria das estudantes. Em 2012, eram 57% dos universitários, totalizando 7 milhões de estudantes (INEP/Censo da Educação). Tais dados nos confirmam que não apenas são elas a maioria entre os formados como também são as que mais continuarão a se formar no futuro.

Apesar do avanço das mulheres na educação superior ter iniciado no período da ditadura militar, a Constituição de 1988 tem um papel importante na valorização social da educação: foi ela que deu ao Direito a educação um lugar de destaque. Sua garantia é o primeiro Direito social listado no art. 6º, deixando clara a intenção do legislador em enfatizar sua importância social, enquanto na Constituição de 1967, o Direito à educação estava listado no título da Família, da Educação e da Cultura. Como pondera Oliveira (1999, p. 61): "pela primeira vez em nossa história Constitucional explicita-se a declaração dos Direitos Sociais, destacando-se, com primazia, a educação". O Estado brasileiro reconheceu que educar o povo era importante tanto para o Estado como para o cidadão, como pondera Cury (2008, p. 296):

> A educação escolar, pois, é erigida em bem público, de caráter próprio, por ser ela em si cidadã. E por implicar a cidadania no seu exercício consciente, por qualificar para o mundo do trabalho, por ser gratuita e obrigatória no ensino fundamental, por ser gratuita e progressivamente obrigatória no ensino médio, por ser também a educação infantil um direito, a educação básica é dever do Estado.

Vale apontar que essa determinação estatal se materializou em orçamento, em recurso efetivo para a implementação do Direito à educação. O art. 212, desde 1988, garante a aplicação pela União de, no mínimo, 18% da receita resultante de impostos para a educação, além de 25% dos estados e dos municípios. Em 1993, Goldemberg (1993, p. 71) afirmou:

> Após a vigência da nova Constituição, subiu substancialmente, atingindo, em 1990, 4,21% do PIB, o que demonstra claramente a importância da vinculação constitucional dos percentuais da receita de impostos para a educação como instrumento para aumentar os investimentos públicos na área.

Dados mais atuais demonstram que esse avanço orçamentário se manteve. O boletim informativo do Senado, nº 26, de 2015, mostrou um aumento de 130% entre 2004 e 2014 nos gastos da União com educação: "Em 2004 os desembolsos para o setor equivaliam a 4% da receita líquida do Tesouro, tendo passado a 9,3% em 2014. Um salto nada desprezível de 130%" (MENDES, 2015, p. 1). Para termos uma ideia de valores, em 2017, o PIB do Brasil girava em torno de 6,6 trilhões de reais (PIB AVANÇA..., 2018) e o investimento público em educação representava 4,1% (INEP, 2017), logo estamos falando de algo em torno de 240 bilhões de reais.

No que tange à educação superior, a Constituição garantiu, no art. 207, a autonomia didático-científica das universidades, e no art. 208, v determinou que a obrigação estatal com a educação só estaria efetivada quando fosse garantido "o acesso aos níveis mais elevados do ensino, da pesquisa e da criação artística, segundo a capacidade de cada um", o que consolidou uma obrigação do Estado com a educação superior.

A educação proposta pelo Estado democrático brasileiro era de uma educação para "o desenvolvimento da cidadania e da participação política na sociedade democrática" (OLIVEIRA, 1999, p. 71), e não apenas uma educação para o desenvolvimento econômico, marco das propostas governamentais até então. A grande diferença centrava no objetivo de se ter uma educação para cidadania, que incluísse todos e todas de forma igualitária, uma educação capaz de desenvolver cidadãos plenos, capazes de buscar os objetivos centrais do Estado, uma sociedade fraterna, pluralista e sem preconceitos.

Como pondera Pereira (2018, p.43):

> A cidadania, fundamento da República Federativa do Brasil, conforme consagrado pelo Poder Constituinte Originário em 1988, deve implicar, atualmente, o reconhecimento de que a participação política do cidadão dá-se, também, por sua inserção e por seu reconhecimento nas sociedades, especialmente aquelas mais assimétricas e desiguais, como a brasileira, de modo que a sua identidade, as suas narrativas e a sua história componham o mosaico histórico, sociológico, jurídico e político da formação e evolução do respectivo Estado.

Por sua vez, educação para o desenvolvimento econômico tinha como foco as necessidades do capitalismo "dependendo da funcionalidade que venha a ter em vista dos requisitos de mão de obra determinados pelo mercado de trabalho. Aqui, o fundamental é que a educação forneça, ao

EDUCAÇÃO SUPERIOR, O BRASIL E AS MULHERES

mercado, mão de obra adequadamente qualificada" (OLIVEIRA, 1999, p. 71).

Essa mudança estruturante também influenciou a nova Lei de Diretrizes e Bases, lei nº 9.394 de 20 de dezembro de 1996, conhecida com a Lei Darcy Ribeiro.[67] O objetivo da Constituição de 1988 era garantir o diálogo da sociedade brasileira com o capital, de forma a possibilitar uma social democracia de padrões ideológicos europeus, de serviços públicos universais.

A nova LDB mudou o conceito estatal de educação, que passou a ser compreendida como "os processos formativos que se desenvolvem na vida familiar, na convivência humana, no trabalho, nas instituições de ensino e pesquisa, nos movimentos sociais e organizações da sociedade civil e nas manifestações culturais" (BRASIL, 1996, Art. 1º).

A LDB de 1996 determinou pela primeira vez, expressamente, a finalidade para a educação superior, apontando, em seu art. 43, oito eixos que englobavam desde diplomar mão de obra para o mercado até promover o conhecimento dos problemas do mundo. Tal premissa ampliou os horizontes educacionais da universidade brasileira e com isso garantiu uma formação superior mais ampla e mais inclusiva, como aponta Dourado (2002, p. 241-2):

> A LDB, entendida como lei complementar que regulamenta as diretrizes e bases para a educação nacional, foi promulgada sob a égide da Constituição Federal de 1988, que trouxe consigo um conjunto de dispositivos no capítulo da educação, destacando-se a gratuidade no ensino público em todos os níveis, a gestão democrática da escola pública, a indissociabilidade

---

[67] Darcy Ribeiro foi antropólogo do serviço de proteção aos índios, professor universitário, coordenou o projeto de criação da Universidade de Brasília, foi o primeiro reitor da UnB, ministro de Educação de João Goulart e posteriormente chefe de gabinete da Presidência da República no mesmo governo. Exilado, após o golpe de 1964, morou e lecionou no Uruguai, na Venezuela, no Peru e em Portugal. Depois da anistia em 1979, foi reintegrado à Universidade Federal do Rio de Janeiro. Em 1983, tornou-se vice-governador do Rio de Janeiro e secretário de Ciência e Cultura e desenvolveu, junto com o governador Brizola, os Cieps – Centros Integrados de Educação Pública, reconhecidos internacionalmente pela qualidade e originalidade. Em 1990, foi eleito senador pelo Rio de Janeiro e é nesse mandato que elaborou uma nova proposta para a Lei de Diretrizes e Bases (LDB), aprovada em 20 de dezembro de 1996. Darcy Ribeiro morreu em 17 de fevereiro de 1997 (FUNDAÇÃO DARCY RIBEIRO, 1997-2014).

entre ensino, pesquisa e extensão na educação universitária, a autonomia das universidades, entre outros.

Contudo, a nova Constituição e a nova LDB entraram no ordenamento jurídico brasileiro no momento em que o mundo renegava os avanços da social democracia e o neoliberalismo reinava nos países latino-americanos. Tal realidade pode ser demonstrada na colocação do então ministro da Administração Federal e da Reforma do Estado Luiz Carlos Bresser-Pereira (1995, p. 5), em 1995, analisando as mudanças oriundas do processo de redemocratização:

> A resposta da sociedade, nos anos [19]80, à crise política do Estado foi, portanto, adequada. Deu à nova democracia brasileira uma estrutura jurídica sólida. Em relação aos outros três problemas – a crise fiscal do Estado, a crise do modo de intervenção do Estado, e a crise do aparelho estatal – o novo regime instalado no país em 1985, e, em seguida, a Constituição de 1988 não ajudaram. Pelo contrário, agravaram os problemas. A resposta inicial da sociedade brasileira à crise do Estado foi, nesses três planos, inadequada – um caso clássico de resposta fora do tempo. Em relação à crise fiscal e ao modo de intervenção do Estado, procurou-se voltar aos anos [19]50; em relação à administração pública, voltou-se aos anos [19]30.

Os anos de 1990 também foram importantes para os debates internacionais sobre educação. Em março de 1990, a Unicef (Fundo das Nações Unidas para a Infância) promoveu uma conferência em Jomtien, na Tailândia, intitulada Conferência Mundial Educação para Todos, da qual o Brasil se tornou signatário.

Em âmbito regional, o Mercosul,[68] o Mercado Comum do Sul, zona de livre comércio, constituído em março de 1991 entre Brasil, Argentina, Uruguai e Paraguai, aprovou em 1996, e o Brasil ratificou em 1999, o Protocolo de Integração Educacional para Prosseguimento de Estudos de Pós-Graduação nas Universidades dos Países Membros do Mercosul,

---

[68] "El Mercado Común del Sur (Mercosur) es un proceso de integración regional instituido inicialmente por Argentina, Brasil, Paraguay y Uruguay al cual en fases posteriores se han incorporado Venezuela y Bolivia, ésta última en proceso de adhesión." (MERCOSUR, s.d., s.p.).

que tem como objetivo o intercâmbio e a cooperação entre as instituições de ensino superior dos países membros.

No entanto, apesar dos aspectos inclusivos e desenvolvimentistas da Constituição e da Lei de Diretrizes e Bases de 1996, a reestruturação implantada na educação superior entre de 1990 e 2002 teve como resultados leis, decretos e normas em geral, que aprofundaram o caráter privado da educação superior. Como ponderaram Cantani e Oliveira (2002, p. 13):

> Toda essa base legal introduzida promoveu ampla reestruturação da educação superior no país, em um processo que restringiu (e metamorfoseou) a atuação da esfera pública e ampliou a ação do setor privado, alterando de maneira significativa a identidade das IES, procurando tornar a educação um bem ou "produto", cujos "clientes" o adquirem no mercado universitário.

O neoliberalismo,[69] introduzido no Brasil a partir da década de 1990, reafirmou o caráter de mercadoria para a educação, em especial a educação superior, tanto como produtos das grandes corporações educacionais como instrumento de formação de mão de obra para as exigências mutantes do mercado. Como explica Gentilli (1996, p. 7):

> Os neoliberais enfatizam que a educação deve estar subordinada às necessidades do mercado de trabalho, estão se referindo a uma questão muito específica: a urgência de que o sistema educacional se ajuste às demandas do mundo dos empregos. Isto não significa que a função social da

---

[69] Filgueiras (2006, p. 180) explica que o Brasil foi o último país da América Latina a implementar o neoliberalismo, principalmente pela dificuldade em "soldar os distintos interesses das diversas frações do capital". Entretanto, a partir da década de 1990, com o fracasso de iniciativas como "Plano Cruzado – bem como dos demais planos que se seguiram na segunda metade da década de 1980" (FILGUEIRAS, 2006, p.182) o neoliberalismo se tornou um caminho viável para os agentes políticos e para as diversas frações do capital. Filgueiras (2006, p. 187) ainda enumera quais seriam as características do modelo neoliberal no Brasil: "O que se identifica como sendo o modelo econômico neoliberal no Brasil – com sua respectiva dinâmica macroeconômica extremamente instável –, se estruturou através de profundas mudanças – capitaneadas por sucessivos governos– em, pelo menos, quatro dimensões estruturais, quais sejam: 1) a relação capital/trabalho; 2) a relação entre as distintas frações do capital; 3) a inserção internacional (econômico-financeira) do país e 4) a estrutura e o funcionamento do Estado".

educação seja garantir esses empregos e, menos ainda, criar fontes de trabalho. Pelo contrário, o sistema educacional deve promover o que os neoliberais chamam de empregabilidade.

Para as mulheres, o neoliberalismo impôs uma dicotomia: por um lado, o ideário de mulher não trabalhadora, "rainha do lar", não produtora de renda, era rechaçado pelo modelo neoliberal, que defendia a liberdade de escolhas, o livre mercado; por outro, essa liberdade não vinha atrelada a uma política institucional que mudasse a divisão sexual do trabalho,[70] que criticasse o acúmulo do trabalho doméstico exclusivamente na mulher.

As proibições legais ao trabalho das mulheres, preconceitos expressos para contratações, não se fizeram presentes no discurso oficial do capitalismo neoliberal. Mulheres e homens deveriam ser livres para vender sua força de trabalho ao mercado, porém os espaços efetivamente disponibilizados às mulheres no modelo neoliberal não eram diferentes dos espaços ofertados no modelo de Estado interventor. Como bem explicam Cisne e Gurgel (2009, p. 86):

> Na maioria dos países latino-americanos, as políticas desenvolvidas na capacitação para o mercado de trabalho formam mulheres para o desempenho de funções nos setores mais desvalorizados e de menor remuneração da economia, contribuindo com a socialização dos custos de produção no continente.

A educação, então, como ferramenta para o trabalho, como habilidade necessária para que as pessoas produzissem riquezas e se integrassem ao mercado não foi impulsionadora para efetiva igualdade entre homens e mulheres, mas o processo de mercantilização da educação facilitou o acesso das mulheres aos cursos superiores e impulsionou o fim do hiato de gênero.

---

[70] Divisão Sexual do Trabalho, como explica Kergoat (2003, p. 55) é "a forma de divisão do trabalho social decorrente das relações sociais de sexo; esta forma é adaptada historicamente e a cada sociedade. Ela tem por características a destinação prioritária dos homens à esfera produtiva e das mulheres à esfera reprodutiva e, simultaneamente, a apreensão pelos homens das funções de forte valor social agregado (políticas, religiosas, militares, etc...)".

EDUCAÇÃO SUPERIOR, O BRASIL E AS MULHERES

A partir de 2003, o Brasil mudou as diretrizes da educação em geral e da educação superior especialmente. O governo do então presidente Lula instituiu um grupo de trabalho interministerial, composto de doze ministérios para "analisar a situação atual e apresentar plano de ação visando a reestruturação, desenvolvimento e democratização das Instituições Federais de Ensino Superior – IFES" (BRASIL, 2003).

O governo percebeu que o número de alunos entre 18 e 24 anos matriculados nos cursos superiores era consideravelmente menor do que os de países vizinhos e/ou em condições econômicas parecidas com o Brasil. Em 2003, o Brasil tinha 8% de jovens na faculdade, enquanto a Argentina, por exemplo, contava com quase 40% (HADDAD; GRACIANO, 2004, p. 67). Aumentar o número de estudantes nas universidades públicas e privadas era essencial para elevar o padrão educacional do país e responder às demandas internacionais. O Banco Mundial e a Unesco incentivaram fortemente os países a investir em educação superior, entendendo essa estratégia como um mecanismo de possibilitar a participação no mundo globalizado.

Em 1993, a Unesco publicou, inclusive, uma recomendação em que apontava a educação superior como instrumento necessário para o desenvolvimento da humanidade e conclamava os países a aumentarem o número de pessoas que têm acesso à educação superior; a melhor utilização, pelos países, dos meios para a educação, o treinamento e o desenvolvimento de recursos humanos; o aumento da mobilidade de estudantes, professores, pesquisadores; a diminuição das dificuldades para aqueles que estudaram em outros países de exercerem uma profissão e o melhor entendimento e respeito mútuo com entre as culturas e suas diversidades[71] (UNESCO, 1993).

A partir de 2003, sob a tutela ideológica do Plano Nacional de Educação – PNE, elaborado em 2001 e válido de 2001 até 2010, o governo federal iniciou um plano de expansão do ensino superior, intitulado

---

[71] *"Recommendation on the Recognition of Studies and Qualifications in Higher Education: Considering that this recognition will also promote: an overall increase in the number of people able to benefit from higher education, the best possible use by all countries of the means available for education and training, and the development of human resources, greater mobility for teachers, students, researchers and professionals, a reduction in the difficulties encountered by persons who have been trained or educated abroad and who wish to study or practice a profession, a rapprochement and better understanding between cultures and peoples, with mutual respect for their diversity."*

DIREITOS DAS MULHERES

Expansão I, que "compreendeu o período de 2003 a 2007 e teve como principal meta interiorizar o ensino superior público federal, o qual contava até o ano de 2002 com 45 universidades federais e 148 *campus*/unidades" (WESKA; SILVA; ILIESCU et al., 2012, p. 9).

Em 2007, o governo federal publicou o decreto nº 6.096, de 24 de abril, que instituiu o programa de apoio aos planos de Reestruturação e Expansão das Universidades Federais, intitulado Reuni. O cerne do programa era criar "condições para a ampliação do acesso e permanência na educação superior, no nível de graduação, pelo melhor aproveitamento da estrutura física e de recursos humanos existentes nas universidades federais" (BRASIL, 2007, art. 1º).

Com isso o governo pretendia aumentar o número de vagas nas universidades federais, em especial por meio da criação de cursos noturnos, diminuir o número de evasão, garantindo assim que o estudante que ingressou no curso superior o concluísse; possibilitar a mobilidade entre as instituições e os cursos; aumentar a diversidade entre os tipos de graduação, porém sem ênfase nas graduações voltadas única e exclusivamente para a profissionalização precoce e especializada (BRASIL, 2007, art. 2, IV), isto é os tecnólogos, cursos de dois anos com foco em um saber específico, técnico e direcionado, muitas vezes, a um trabalho determinado. Como apontaram Araújo e Pinheiro (2010, p. 659):

> O Reuni, objeto do decreto nº 6.096, tem como propósito dotar as universidades federais das condições necessárias para que possam expandir as vagas no ensino superior e reduzir a evasão dos alunos, no nível de graduação, pelo melhor aproveitamento da estrutura física e dos recursos humanos existentes. Igualmente, ressalta a importância de propiciar a mobilização estudantil e a ampliação de políticas de inclusão e de assistência estudantil.

O Reuni garantiu, ainda, às universidades autonomia em relação ao programa, isto é, cada universidade federal poderia decidir se queria ou não integrar e, assim, receber recursos e apoios específicos para atingir as metas determinadas. O objetivo do Ministério da Educação (MEC) com a autonomia era "criar condições mais efetivas de cobrança dos resultados, pois é a própria instituição que define as metas a serem alcançadas" (ARAÚJO; PINHEIRO, 2010, p. 662).

Os resultados do programa foram expressivos, houve um aumento no número de universidades, de *campi* universitários e de interiorização das escolas superiores, elevando consideravelmente o número de municípios brasileiros com educação superior federal.

De 2003 a 2010, houve um salto de 45 para 59 universidades federais, o que representa a ampliação de 31%; e de 148 *campus* [sic] para 274 *campus*/unidades [sic], crescimento de 85%. A interiorização também proporcionou uma expansão no país quando se elevou o número de municípios atendidos por universidades federais de 114 para 272, com um crescimento de 138%. Ainda no âmbito da integração e do desenvolvimento regional, destacam-se a criação de 47 novos *campus* [sic] no período entre 2011 e 2014 e os processos em tramitação no Congresso Nacional dos projetos de lei que criam outras quatro universidades: Universidade Federal do Sul da Bahia – Ufesba (PL nº 2.207/2011), Universidade Federal do Oeste da Bahia – Ufoba (PL nº 2.204/2011), Universidade Federal do Cariri – UFCA (PL nº 2.208/2011) e Universidade Federal do Sul e Sudeste do Pará – Unifesspa (PL nº 2.206/2011) (WESKA; SILVA; ILIESCU et al., p. 11).

No que tange à realidade dos sexos, o Reuni trouxe mudanças interessantes: em 2009, o Brasil tinha 3.031 cursos de licenciatura em escolas públicas que somavam 361.245 alunos/as. Desse montante 233.241 eram mulheres, o que significava de 64% dos estudantes de licenciatura nas faculdades públicas (INEP, 2017). Em 2012, apenas três anos depois, o Brasil tinha 4,121 cursos de licenciatura em instituições públicas, um aumento de 35%. O número total de alunos também aumentou para 495.663, elevação de 37% (INEP, 2017). O maior número de cursos fez com que as mulheres passassem, entre 2009 a 2012, para 313.680 alunas de licenciatura, aumento de 34%, condizente com o incremento de vagas. Os homens, por outro lado, passaram de 128.004 em 2009 para 181.983 em 2012, crescimento de 42% (INEP, 2017).

Os dados apontam que a oferta de educação pública, em especial em lugares e horários inexistentes até então, fez com que o preconceito de gênero com relação à função fosse relativizado. A possibilidade de uma educação superior, especialmente uma educação superior gratuita, tem levado homens, que até então não vislumbravam o magistério, a optarem por fazer cursos de licenciatura, por ser, em determinados espaços, uma das únicas opções. Vale ressaltar ainda que, em 2012, das 1.716.194 matrículas em cursos superiores públicos, 28% eram em cursos de licenciatura, isto é, quase um terço da educação superior pública estava voltada para a criação de professores e professoras (INEP, 2017).

Isto posto, é importante apontar que a universidade pública responde por, aproximadamente, a 20% da formação superior. Em 2012, o Brasil tinha mais de 7 milhões de estudante universitários divididos como mostra o Gráfico 1.

Gráfico 1 – Número de matrículas por categoria administrativa

Fonte: Elaboração própria a partir de dados do INEP, 2017.

Em 2004, o governo federal criou o programa Universidade para Todos (Prouni), por meio da medida provisória nº 213, que em 2005 foi transformada na Lei nº 11.096, de 13 de janeiro. O Prouni é um programa de concessão de bolsas nas instituições privadas para alunos de baixa renda, oriundos das escolas públicas ou bolsistas integrais nas escolas particulares. O que difere o Prouni dos programas de bolsas das próprias instituições é que a definição de quem irá receber a bolsa é do governo, pois a faculdade recebe, em contrapartida da bolsa, "abatimentos tributários no imposto de renda das pessoas jurídicas, na contribuição social sobre o lucro líquido, na contribuição social para financiamento da seguridade social e na contribuição para o programa de integração" (SARAIVA; NUNES, 2011, p. 943).

O Prouni, além de beneficiar estudantes de baixa renda, também se preocupou em garantir a presença de indígenas, de pessoas com deficiência e negros, obrigando, no art. 7º, II da referida lei, um percentual de bolsas destinadas para essas minorias, para que o termo de adesão fosse possível. No entanto, a lei não aponta nenhuma garantia relacionada à questão de sexo – cientes de que desde 1991 não há mais hiato de gênero na educação superior, os idealizadores não pensaram em normas que garantisse a presença de mulheres. Como apontava o resumo técnico do MEC em 2004:

> As mulheres mantêm sólida maioria entre os estudantes matriculados na educação superior, representando 56,4% do total. Esta maioria pode ser observada tanto no setor público (54,7%) quanto no setor privado (57,0%), com tendência à estabilização (RISTOFF; GIOLO, 2005, p. 34)

Em 2012, essa proporção não tinha crescido significativamente. Como demonstra o Gráfico 2: as mulheres eram 57,27%, um incremento de menos de um ponto.

Gráfico 2 – Número de matrículas por sexo

Fonte: Elaboração própria a partir de dados do INEP, 2017.

Em números absolutos, o aumento de estudantes universitários, de ambos os sexos, foi expressivo. De 2003 até 2013, o Brasil passou de 3,9 milhões para 7,3 milhões de universitários, evolução de 85% em dez anos (INEP, 2014), e parte considerável desse aumento diz respeito às bolsas destinas pelo Prouni. Em relação às mulheres, 53% das bolsas oferecidas, até 2014, foram utilizadas por mulheres, foram elas 790.668 bolsistas contra 706.557 de bolsistas homens (PROUNI, 2015).

A graduação é a entrada para a educação superior, porém a universidade engloba também pesquisa e extensão. Em relação a pesquisa, as mulheres são a maioria entre os mestres desde 1998, como apontou o estudo produzido, em 2012 pelo Centro de Gestão e Estudos Estratégicos do Ministério da Ciência e Tecnologia (CGEE). Nas palavras do CGEE (in Galvão et al, 2012, p. 71) "existe um claro predomínio das mulheres na obtenção de títulos de mestrado no Brasil a partir do ano de 1998". Em 2009, elas representavam 53,5% das receptoras dos títulos concedidos no país, e eles, 46,5%.

Em 2010, segundo o Censo Demográfico 2010, elas eram 288.085 mestrandas/mestres e 95.885 doutorandas/doutoras residentes no país contra 277.942 mestrandos/mestres e 122.836 doutorandos/doutores, isto é, 400.778 homens tinham ou estavam adquirindo educação *stricto sensu* em solo nacional, e 383.970 mulheres se encontravam no mesmo patamar (IBGE, 2012).

Diferente da realidade do mestrado, o doutorado ainda é um espaço menos feminino do que masculino:

> As mulheres representam apenas 42,70% dos doutores, enquanto a percentagem de homens é 14,60% maior. No entanto, as mulheres também passaram a ser maioria entre os titulados em programas de doutorado brasileiros a partir do ano de 2004. No ano de 2008, a diferença percentual a favor das mulheres alcançou 3% do total dos titulados em programas de doutorado. Como essa diferença ainda é relativamente pequena e a diferença no estoque de doutores é muito grande, ainda deverão ser necessários muitos anos para que as mulheres equilibrem sua participação entre os doutores (Galvão et al., 2012, p. 379).

Isto posto, o próprio estudo do GCEE conclui que essa desigualdade "é um fenômeno em processo de superação" (Galvão et al., 2012, p. 379) e as mulheres deverão vencer essa diferença em pouco tempo.

O percurso de 1879, quando as mulheres foram autorizadas a estudar nos cursos superiores brasileiros, até a segunda década do século XXI, em que as mulheres passaram a ocupar a maioria das cadeiras nas escolas e universidades no Brasil, foi árduo, tortuoso e repleto de barreiras a serem vencidas. Segundo Marilena Chauí (2016, p. 247), a ideologia é

> O exercício da dominação de classe, a eficácia da ideologia depende de sua capacidade para produzir um imaginário coletivo em cujo interior os indivíduos possam localizar-se, identificar-se e pelo autorreconhecimento assim obtido legitimar involuntariamente a divisão social.

As mulheres venceram a barreira ideológica do acesso à educação. Ter direito à educação não é mais uma questão, a sociedade reconhece esse direito às mulheres.

Os dados, porém, apontam que, mesmo mais educadas, mesmo dominando, numericamente, as salas de aulas, as mulheres no Brasil e no mundo ainda recebem menos do que os homens, ainda estão sub-representadas nas esferas de poder, ainda são mais suscetíveis à violência, ainda carregam as obrigações domésticas de forma quase que exclusiva.

Não podemos negar os avanços conquistados pelas mulheres brasileiras no século xx, desde a autorização legal para estudar, trabalhar e votar até a ocupação de forma majoritária das cadeiras escolares e universitárias. No entanto, a educação como recurso capaz de, sozinho, efetivar a igualdade entre homens e mulheres nos parece ser uma presunção equivocada. A educação formal e profissional, por si só, pode ter aspectos libertadores, de distribuição de saberes e, logo, de poderes, mas também pode reforçar estereótipos, invisibilizar grupos e questões sociais, e naturalizar lugares e condutas.

3. A Feminização (Feminilização) das Profissões

3.1. Conceitos

Os conceitos de feminização e feminilização do trabalho ainda estão em formação. No dicionário, feminização está conceituada como "ato ou efeito de feminizar; adquirir ou impor características femininas" (AULETE, s.d.) feminilização, por sua vez, como "ação ou resultado de feminilizar(-se); tornar(-se) semelhante a fêmea" (AULETE, s.d.), logo, conceitos semelhantes, sem diferenças de fundo.

Entretanto, quando tratamos da feminização/feminilização do trabalho ou das profissões, a literatura específica diferencia conceitualmente os dois termos. A feminilização seria "o aumento do peso relativo do sexo feminino na composição da mão de obra em um determinado tipo de ocupação" (YANNOULAS, 2011, p. 283), o foco seria o caráter quantitativo, o número de mulheres em relação aos homens. A feminização, por sua vez, teria uma relação com características socialmente consideradas femininas, seriam "as transformações em um determinado tipo de ocupação, vinculadas à imagem simbólica do feminino" (YANNOULAS, 2011, p. 283), isto é, o efeito no ambiente de trabalho causado pela maior presença das mulheres, efeito esse nos valores, nas regras, nas expectativas.

A feminização/feminilização do trabalho, nas perspectivas acima apontadas, está relacionada as mudanças em relação ao mundo do trabalho, em especial a partir "reestruturação produtiva e econômica, desencadeada em escala mundial a partir de meados dos anos [19]70, que se constituiu como um novo padrão de acumulação do capital" (ARAÚJO, 2002, p. 133).

A internacionalização do capital e novos modelos produtivos modificaram as necessidades de produção e forçaram uma modificação das habilidades exigidas dos trabalhadores/as; essas novas demandas vieram de encontro com características vinculadas socialmente as mulheres:

> Habilidades de comunicação, linguísticas, subjetivas e afetivas, tradicionalmente aprendidas na esfera reprodutiva pelas mulheres e consideradas habilidades femininas, tornam-se habilidades valorizadas e requeridas pelos novos métodos de gerenciamento da produção e dos serviços (Araújo, 2002, p. 135).

Logo, pensar esses conceitos requer também pensar as relações de trabalho como um todo e como a entrada e a permanência da mulher dialogam com o novo momento do capitalismo a partir do final do século XX.

Melo (2004, p. 1, grifo nosso), explica que o processo de globalização veio entrelaçado com o processo de reestruturação socioeconômica e diminuição do Estado:

> Nos anos 1990 uma nova diretriz de estruturação socioeconômica domina o cenário político da América Latina. Sob a justificativa que o processo inflacionário da maioria das economias do continente prejudicava os mais pobres – o que era a mais pura verdade – e que a modernização era impedida pelo Estado, promove-se uma nova ordem econômica baseada na liberalização comercial e financeira, privatização e desnacionalização. *A palavra de ordem foi diminuir o tamanho do Estado.*

E nesse contexto histórico, de diminuição do Estado, globalização e internacionalização de capital que as mulheres ultrapassam os homens na entrada e permanência na educação superior no Brasil.

A feminização e a feminilização das profissões repercutem em todas as esferas sociais e em todos os nichos profissionais, sejam eles de alta complexidade, que necessitam saberes técnicos, científicos e filosóficos, sejam trabalhos mais simples, com habilidades mais rudimentares. No entanto, nosso recorte diz respeito a presença das mulheres com curso superior, isto é, mulheres com formação técnica para exercer uma profissão. Como já apontado, o hiato de gênero na educação superior acabou em 1991, portanto, as mudanças ocorridas no capitalismo no final do século xx, no Brasil, vieram acompanhadas do maior número de mulheres em universidades. A partir dessas premissas, vale perguntar o que estudavam e ainda estudam as mulheres no Brasil, e por que das escolhas de profissionalização.

A educação, até a metade do século xx, organizou-se exclusivamente a partir da lógica cartesiana, isto é "a primazia da razão sobre a emoção, especialmente, para atender a coerência lógica nas teorias e a eliminação da imprecisão, da ambiguidade e da contradição dos discursos científicos" (BEHRENS; OLIARI, 2007, p. 59). Para tal, foi necessário compartimentar o saber, as chamadas áreas do conhecimento, em que os saberes transmitidos estavam vinculados ao ofício a ser desenvolvido, às habilidades inerentes a determinada função social e econômica.

As classificações das áreas do conhecimento são um estudo a parte, e resultam das teorias de diversos autores clássicos, como Dewey, que em 1876, estabeleceu "Memória, Imaginação e Razão como sequência lógica das nove classes principais que correspondem, grosso modo, às disciplinas fundamentais do conhecimento" (SOUZA, 2007, p. 30). Brown, por sua vez, classificou em 1906 a ciência a partir da história da humanidade, isto é, a partir do surgimento de determinada ciência, "no tempo: a Matéria e a Força geram a Vida, esta produz Inteligência e a Inteligência, o Registro dos Fatos" (SOUZA, 2007, p. 30). No entanto essas classificações acabaram por ser questionadas pela própria ciência, como explica Morfaux (2005, p. 87) "os progressos crescentes do conhecimento científico tornaram todas essas classificações transitórias e rapidamente caducas".

Para a organização da educação, podemos considerar que três eixos temáticos foram fundamentais para a divisão do saber: as ciências exatas, as ciências humanas e as ciências biológicas. As ciências exatas, pela definição do dicionário, são o "conjunto das disciplinas do conhecimento que se baseiam na formulação precisa dos fenômenos passíveis de serem expressos matematicamente" (INFOPÉDIA, ciências, 2003-2018). Estão inseridas nessa categoria as Engenharias, Contabilidade, Estatística, Física, Astronomia, Química, entre outras que se concentram em um saber de "formulação precisa" (AULETE, s.d.). As ciências biológicas são as ciências que estudam "os seres vivos sob toda a sua forma" (INFOPÉDIA, ciências, 2003-2018), onde estão inseridos todos os ramos da medicina, nutrição, botânica, farmacologia e tudo aquilo que suporta esses saberes. As ciências humanas, por sua vez, são as ciências centradas no homem como ser social "muitas vezes designadas como ciências morais e políticas" (MORFAUX, 2005, p. 87), como a sociologia, a filosofia, a antropologia, a linguística, educação e as ciências sociais aplicadas, isto é, as ciências que respondem as demandas sociais, como Direito, administração, economia, entre tantos outros.

As grandes áreas de conhecimento divididas acima nortearam os cursos superiores, que de modo compartimentado promoveram um saber específico para os alunos/as de cada ramo, a fim de que desempenhem funções diferentes na sociedade. Assim foi possível se aprofundar nos temas, dominar as habilidades e prestar um serviço à sociedade em determinada função, seja para construir um prédio, no caso dos engenheiros, seja para curar os doentes, no caso dos médicos, seja para educar as crianças, no caso das professoras.

A educação superior, todavia, além de ensinar habilidades especificas a determinadas funções sociais, também ofertou uma reserva de mercado de trabalho, pois só a partir da chancela da educação era possível exercer determinadas profissões. Freidson (1996, p. 141) argumenta que:

> A reserva é assegurada pela exigência de que somente aqueles com credencial ocupacionalmente emitida, certificando sua competência, possam ser empregados para executar uma série definida de tarefas, como cortar um corpo, ensinar a estudantes universitários, representar um cliente num tribunal e certificar a exatidão de uma declaração formal de ativos e passivos financeiros.

O saber na sociedade capitalista é hierarquicamente valorado, isto é, os saberes, mesmo os funcionais como ponderado acima, não têm o mesmo valor econômico-social. O pagamento de um médico costuma ser maior do que o pagamento, por exemplo, de uma enfermeira; o engenheiro costuma ser mais bem remunerado do que os professores; um farmacêutico tende a ser economicamente mais bem-sucedido do que uma assistente social.

Essa valorização, em especial a partir do século XX e começo do século XXI, está intrinsecamente ligada ao domínio da tecnologia, da técnica capaz de modificar, como diz a definição de Rodrigues (2001, p. 75) do termo: "A palavra tecnologia provém de uma junção do termo *tecno*, do grego *techné*, que é saber fazer, e *logia*, do grego *logus*, razão. Portanto, tecnologia significa a razão do saber fazer". Porém, atualmente, a tecnologia tem sido sinônimo da técnica de produzir "artefatos ou sistemas de informação e comunicação" (VERASZTO; SILVA; MIRANDA et al., 2008, p. 77).

Na era da informação,[72] do mundo virtual, ter domínio da tecnologia aumenta o valor da força de trabalho, logo, as profissões que se dedicam mais às tecnologias costumam oferecer melhores ganhos aos seus profissionais. Apenas como ilustração, vale observar o *ranking* formulado pelo site Carrercast, um dos maiores provedores de vagas de emprego nos Estados Unidos, que em 2016 colocou cientista de dados, estatístico e analista de segurança da informação como os três melhores empregos do ano (CAREERCAST, [2016]).

A projeção de maiores ganhos, provavelmente, interfere na escolha das profissões, tendo em vista que, em 2016, no sistema de seleção unificada (Sisu),[73] as vagas para as universidades públicas nos cursos de Medicina, Ciência da Computação, Engenharia Química e Ciências Econômicas foram as mais disputadas (MEC, 2017).

No que tange às mulheres e suas escolhas, a tecnologia ainda é um campo menos escolhido. Araújo (2002, p. 132) aponta que a relação das mulheres com a tecnologia está entrelaçada com a importância da tecnologia para o poder:

> Alguns estudos resgataram a construção histórica do poder masculino na determinação da qualificação tecnológica, mostrando como, desde o

---

[72] Era da informação ou era digital são conceitos desenvolvidos para explicar os avanços da terceira revolução industrial, isto é, a comunicação instrumentalizada pela internet, pela informática, pelo espaço cibernético. Blagovest Sendov (1994, p. 32) explica que, na era da informação, "um dos mais importantes investimentos é na área da educação, em todos os níveis, e na da pesquisa de alta qualidade em informática. Mesmo que o objetivo das novas tecnologias da informação seja construir computadores que possam competir com a mente humana, o fator humano nessa era será decisivo".

[73] "O Sistema de Seleção Unificada (SISU) é o sistema informatizado, gerenciado pelo Ministério da Educação (MEC), pelo qual instituições públicas de educação superior oferecem vagas a candidatos participantes do Exame Nacional do Ensino Médio (Enem)." (SISU, s.d.).

século XIX, as identidades femininas e masculinas foram sendo construídas, levando em consideração seu maior ou menor domínio sobre a tecnologia.

Numericamente, as mulheres no Brasil são as que detêm o maior número de diplomas universitários. Em 2010, tínhamos 9,95 milhões de homens formados para 12,5 milhões de mulheres (IBGE, 2014). Todavia, a mesma coleta de dados apontou que, apesar de elas serem as mais formadas, as áreas de conhecimento são as menos bem pagas:

> Áreas gerais de formação nas quais as mulheres de 25 anos ou mais de idade estão em maior proporção, isto é, Educação (83,0%) e Humanidades e Artes (74,2%), são justamente aquelas que registram os menores rendimentos médios mensais entre as pessoas ocupadas (R$ 1.810,50 e R$ 2.223,90, respectivamente) (IBGE, 2014).

Outro dado interessante de se observar são as inscrições no vestibular da Fuvest, a Fundação Universitária para o Vestibular, responsável pelo processo seletivo da Universidade de São Paulo, a universidade mais bem colocada em *rankings* internacionais (RANKING..., 2017).

Tabela 2 – Inscrições no vestibular da Fuvest por curso e sexo.

CURSO	HOMENS	MULHERES
ECONOMIA	71,21%	28,79%
COMPUTAÇÃO	86,94%	13,06%
ENGENHARIA MECÂNICA	89,89%	10,11%
PEDAGOGIA	8,86%	91,14%
PISCOLOGIA	24,74%	75,26%
ENFERMAGEM	13,06%	86,94%

Fonte: Elaboração própria a partir de dados de FUVEST 2017.

Os dados comprovam que, ainda em 2017, as mulheres optavam por estudar em carreiras menos matemáticas, mais vinculadas ao cuidado e/ou as ciências humanas, mesmo que essas profissões tenham rendimentos médios menores do que as profissões tecnológicas. Como aponta

Maria Rosa Lombardi (no prelo) sobre o ingresso das mulheres na educação superior:

> Seu ingresso em carreiras universitárias não alterou sobremaneira as concepções de gênero profundamente arraigadas em diversos campos profissionais, aqui incluídas as etapas de formação e socialização profissional. Isto é, a maior parte das jovens que prosseguiram seus estudos universitários escolheram áreas consideradas mais adequadas às mulheres e de longa tradição feminina, como a educação e a saúde.

Apenas como exemplo, em 2017, a média de rendimento de um engenheiro mecânico, em início de carreira e em uma empresa pequena, era de R$ 4.407,06, enquanto de uma pedagoga, na mesma condição, era de R$ 1.141,44 (Sine, s.d.).

Podemos concordar que seja estranho – em uma sociedade capitalista, em que o emprego ainda é o meio de sustento de boa parte da população e a educação especializada, um caminho para a busca de empregos mais bem remunerados – as mulheres, tendo a opção de escolher carreiras mais vantajosas, decidam se manter em profissões de baixa remuneração.

Utilizando o conceito de feminilização apontado acima, podemos ponderar que, apesar da educação superior ter se feminilizado em números gerais, alguns nichos ainda permanecem distante. O fim do hiato de gênero na educação superior não pode ser lido com uma realidade irrestrita: ainda no século XXI, ser mulher pode interferir na opção acadêmica e consequentemente nas oportunidades laborais.

3.2. A falácia da igualdade na produção científica

Em 2016, o Instituto Elsevier[74] publicou um estudo de vinte anos, com doze países e regiões e 27 tópicos comparativos sobre gênero na pesquisa científica mundial (Elsevier, 2017). O estudo concluiu que as mulheres produzem, em nove dos doze países pesquisados, mais de 40%

---

[74] O Instituto Elsevier é uma organização situada em Amsterdam que produz informação e análise para ajudar instituições e profissionais no desenvolvimento científico, nos avanços da Medicina e para melhorar as performances das técnicas já existentes (Elsevier, About, s.d.).

DIREITOS DAS MULHERES

das pesquisas científicas e que, no Brasil e em Portugal, são 49% dos pesquisadores, uma proporção que indicaria igualdade de oportunidades no campo da ciência (ELSEVIER, 2017, p. 17).

No Brasil, essa pesquisa foi divulgada nos órgãos de imprensa sob emblema de que as pesquisadoras brasileiras produziriam metade dos artigos científicos (BATISTA; RIGHETTI, 2017; FAJARDO, 2017). O tom das reportagens indicava que existia igualdade entre os sexos na ciência brasileira e que as mulheres teriam vencido as barreiras da pesquisa. Porém, em uma leitura mais cuidadosa do estudo, percebemos que os avanços quantitativos não necessariamente resultaram em avanços qualitativos. O relatório final faz referências a outros estudos sobre mulher e ciência que valem observar. O estudo de West (2013), realizado em 2013, apontou que, de 5,5 milhões de artigos científicos produzidos, os homens correspondem a 70% dos autores e a 66% dos coautores com o primeiro nome, isto é, autor com mais relevância (WEST, 2013). Um estudo publicado em 2015, mostrou que, em 2014, apenas 13% dos autores mais citados eram mulheres, que em Engenharia essa proporção caia para 3,7% e em Ciências Sociais subia para 31% (BORNMANN; BAUER; HAUSCHILD, 2015).

Sobre o Brasil, o relatório da Elsevier demonstrou a proporção de sexo em 27 áreas de pesquisa. As mulheres eram maioria em nove delas: Bioquímica; Odontologia; Microbiologia; Medicina; Neurociência; Enfermagem; Farmácia; Psicologia e Veterinária. Os homens eram maioria nas outras dezoito áreas, sendo que em algumas a diferença era esmagadora, como em Administração, em que elas eram 35,09% e eles 64,91%; em Ciências da Computação, a proporção era de 23,13% mulheres para 76,87% homens; em Economia, 71,70% eram homens para 28,30% mulheres; e em Engenharia, as mulheres representavam 29,36% e os homens 70,64% (ELSEVIER, 2017, p. 24-6).

A FEMINIZAÇÃO (FEMINILIZAÇÃO) DAS PROFISSÕES

Tabela 4 – Brasil: número de pesquisadores por sexo e modalidades (2011-2015)

Modalidades	Feminino	Masculino
Agricultura e Ciências biológicas	48,91%	51,09%
Artes e Humanidades	48,07%	51,93%
Bioquímica, Genética e Biologia Molecular.	54,88%	45,12%
Administração e Contabilidade	35,09%	64,91%
Engenharia Química	45,71%	54,29%
Química	48,43%	51,57%
Ciências da Computação	23,13%	76,87%
Ciências da Decisão	31,78%	68,22%
Odontologia	55,45%	44,55%
Ciência da Terra e Planeta	33,77%	66,23%
Economia, Econometria e Finança.	28,30%	71,70%
Energia	26,25%	73,75%
Engenharia	29,36%	70,64%
Ciência do Meio Ambiente	42,77%	57,23%
Profissões da Saúde	48,44%	51,56%
Imunologia e Microbiologia	58,07%	41,93%
Ciência de Materiais	37,02%	62,98%
Matemática	24,85%	75,15%
Medicina	55,41%	44,59%
Multidisciplinar	44,48%	55,52%
Neurociência	55,84%	44,16%
Enfermagem	72,94%	27,06%
Farmacologia, Toxicologia e Farmacêutica	58,32%	41,68%
Física e Astronomia	33,19%	66,81%
Psicologia	64,58%	35,42%
Ciências Sociais	49,43%	50,57%
Veterinária	51,07%	48,93%

Fonte: Elaboração própria a partir dos dados de ELSEVIER, 2017.[75]

[75] O Instituto Elsevier (2017, p. 86, tradução nossa) utilizou como fonte para a produção do relatório *Gender in the Global Research Landscape* Scopus, Genderize, NamSor e a Wikipedia, e basearam a pesquisa no seguinte princípio: "As análises dos dados bibliométricos neste relatório são baseadas em indicadores avançados reconhecidos (por exemplo, o conceito

Observar esses dados nos reforça o entendimento de que os ramos do cuidado são as áreas escolhidas pelas mulheres e nos demonstra também que, mesmo quando os homens são minoria, a proporção é mais igualitária do que quando as mulheres são minoria. Com exceção de Enfermagem, em todas as outras áreas de maioria feminina, as mulheres não chegavam a ser o dobro dos homens. Todavia, nas áreas de maioria masculina, as mulheres eram menos da metade dos homens em oito delas. Logo, quando elas ganham, ganham de pouco, quando eles ganham, ganham de muito.

Outra questão importante diz respeito às patentes, produzidas pelos pesquisadores/as, na sua maioria, vinculados a universidades e centros de estudo. Graças a patentes é possível a "comercialização dos conhecimentos gerados nas universidades" (HAASE; ARAÚJO; DIAS, 2009, p. 331-6), o que aumenta o interesse do sistema capitalista na produção científica patenteada e nos cientistas envolvidos nas pesquisas. Em relação às comparações de gênero, no Brasil, entre 2011-2015, as mulheres produziram apenas 19% das invenções, totalizando 940, enquanto os homens produziram 81%, em um total de 6.350. Isto posto, vale ressaltar que os Estados Unidos, campeões de patentes no mundo, tem uma proporção de 14% de mulheres para 86% de homens. E Portugal, que por sua vez tem a proporção mais equânime do estudo, apresentou 26% de mulheres para 74% de homens (ELSEVIER, 2017, p. 35).

Os dados produzidos nacionalmente sobre a pesquisa também apontam informações relevantes. O Conselho Nacional de Desenvolvimento Científico e Tecnológico-CNPq, vinculado ao Ministério de Ciência e Tecnologia e responsável por fomentar a pesquisa científica e tecnológica no Brasil, distribuiu, em 2015, 1.062 bolsas de doutorado no exterior, sendo 432 para mulheres e 630 para homens. No país, por sua vez, elas receberam 4.143 bolsas e eles 4.020. Importante ressaltar que essa diferença não acontece apenas no doutorado: as mulheres receberam, de 2001 a 2015, menos bolsas internacionais em qualquer modalidade, da iniciação científica em graduação até o pós-doutorado.

---

de taxas de impacto de citação). Nossa suposição básica é que tais indicadores são medidas úteis e válidas, embora imperfeitas e parciais, no sentido de que seus valores numéricos são determinados pelo desempenho da pesquisa e conceitos relacionados, mas também por outros fatores de influência que podem causar vieses sistemáticos. Na última década, o campo de pesquisa de indicadores um conjunto de melhores práticas estabeleceu que resultados de indicadores devem ser interpretados e quais fatores de influência devem ser considerados. Nossa metodologia baseia-se nessas práticas."

A FEMINIZAÇÃO (FEMINILIZAÇÃO) DAS PROFISSÕES

Tabela 5 – Brasil-CNPq, modalidades de bolsas de estudo no exterior por sexo.

Bolsas no exterior – 2015				
Modalidades	Feminino	Feminina%	Masculino	Masculina%
Doutorado no exterior	432	41%	630	59%
Doutorado sanduíche no exterior	284	48%	304	52%
Especialização no exterior	0	0%	0	0%
Estágio no exterior	2	21%	7	79%
Graduação sanduíche no exterior	3.152	47%	3.617	53%
Pós-doutorado exterior	455	47%	518	53%
Total	4.325	46%	5.077	54%

Fonte: Elaboração própria a partir de dados de CNPq, AIE, microdados.

As bolsas nacionais apresentaram a seguinte trajetória: as mulheres são ampla maioria nas iniciações científicas, bolsas dadas às pesquisas realizadas na graduação, são levemente maiores no mestrado e doutorado, e são 20% a mais nas bolsas de pós-doutorado. Contudo, nas bolsas de produtividade em pesquisa, destinadas a valorização dos pesquisadores já formados e reconhecidos pelos seus pares, as mulheres receberam apenas 36% (CNPq, s.d.). A tabela a seguir apresenta os números.

Tabela 5 – Brasil-CNPq, modalidades de bolsas de estudo no Brasil por sexo.

Bolsas no país – 2015				
Modalidades	Feminino	Feminina%	Masculino	Masculina%
Iniciação científica	16.338	59%	11.380	41%
Mestrado	4.807	52%	4.353	48%
Doutorado	4.143	51%	4.020	49%
Pós-doutorado	959	56%	749	44%
Produt. em pesquisa	5.013	36%	9.092	64%
Estimulo à inovação para competitividade	8.438	49%	8.681	51%
Outras	10.741	45%	13.054	55%
Total	50.438	50%	51.330	50%

Fonte: Elaboração própria a partir de dados de CNPq, AIE, microdados.

A distribuição das bolsas de produtividade A1, a mais importante do país pelas áreas de conhecimento, talvez seja o melhor exemplo de como as estruturas sexistas resistem na pesquisa científica brasileira. Enquanto das 156 bolsas destinadas a área de Engenharia, as mulheres receberam apenas dezesseis, isto é 10%, nas bolsas destinadas a área de Linguística, Letras e Artes, seara considerada feminina pelos números, eles receberam dezoito das 46, o que representou quase 40%.[76] Isto é, nas áreas de predomínio masculino, as mulheres são relegadas, nas áreas de ascendência feminina, os homens que se aventuram conseguem avançar e receber financiamento.

A pesquisa, um dos três pilares da universidade,[77] ainda apresenta dificuldades para as mulheres. Mesmo com o acesso aos cursos superiores, com um resultado superior aos homens em conclusão de curso e em aproveitamento geral, atingir os espaços de prestígio e de investimento financeiro como bolsas, pesquisas financiadas, mobilidade internacional, ainda são um desafio.

3.3. Feminilização e precarização: a realidade da advocacia

No Direito, a entrada das mulheres tem estrita relação com a forma com que a advocacia é exercida. A feminização do Direito, como vários autores chamam, aconteceu e continua acontecendo em praticamente todos os países do mundo, e esse fenômeno não tem passado incólume pela academia. Tanto que, no final dos anos de 1980, Menkel-Meadow (1989) publicou um artigo sobre a feminilização da advocacia, no que tange o aumento significativo da presença de mulheres na função de advogada no mundo ocidental em geral e nos Estados Unidos em particular, e questionou o que representava essa inclusão das mulheres para o Direito, a segregação das mulheres nesse ramo e o tipo de trabalho advocatício realizado por elas. Em 1997, Margareth Thorton publicou um artigo discutindo a feminilização da advocacia na Austrália e seu teto

---

[76] Dados foram levantados em 15 de abril de 2017, a partir de consulta ao banco de dados disponibilizado no site do CNPq: <http://cnpq.br/bolsistas-vigentes>.

[77] O decreto nº 5.773/06 determina que "universidades se caracterizam pela indissociabilidade das atividades *de ensino, pesquisa e extensão*. São instituições pluridisciplinares de formação dos quadros profissionais de nível superior, de pesquisa, de extensão e de domínio e cultivo do saber humano" (MEC, *online*) acesso em 24 abr. 2017 http://www2.mec.gov.br/sapiens/portarias/dec5773.htm

A FEMINIZAÇÃO (FEMINILIZAÇÃO) DAS PROFISSÕES

de vidro. O trabalho inspirou Junqueira (1999) a discorrer sobre as dificuldades vivenciadas pelas mulheres no exercício da profissão de advogada nos escritórios brasileiros.

A partir do final da década de 1970, como o advento do neoliberalismo no mundo, a precarização do trabalho se tornou uma realidade mundial. O fim do *welfare state*[78] e a expansão da globalização fizeram com que os trabalhadores/as perdessem direitos e garantias e vissem seus rendimentos, oriundos do trabalho, diminuir consideravelmente. As mulheres viveram, na mesma época, dois fenômenos: a entrada mais expressiva no mercado de trabalho profissional urbano e a precarização do trabalho assalariado. Nas palavras de Nogueira (2004, p. 86):

> A incorporação acentuada da mulher no mundo do trabalho veio acompanhada de uma imensa precarização, quando comparada as décadas anteriores, em particular ao período do chamado *welfare state*. Os resultados da reestruturação produtiva, no contexto da mundialização do capital, são complexos e contraditórios, atingindo de forma bastante diferenciada a trabalhadora e o trabalhador.

Hirata (2011, p. 16) explica que a precarização tem "rosto feminino", pois é um fenômeno que ocorre entrelaçado com a chegada, em massa, da mão de obra feminina na produção: "O aumento do emprego feminino a partir dos anos 1990 é acompanhado do crescimento simultâneo do emprego vulnerável e precário, uma das características principais da globalização numa perspectiva de gênero".

Nas carreiras jurídicas, o Brasil, tem vivido, a partir do final do século XX, uma massificação, tanto das faculdades de Direito como do trabalho do advogado/a. Em relação ao ensino superior, a Fundação Getulio Vargas (FGV), produz continuamente um estudo sobre o Exame da

---

[78] *Welfare state*, uma das marcas da "era dourada" de prosperidade, do pós-guerra, significou mais do que um simples incremento das políticas sociais no mundo industrial desenvolvido. Em termos gerais, representou um esforço de reconstrução econômica, moral e política. Economicamente, significou um abandono da ortodoxia da pura lógica do mercado, em favor da exigência de extensão da segurança do emprego e dos ganhos como direitos da cidadania; moralmente, a defesa das ideias de justiça social, solidariedade e universalismo. Politicamente, o *welfare state* foi parte de um projeto de construção nacional, a democracia liberal, contra o duplo perigo do fascismo e do bolchevismo (ESPING-ANDERSEN, 1995, p. 73).

Ordem, prova necessária para todos/as bacharéis de Direito que pretendem advogar, e em seu relatório de 2016 apontou que:

> Os dados do Censo do Ensino Superior, do Inep, apontam que a criação de cursos se intensificou nos anos 2000, estabilizando-se em torno de 1.150 cursos ao final da década passada. De acordo com levantamento da OAB, *essa trajetória garantiu ao Brasil o posto de país com maior número de cursos de Direito do mundo* (FGV, 2016, p. 38, grifo nosso).

A expansão dos cursos de direito fez com que o número de estudantes crescesse de forma impressionante, chegando, em 2013, a "cerca de 770 mil alunos matriculados" e, no mesmo ano, "aproximadamente 95 mil indivíduos concluíram o bacharelado em Direito". Desses novos bacharéis em direito, 55% pretendem advogar, 41% pretendem realizar concursos públicos, mas iniciarão as carreiras como advogado/a. Isso significa que essa massa de novos profissionais tem entrado anualmente no mercado de trabalho advocatício, principalmente (FGV, 2016, p. 82).

O aumento de mão de obra disponível para a advocacia tem feito com que a realidade econômica de seus trabalhadores/as seja diferente daquela vivenciada no final do século XIX, até meados do século XX, em que ser advogado significava pertencer à elite social e econômica do país. Como demonstram Rocha e Souza (2016, p. 23):

> [...] a renda média dos profissionais formados em Direito, em 2010, era de R$5.164,00 (cinco mil, cento e sessenta e quatro reais), o que, segundo dados de outra pesquisa da FGV (2015), situava a maioria dos profissionais do Direito na classe econômica "C". A partir desses dados, pode-se concluir que ao contrário do que esperam muitos dos calouros que ingressam nos milhares de cursos jurídicos espalhados pelo Brasil, a graduação em Direito, em regra, não tem sido suficiente para permitir que eles passem a fazer parte da elite econômica do país.[79]

O Brasil vive na advocacia uma realidade *sui generis*. A Ordem dos Advogados do Brasil (OAB), responsável por creditar o direito ao exercí-

---

[79] Importante ressaltar que a renda média em destaque se relaciona com os ganhos de pessoas com curso superior. O rendimento médio do brasileiro, segundo dados do IBGE (2016), era de R$ 14,00 por hora. Contudo, para os profissionais com curso superior, esse valor subia para R$ 33,1 por hora, mais do que o dobro da média nacional.

cio da advocacia, conta com mais de um milhão de advogados,[80] número que faz com que o Brasil seja o segundo maior país em advogados/as *per capita* do mundo, ficando atrás apenas dos Estados Unidos (CLEMENTS WORLDWIDE, s.d.).[81]

Os advogados/as brasileiros estavam divididos, em abril de 2017, em 491.264 mulheres para 533.878 homens, isto é, uma correlação de 53% de advogados para 47% de advogadas (OAB, s.d.). Como pondera Bertolin (2017, p. 1):

> As faculdades de Direito brasileiras têm recebido a cada ano mais mulheres, e o número de advogadas inscritas por década nas Seccionais da Ordem dos Advogados do Brasil tem crescido de forma ininterrupta, proporcionalmente ao de advogados, o tendo superado a partir dos anos 2000. Pode-se dizer, assim, que as profissões jurídicas e indubitavelmente a advocacia têm passado por um processo de feminização.

Mesmo as mulheres não sendo ainda maioria dos inscritos na OAB, essa pequena diferença acabará rapidamente, porque já são a maioria das estagiárias e a maioria das advogadas jovens: em junho de 2019, eram 64,1% dos/as advogados/as com até 25 anos de idade e 54% dos/as estagiários/as (OAB, s.d.). As mulheres também estão presentes quase na mesma proporção dos homens nos departamentos jurídicos de empresas, o anuário *Análise Executivos Jurídicos e Financeiros de 2018* apontou que 64% das equipes dos departamentos jurídicos das maiores empresas do Brasil são formadas por mulheres (ANÁLISE, 2018, p. 72). A realidade dos escritórios de advocacia é parecida, como apontou o relatório do RAIS – Relação Anual de Informações Sociais, do Ministério do Trabalho e Previdência Social, "55% dos advogados que possuem vínculo trabalhista tanto em escritórios quanto em empresas são mulheres" (COURA, 2017).

---

[80] Dados extraídos do site oficial do Conselho Federal da ordem dos Advogados (OAB), que atualiza diariamente os números. Em 21 de abril de 2017 eram 1.025.142 advogados/as e 31.488 estagiários/as (OAB, s.d.).

[81] Clements WorldWide é uma seguradora americana com presença internacional, especializada em segurar carros, propriedades, seguros de vida e saúde, e seguro de alto risco para mais de 170 países (CLEMENTES WORLDWIDE, s.d.).

DIREITOS DAS MULHERES

Apesar dos números demonstrarem uma presença de mulheres e homens nos quadros da OAB em proporções equivalentes, o número de inscrições suplementares pode ser um indicador para questionarmos se essa equivalência de presença corresponderia, de fato, a igualdade no exercício da advocacia. As inscrições suplementares são as autorizações, mediante pagamento, para que o advogado/a, inscrito/a originalmente em determinado estado, possa advogar litigiosamente em outro estado com frequência, como explica o art. 10 §2 do Estatuto da Advocacia (OAB, 2014, p. 22):

> Art. 10 § 2º – Além da principal, o advogado deve promover a inscrição suplementar nos Conselhos Seccionais em cujos territórios passar a exercer habitualmente a profissão, considerando-se habitualidade a intervenção judicial que exceder de cinco causas por ano.

Podemos considerar que um advogado/a que tem clientes em mais de um estado tende a ser mais bem-sucedido do que os que atuam apenas em âmbito estadual, e nesse quesito as mulheres, em junho de 2019, eram apenas 30% (OAB, s.d).

A Caixa de Advogados do Rio de Janeiro-CAARJ, produziu em 2015 um estudo sobre as advogadas fluminenses.[82] Entre os dados levantados, a pesquisa apontou que 90% das advogadas entrevistadas ganhavam até nove salários mínimos, sendo que 75% até 6 salários mínimos.[83] Se fizermos uma comparação com os dados da pesquisa realizada pela consultoria Robert Half (2017),[84] percebemos que um advogado sênior, em uma empresa pequena, ganha entre 8 mil e 11 mil reais. Esses valores são superiores ao que ganham 75% das advogadas no Rio de Janeiro.

Os grandes escritórios da advocacia também refletem a diferença entre presença e posição, isto é, as mulheres fazem parte dos escritórios, em alguns elas são a maioria, mas não estão nas funções mais bem remuneradas na mesma quantidade do que os homens. Bertolin (2017, p. 39)

---

[82] A pesquisa foi desenvolvida com novecentas advogadas de diversas subseções do estado do Rio de Janeiro (MARINHO, [2014]).

[83] Em 2017, o salário mínimo nacional estava em R$ 937, segundo o Ministério do Trabalho e Previdência Social (GOVERNO DO BRASIL, 2017).

[84] Pesquisa realizada com mais de cem diretores de recursos humanos (ROBERT HALF, 2017).

A FEMINIZAÇÃO (FEMINILIZAÇÃO) DAS PROFISSÕES

realizou, entre 2015 e 2016, uma pesquisa nos dez maiores escritórios de advocacia de São Paulo e concluiu que:

> As profissionais do sexo feminino ainda se encontram concentradas na base da carreira, como advogadas empregadas ou associadas, compondo em média 49% desses profissionais, enquanto no topo da carreira esse percentual não chega a 30%, em média.

Importante ressaltar que a formação em direito não necessariamente indica o trabalho na advocacia. O concurso público para as funções de Estado tem sido, a partir da Constituição de 1988, uma opção de carreira segura, estável e com rendimentos altos em comparação com média salarial nacional. Em 2017, o Brasil contava com 18.168 magistrados, entre juízes e desembargadores federais e estaduais: na primeira instância, 39% eram mulheres e 61% eram homens; nos tribunais, elas eram apenas 23% dos desembargadores; e nos tribunais superiores, 18,4% dos ministros (CNJ, 2018). As mulheres também estão presentes no Ministério Público, embora em menor quantidade,[85] e nas Defensorias Públicas, de forma mais equânime.[86]

As funções estatais têm seus rendimentos parametrizados por diversos fatores e, apesar das relações de gênero poderem influenciar nos ganhos e no prestígio de determinada carreira, é na advocacia que a feminilização está historicamente vinculada à precarização da função, com a diminuição dos rendimentos e pró-labores.

A partir da década de 1990, com o começo dos processos de privatização ocorridos no Brasil, os escritórios de advocacia iniciaram a ampliação dos seus quadros de advogados, os grandes escritórios surgiram a partir da necessidade de gerenciar as demandas do capital estrangeiro em relação a burocracia estatal brasileira.

---

[85] A Pesquisadora Ella Wiecko V. de Castilho (2016, p. 78), produziu um estudo em que demonstra que as mulheres correspondiam, em 2016, a 318 membros do Ministério Público Federal, enquanto os homens correspondiam a 767: "As mulheres correspondem a cerca de 30% do total dos membros. São, portanto, minoria numa instituição que defende a sociedade brasileira na qual as mulheres somam mais do que 50% da população".

[86] Dados do IV Diagnóstico da Defensoria Pública no Brasil, do Ministério da Justiça e Segurança Pública, apontam que o Brasil conta com 51% de defensores e 49% de defensoras estaduais (CENTRO DE ESTUDOS SOBRE SISTEMA SE JUSTIÇA, 2015).

Internacionalização da advocacia, ocorrida em diversos países do globo na segunda metade do século xx, intensificou-se no Brasil durante os anos de 1990. Os escritórios tradicionais cederam espaço às sociedades de advogados, voltadas principalmente a atender corporações estrangeiras em suas questões jurídicas, adotando um padrão internacional de qualidade na prestação dos serviços, vinculado ao desempenho e à gestão, que Ball designou de "performatividade" e "gerencialismo", terminologia que optamos por acolher. Trata-se de uma advocacia focada na produtividade dos(as) advogados(as) e em que, à medida que estes ascendem, passam a exercer cada vez mais atividades gerenciais – em detrimento das suas tradicionais atribuições: as atividades de natureza técnico-jurídica. A partir de então, o número de profissionais da advocacia cresceu consideravelmente, tendo havido o ingresso maciço de mulheres nesse nicho de mercado e a intensificação da disputa por clientes (BERTOLIN, 2017, p. 212)

Na esteira da ampliação dos escritórios vieram as modalidades de contratação. Esse/a advogado/a de massa, isto é, que trabalha com muitos processos parecidos, em um trabalho quase que de linha de produção, precisava receber pouco, cumprir hora, obedecer às ordens, uma realidade parecida com as das fábricas. No entanto, sua contratação, em diversos escritórios de grande e médio porte, não se dava sob a tutela das leis do trabalho, mas por meio de uma relação de sociedade fictícia, em que o empregado teria uma participação societária ínfima, sem nenhuma condição de real ingerência, mas também não gozava dos direitos e benefícios da condição de trabalhador. Como explica Bertolin (2017, p. 69):

> Advogados associados, na maioria das sociedades pesquisadas, são aqueles que desempenham sua atividade profissional sem vínculo empregatício, recebendo determinado percentual sobre os honorários pagos naqueles casos de que participaram.

Apesar da realidade do advogado/a associado/a não ser exclusivamente feminina, Rennê Barbalho (2008, p. 68), em sua tese de doutorado, mostrou que, enquanto a distribuição dos sócios por sexo dos grandes escritórios era de no máximo 30% de mulheres para 70% de homens, entre os associados/as a distribuição era bem mais equivalente, sendo inclusive de mais mulheres do que homens, em três dos quatro escritórios analisados por ela.

Não é possível vincular o processo de precarização da função do advogado/a apenas com o processo de feminilização, porém as épocas coincidem. Foi a partir da ampliação dos escritórios de grande porte, da massificação das demandas jurídicas, que o mercado advocatício brasileiro se ampliou e incorporou as mulheres, porém em condições de remuneração e prestigio inferiores à realidade dos advogados de outrora.

3.3.1. As carreiras de Estado: seara feminina?

A função estatal é um assunto que retorna ao debate político e jurídico, com muita frequência. Os modelos econômicos das democracias ocidentais contemporâneas estão sempre atrelados ao papel do Estado na economia, seja na defesa por mais influência, menos influência, por intervenção estatal, por liberdade individual (FIORI, 1992). Aquilo que é tipicamente tarefa do Estado está em eterna transformação, assim como a função do Estado em si.

O Estado de Direito brasileiro assumiu, a partir do preâmbulo da Constituição de 1988, a tarefa de construir um Estado "destinado a assegurar o exercício dos direitos sociais e individuais, a liberdade, a segurança, o bem-estar, o desenvolvimento, a igualdade e a justiça" (BRASIL, 2016, p. 9). Em consequência, o Estado passou a necessitar de mão de obra qualificada para possibilitar a implementação das políticas públicas e a garantia de instrumentos de segurança jurídica e democrática. Por esse motivo, no esforço de repactuação social, após os trinta anos de regime ditatorial (1964-1985), a Constituição estabeleceu novas carreiras de Estado, como o novo Ministério Público e a Defensoria Pública,[87]

---

[87] Em relação ao Ministério Público, Abrucio (2007, p. 69) explica: "Para combater o legado do regime militar, as mudanças mais profundas vieram com a Constituição de 1988. Os constituintes mexeram em várias questões atinentes à administração pública. Entre estas, três conjuntos de mudanças podem ser destacados: em primeiro lugar, a democratização do Estado, que foi favorecida com o fortalecimento do controle externo da administração pública, com destaque, entre outras mudanças, para o novo papel conferido ao Ministério Público". Sobre a Defensoria Pública, apesar da Constituição não ter sido, em um primeiro momento, tão taxativa na criação dos órgãos necessários, a referência constitucional foi o suficiente para iniciar um processo de desenvolvimento de defensorias esta-

DIREITOS DAS MULHERES

produzindo alguns nichos de empregos sólidos e de prestígio em órgãos públicos.

O Fórum Permanente de Carreiras Típicas de Estado (Fonacate), define como carreiras típicas do Estado "aquelas que exercem atribuições relacionadas à expressão do Poder Estatal, não possuindo, entretanto, correspondência no setor privado". São tarefas eminentemente públicas, em que o(a) servidor(a) é representante inquestionável do Estado. Dentre essas carreiras, as carreiras jurídicas se destacam. Juízes(as), promotores(as), defensores(as) públicos, são funções intransferíveis e essencialmente estatais, em qualquer sistema político administrativo. Bresser-Pereira (1995, p. 6) defende que:

> [...] as carreiras exclusivas de Estado: as carreiras dos militares e dos policiais, dos juízes e dos promotores, dos fiscais e dos diplomatas. São carreiras exclusivas – e não apenas "típicas" – porque só podem existir no próprio seio do Estado.

Em uma análise semântica da tipificação das carreiras de Estado, vários cargos efetivos no Judiciário poderiam ser considerados eminentemente estatais. Os analistas judiciais, oficiais de justiça, escreventes, servidores dos ministérios públicos, todos lidam com tarefas que, em princípio, não seriam passíveis de terceirização.[88] No entanto, aqui se limitou a analisar apenas as carreiras centrais do sistema de justiça: os magistrados, os membros do Ministério Público e os defensores públicos. O entendimento é de que esses são os cargos de maior prestígio e

duais e da Defensoria Pública da União, como explica o Mapa da Defensoria Pública do Ipea (2013, p. 11): "A Constituição Federal assegura como direito fundamental a assistência jurídica para todas as pessoas em situação de vulnerabilidade, devendo ser prestada pelo Estado por meio da Defensoria Pública. A disponibilização desse recurso a quem quer que dele necessite compreende não apenas a promoção da defesa de interesses em juízo, mas também a busca de soluções não judiciais, como orientações, educação em direitos, conciliações e outras formas de prevenção e solução de conflitos".

[88] Em relação a terceirização, a definição que utilizamos neste trabalho é a oferecida por Paula Marcelino (2007, p. 57-8): "terceirização é todo processo de contratação de trabalhadores por empresa interposta. Ou seja, é a relação onde [sic] o trabalho é realizado para uma empresa, mas contratado de maneira imediata por outra [...]. O fato da terceirização se dar através de uma empresa privada ou uma empresa estatal ou de uma fundação pública de direito privado, não altera o cerne da definição".

A FEMINIZAÇÃO (FEMINILIZAÇÃO) DAS PROFISSÕES

remuneração, e que proporcionam aos seus integrantes uma carreira longa e estável.[89]

Quando, na metade dos anos de 1990, o governo federal iniciou a reforma do aparelho do Estado, inclusive criando o Ministério da Administração Federal e da Reforma do Estado (Mare), sob a responsabilidade do então ministro Luiz Carlos Bresser-Pereira, o serviço público no Executivo federal, em especial, passou por uma reformulação e o debate sobre o tamanho e as funções do Estado voltou a cena. Oliveira (2007, p. 272) argumenta que:

> Nos anos 1990, havia um consenso na literatura de que o modelo burocrático era ineficiente, dispendioso e que não tinha espaços para mecanismos de controle de resultados e de desempenho dos agentes públicos, importantes para o acompanhamento pela sociedade das ações empreendidas pelos governos.

Em um momento em que o país vivia o discurso da globalização e da modernização das relações de trabalho, o escopo do velho serviço público não encantava:

> A conjuntura interna da economia (e da política) no Brasil se vincula, de certo modo, à dinâmica da economia global, que no decorrer da década passada apresentou, principalmente até 1997, um período de vigorosa expansão do capital financeiro, apreendido como globalização (ALVES, 2015, p. 6).

Ao mesmo tempo, as ações de privatizações e terceirizações de atividades até então desenvolvidas pelo Estado e a política salarial imposta ao serviço público desestimulavam a classe média a buscar o Estado

---

[89] Esta escolha baseou-se nas diferenças relativa à remuneração dessas funções. O relatório *Justiça em número 2017* apontou que a Justiça Estadual gastou, em média, R$ 49.093 por magistrado e R$ 11.694 por servidor; A Justiça Federal gastou R$ 50.876 por magistrado e R$ 18.657 por servidor (CNJ, 2017, p. 14). Em relação ao Ministério Público não há dados compilados, mas o rendimento básico efetivo de Procurador da República, em janeiro de 2018, era de R$ 28.947,55, enquanto de servidor analista, isto é com curso superior completo, era de R$ 15,050,37 (MPF, s.d.). As defensorias públicas estaduais têm rendimentos bem díspares que oscilam entre "O valor inicial bruto pago aos defensores [...] R$ 5.115, no estado do Pará, até os R$ 26.125, vigentes em Tocantins e Alagoas" (SRJ, 2015, p. 52).

como empregador.[90] Oliveira (2017, p. 272) argumenta que "na década de 1980, a burocracia entra em descrédito total. Os problemas econômicos e a ineficiência das políticas públicas nesse período são fundamentais para debilitar a imagem de quem trabalhava no setor público". O processo de privatização das empresas estatais fez com que vagas de empregos, até então públicos e estáveis, fossem fechadas e ou substituídas por trabalhadores com rendimentos inferiores, como explicam Prochnik, Freitas e Esteves (2006, p. 465) sobre o setor de telecomunicações:

> [...] o número de empregados, em 2002, era apenas 62,2% do número de empregados em 1998. Note-se também que, no mesmo período, a remuneração média nessas empresas caiu de 12,9 para 10,3 salários mínimos, apesar do aumento do tempo médio de estudo dos trabalhadores e do nível médio de ocupação.

Contudo, as oportunidades na Magistratura, na Defensoria Pública e no Ministério Público se mantiveram como possibilidades concretas de carreiras sólidas, seguras e bem remuneradas.

Segundo o *Boletim Estatístico de Pessoal e Informações Organizacionais* (2017), do Ministério do Planejamento, Desenvolvimento e Gestão do Governo Federal, entre 1995 e 2005, o Executivo Federal passou de responsável por 83,3% do gasto com pessoal para 76,6% em 2005,

---

[90] Como pondera Cano (2011, p. 34), a década de 1980 é conhecida como a década perdida: "Após 1980, com a 'década perdida' e as políticas neoliberais, aquelas determinações foram em grande parte modificadas pelas novas formas de nossa inserção externa, pelo câmbio apreciado e juro alto, e pela guerra fiscal". Bresser-Pereira (1998, p. 23), apontou que "por outro lado, tornou-se cada vez mais claro que a causa básica da grande crise dos anos [19]80 – uma crise que só os países de Leste e do Sudeste asiático conseguiram evitar – é uma crise do Estado: uma crise fiscal do Estado, uma crise do modo de intervenção estatal e uma crise da forma burocrática pela qual o Estado é administrado. Ora, se a proposta de um Estado mínimo não é realista, e se o fator básico que subjaz à crise econômica é a crise do Estado, a conclusão só pode ser uma: a solução não é provocar o definhamento do Estado, mas o reconstruir, reformá-lo. A reforma provavelmente significará reduzir o Estado, limitar suas funções como produtor de bens e serviços e, em menor extensão, como regulador, mas implicará provavelmente em ampliar suas funções no financiamento de atividades nas quais externalidades ou direitos humanos básicos estejam envolvidos, e na promoção da competitividade internacional das indústrias locais".

enquanto o Judiciário avançou de 6,8% para 12,8% do gasto total da União em pessoal. Em relação aos rendimentos, em 1995, a média salarial dos servidores civis do Executivo era R$ 1.430 em 2005, esse valor era de R$ 2.782,00, um aumento de 94,55%, dez anos depois. O Ministério Público Federal, por sua vez passou de R$ 3.291 em 1995 para R$ 10.529 em 2005, aumento de 219,93%. O Judiciário Federal também teve uma elevação expressiva de R$ 2.728,00 em 1995 para R$ 7.423,00 em 2005, aumento de 172,1%.

Em diálogo com a inflação, a variação do Índice de Preços ao Consumidor Amplo (IPCA) foi de 113,7% no mesmo período, logo, os servidores civis do Executivo passaram essa década sem nenhum aumento real e com redução do valor de compra dos seus rendimentos, enquanto os servidores do Judiciário e do Ministério Público conseguiram manter o valor real e receber aumento de fato.[91] Vale ressaltar ainda que essa média se refere a todos os cargos, isto é, não apenas aos que aqui chamamos de "carreiras de Estado", mas toda estrutura auxiliar que recebe rendimentos inferiores aos juízes, desembargadores, promotores e procuradores.

O Judiciário, especialmente, tem sido um espaço propício para a construção de carreiras públicas, em especial porque a justiça brasileira tem várias ramificações, possibilitando a entrada por vários canais, Gomes e Freitas (2017, p. 569) fazem um breve panorama da estrutura do Judiciário no país:

> O Judiciário brasileiro pode ser dividido em justiça comum e justiça especial. A justiça comum é dividida em primeiro e segundo grau. No primeiro grau da justiça comum, encontram-se a Justiça Estadual, a Justiça Federal, a Justiça da União e a Justiça do Distrito Federal e dos Territórios. No segundo grau da justiça comum, encontram-se os tribunais estaduais e os tribunais regionais federais. Já na justiça especial, existem os tribunais superiores, como o Tribunal Superior Eleitoral (TSE), o Tribunal Superior do Trabalho (TST), o Superior Tribunal Militar (STM), o Superior Tribunal de Justiça (STJ) e o Supremo Tribunal Federal (STF), que é a última instância no Judiciário brasileiro, encarregado de resguardar os dispositivos constitucionais.

---

[91] Porcentagem feita a partir da calculadora do cidadão do Banco Central do Brasil (s.d.).

Se pensarmos que, com exceção dos tribunais superiores, todos os outros órgãos realizam concurso público para seus membros,[92] é possível afirmar que bacharéis em Direito têm no Judiciário uma efetiva possibilidade de obter sólidos postos de trabalho.

Os concursos para o ingresso na Magistratura, por exemplo, têm regularidade e previsibilidade, ao candidato ou à candidata é possível planejar a realização do processo seletivo. Em 2016, segundo o *Justiça em números* (CNJ, 2017),[93] o Brasil contava com 18.011 magistrados, em 2009, o número era de 15.946. Logo, em cinco anos, 2.065 bacharéis em Direito iniciaram uma carreira, provavelmente longínqua nas estruturas da magistratura brasileira.[94] Apenas para reforçar a solidez das carrei-

---

[92] O Quinto Constitucional é a reserva de 20% das cadeiras dos tribunais para advogados/as e membros do Ministério Público mediante lista sêxtupla, formulada pelos devidos órgãos de classe, em que, posteriormente o Tribunal em questão restringe para três nomes e o Chefe do Executivo nomeia um dos listados. Como determina o art.94 da Constituição Federal. O instituto do Quinto Constitucional não é novidade no ordenamento jurídico brasileiro. A Constituição de 1934 § 6º, art. 104 previa "Na composição dos Tribunais superiores serão reservados lugares, correspondentes a um quinto do número total, para que sejam preenchidos por advogados, ou membros do Ministério Público de notório merecimento e reputação ilibada, escolhidos de lista tríplice, organizada na forma do § 3º". O instituto se manteve nas constituições posteriores e se confirmou na Constituição de 1988. O posicionamento em relação à legitimidade e eficiência do Quinto Constitucional não é unanime, os que defendem entendem que a entrada de membros de outras áreas do Direito, que conviveram com outras realidades é benéfica à magistratura, pois oxigena a estrutura e impede que a mesma se feche em seus eternos preceitos. Os contrários apontam que esses servidores públicos são os únicos que não passam nem pela peneira do concurso público nem pelo exercício da vontade popular através do voto.

[93] O *Justiça em números* é a "principal fonte das estatísticas oficiais do Poder Judiciário desde 2004. Reúne dados de noventa tribunais: quatro tribunais superiores; cinco tribunais regionais federais; 24 tribunais regionais do trabalho; 27 tribunais regionais eleitorais; três tribunais de Justiça Militar estaduais; 27 tribunais de Justiça. Regido desde 2006 pelas Resoluções CNJ nº 15/2006 e nº 76/2009, que regulamentam a coleta e sistematização de dados" (CNJ, 2017).

[94] O crescimento do número de juízes está relacionado ao número de processos e ao crescimento populacional. Segundo o Conselho Nacional de Justiça (CNJ), o Brasil tem um déficit de 19,8% de juízes. Segundo a instituição, "as estatísticas demonstram que a força de trabalho da Magistratura cresce proporcionalmente à população brasileira, que passou de 190,7 milhões, em 2010, para 206 milhões em 2016. Nesse período, o número de magistrados por cada grupo de 100 mil habitantes praticamente não variou. Em 2010, havia 8,6 magistrados por cada grupo de 100 mil brasileiros. Em 2016, a média registrada foi de 8,2. Apesar

ras típicas no Judiciário, entre o ano de 2013 e 2014, a justiça brasileira incorporou 316 novos magistrados, entre 2015 e 2016, auge da crise econômica e política do Brasil,[95] os tribunais incorporaram novos 635 novos juízes.

O Ministério Público, por sua vez, transformou-se de forma considerável a partir da redemocratização. Até então, sua função era ser um instrumento do Poder Executivo. Na Constituição de 1967, estava inserido no capítulo do Poder Judiciário, como o advogado do Estado, ponto em que, no § 2º do art. 138 da referida Constituição, o Ministério Público recebe, inclusive, a autorização de representar a União em juízo em caso de ausência dos Procuradores da República.[96] A Constituição de 1988 modificou o objetivo central do Ministério Público, que deixou de ser um ente do Judiciário e passou a estar no capítulo das funções essenciais à Justiça (BRASIL, 2016, capitulo IV, p. 21-3), como responsável por representar os interesses da sociedade e não do governo. Kerche (2007, p. 259) explica que:

---

dos esforços, a Justiça ainda sofre com o déficit de magistrados, que se reflete no grande número de municípios sem juiz titular. Segundo o *Justiça em números 2017*, os cargos vagos representavam 19,8% dos 18 mil juízes do País – cargos criados por leis, mas jamais efetivamente preenchidos" (CNJ, s.d.)

[95] A Economia Brasileira, a partir dos parâmetros utilizados por organismos de análise econômica, entrou em crise na segunda metade de 2014, como aponta Barbosa Filho (2017, p. 51): "economia brasileira encontra-se formalmente em recessão desde o segundo trimestre de 2014, segundo o Comitê de Datação do Ciclo Econômico (Codace) da Fundação Getulio Vargas. O produto *per capita* brasileiro caiu cerca de 9% entre 2014 e 2016". Os motivos apontados para a crise são vários, a crise econômica mundial iniciada em 2008, as opções políticas do Governo Federal diante a diminuição de receita e a crise política instalada a partir dos protestos de junho de 2013 e da decisão das forças derrotadas na eleição presidencial de 2014 em impedir as ações do governo eleito. Mancebo (2017, p. 877) descreve que "a recorrência de protestos em massa desde 2013, a reeleição apertada de Dilma Rousseff em 2014, a desintegração da base governista no Congresso Nacional e a adoção de um ajuste fiscal que protegia as elites econômicas em 2015 foram sinais do encerramento do ciclo 'lulista' da economia política brasileira, ou seja, do fim desse ciclo político de conciliação de classes no Brasil".

[96] Art. 138 § 2º da Constituição de 1967: "A União será representada em Juízo pelos Procuradores da República, podendo a lei cometer esse encargo, nas Comarcas do interior, ao Ministério Público local" (BRASIL, 1967).

O Ministério Público no Brasil, até a Constituição de 1988, era uma instituição ligada ao Poder Executivo, como é o modelo na maioria das democracias consolidadas. Embora sua previsão constitucional tenha ocupado diferentes seções e capítulos das diversas cartas magnas republicanas, instrumentos institucionais, tais como a indicação e destituição pelo presidente do procurador-geral da República, comprovavam sua ligação com o governo. Os constituintes de 1987/88, contudo, decidiram garantir mais autonomia à Instituição, não somente do ponto de vista formal, fazendo-a constar de capítulo à parte do Poder Executivo, como também criando mecanismos que protegem consideravelmente o Ministério Público dos estados e da União contra ingerências por parte dos governantes em particular e dos políticos de uma maneira geral.

Essa nova função do Ministério Público lhe garantiu não apenas autonomia para agir, mas uma autonomia para se organizar e propor orçamento. A função social mudou: o Ministério Público se transformou no defensor da sociedade, "finalmente independente do Poder Executivo, colocado criativamente pelo constituinte em um capítulo à parte dos três poderes" (ARANTES, 1999, p. 90).

Em 2016, o Brasil contava com 13.087 membros, entre promotores e procuradores, nas três instâncias; em 2013, esse número era de 12.262, e novamente a crise econômico-política não impossibilitou a entrada de novos membros: de 2013 para 2014, foram 414 efetivados e entre 2015 e 2016, tomaram posse mais 271 bacharéis na carreira do Ministério Público. Apesar da queda no número de vagas, de 2013 a 2016, o Brasil passou de 6,43 membro do Ministério Público por 100 mil habitantes para 6,86 (CONSELHO NACIONAL DO MINISTÉRIO PÚBLICO, 2017).

A Defensoria Pública talvez seja a segmento judicial de carreira típica de Estado que mais cresceu proporcionalmente desde 1988. A partir da promulgação da Constituição, a defensoria ganhou o *status* de instituição "essencial à função jurisdicional do Estado" (BRASIL, 2016, art. 134, p. 84). Em 2004, a Emenda Constitucional nº 45 garantiu autonomia funcional e administrativa e, em 2014, a emenda nº 80, elevou a Defensoria ao patamar de instituição permanente. Entre 2003 e 2013, as defensorias estaduais cresceram 64%, passando de 3.081 defensores em 2003 para 5.054 em 2013 (MOURA et al., 2013). A Defensoria Pública da União teve seu primeiro concurso em 2001 e atualmente conta com seiscentos defensores (DEFENSORIA PÚBLICA, s.d.).

No que tange a relação entre a formação acadêmica e a carreira, a Justiça tem uma característica diferente do que, por exemplo, a Diplomacia, outra carreira típica de Estado: a obrigatoriedade de ter cursado uma Faculdade de Direito. Só é possível ser juiz, desembargador, promotor, procurador ou defensor público sendo diplomado em Ciências Jurídicas.[97] Logo, aos estudantes e formados/as em Direito, esse mercado se reserva e, com exceção das nomeações de advogados pelo quinto constitucional, os cargos são providos por concurso público. O Judiciário apresentaria condições, então, de ser um espaço mais equânime do que os escritórios de advocacia e as empresas privadas para o acesso de homens e mulheres, pois a contratação e a progressão de carreira estariam vinculadas a capacidade individual dos candidatos sem espaço para preferências e preconceitos.

Em relação às mulheres, os números absolutos mostram que, de fato, elas entram mais substancialmente nas carreiras de Estado do poder Judiciário a partir do final do século XX. Na magistratura, a primeira juíza brasileira foi Auri Moura Costa[98] (1911-1991), cearense, "formada em bacharel em Direito em Recife em 1933, que ingressa na magistra-

---

[97] Referência ao STF, nomeação notório saber.

[98] Auri Moura Costa, segundo a biografia disponível na paina do Tribunal Regional Eleitoral do Ceará, nasceu em Redenção a 30 de agosto de 1911, filha de Antônio de Moura e Isabel de Moura. Estudou, primeiramente, na Faculdade de Direito do Ceará e depois se transferiu para a do Recife, onde se formou em 1933. Quando retornou para o Ceará, ingressou no Ministério Público e atuou com promotora nas Comarcas de Quixeramobim, Granja e Russas. Em 1939, através de concurso público, foi nomeada Juíza Municipal dos Termos de Várzea Alegre, Cedro e Canindé. Com a organização judiciária decorrente da Lei nº 213, de 9 de junho de 1948, foi promovida a Juíza de Direito de 2ª entrância, e, em 1953, à 3ª entrância, sendo designada para a Comarca de Maranguape. Em 1958, alcançou por promoção a 4ª entrância, como titular da Comarca do Crato, sendo removida, em 1962, para a de Fortaleza, onde oficiou junto às 2ª e 12ª Varas Cíveis. Nomeada Desembargadora do Tribunal de Justiça do Estado do Ceará, prestou o juramento no dia 23 de maio de 1968, sendo a primeira Juíza de Direito do Ceará e do Brasil a atingir o mais alto cargo da magistratura estadual. Dirigiu o Fórum Clóvis Beviláqua em 1977. Foi, também, a primeira mulher a ocupar a Presidência do Tribunal Regional Eleitoral do Ceará, no período de 27 de maio de 1974 a 25 de maio de 1976. Faleceu em 12 de julho de 1991 (TRIBUNAL REGIONAL ELEITORAL DO CEARÁ, s.d.).

tura em 1939, através de concurso público, nomeada Juíza Municipal dos Termos de Várzea Alegre, Cedro e Canindé" (Campos, 2015, p. 31). A história da jurista Auri Costa, assim como o seu papel histórico de primeira juíza do país, tem dois fatores interessantes: o não reconhecimento do vanguardismo e o motivo da sua nomeação. Em uma pesquisa menos apurada[99] encontramos Thereza Grisólia Tang como a primeira juíza do Brasil. Magistrada de Santa Catarina, Thereza assumiu a cadeira da magistratura em 1954 e, durante vinte anos, permaneceu como a única juíza do estado (UFRGS, 08.fev.2018 *online*). Todavia, em sua tese de doutorado, Veridiana Campos (2015, p. 31) nos ensinou que, na verdade, a primeira juíza brasileira foi Auri Moura Costa, que, inclusive em 1968, tornou-se desembargadora do Ceará.

Os motivos da não publicidade do vanguardismo da cearense podem ser diversos, é possível que o equívoco da referência aconteça pelo fato de Auri ser nordestina e Thereza sulista, ou porque, no final da década de 1930, os registros ainda eram precários ou mesmo pelo fato de que a historicidade do Judiciário cearense tenha sido pouco explorada e pouco divulgada. Contudo, Tessler (2013), em seu artigo sobre o papel da mulher no Judiciário, conta que talvez a falta de referência de Auri tenha se dado pelo fato de sua nomeação ter ocorrido por engano, em que os responsáveis à época se confundiram com o sexo da então candidata e a nomearam achando se tratar de um homem: "Registram os historiadores que ela só teria sido nomeada porque foi confundida com um homem, em razão do nome. Foi fruto de um equívoco a nomeação da primeira magistrada".

Campos (2015, p. 31-2) então, a partir do relato de Tessler, analisa que essa dúvida não pode ser simplesmente resolvida com a comprovação documental da posse de Auri Costa, porque, mesmo Auri tendo sido efetivamente a primeira juíza brasileira, é possível que Thereza tenha sido a primeira juíza empossada com a ciência do Judiciário da sua condição de mulher:

---

[99] Como por exemplo no site da Universidade Federal do Rio Grande do Sul (disponível em <https://www.ufrgs.br/caar/?p=1063>, acesso em 2 fev. 2018); no site da *Folha de São Paulo*, Cotidiano (disponível em <http://www1.folha.uol.com.br/fsp/cotidian/ff2310200923.htm>, acesso em 2 fev. 2018); e na página do Superior Tribunal Federal (disponível em <http://www.stf.jus.br/portal/cms/verNoticiaDetalhe.asp?idConteudo=177436>, acesso em 2 fev. 2018).

A FEMINIZAÇÃO (FEMINILIZAÇÃO) DAS PROFISSÕES

[...] o que parece ser um equívoco largamente difundido em diversas fontes sobre quem teria sido a primeira magistrada do Brasil, pode se dever tanto ao fato de que Auri Costa tenha sido aprovada "por engano", quanto pelo fato de que a relevância histórica do Ceará, graças à uma série de fatores coloniais, tenha seu valor diminuído diante da história de um estado mais rico e desenvolvido como Santa Catarina. Caso boato do erro do nome seja fidedigno, se corrobora, então, que a primeira juíza oficialmente concursada e reconhecida como mulher, teria sido mesmo Thereza Tang em 1954. Fica difícil, dada a péssima qualidade dos registros históricos das magistradas certificar se houve ou não um engano há quase noventa anos atrás e, por conta disso, não podemos afirmar se o primeiro TJ a aceitar efetivamente uma mulher foi o do Ceará ou o de Santa Catarina. De toda maneira, a primeira mulher a efetivamente exercer a magistratura foi Auri Costa.

Importante registrar que, apesar de Auri Costa ter sua primazia na magistratura brasileira pouco reconhecida, sua carreira foi longa e produtiva. Ela publicou nove livros, foi promovida a desembargadora em 1968, entre 1974 e 1976 foi presidente do Tribunal Eleitoral do Ceará e em 1977 foi diretora do Fórum Clóvis Beviláqua, em Fortaleza (COSTA, 2016). Auri foi casada com o médico Luís Costa. Em 1962, ficou viúva com quatro filhos, e mesmo assim manteve sua carreira até 1979, quando decidiu se aposentar voluntariamente. Em 1975, ainda na ativa, recebeu a condecoração de ter o presídio feminino de Fortaleza nomeado em sua homenagem: Presídio Feminino Desembargadora Auri Moura Costa. Fato interessante sobre a nomeação do presídio é que o governador decidiu prestar o tributo a Auri porque alunos do curso de Direito da Universidade Federal do Ceará fizeram um abaixo assinado requerendo a consagração da então desembargadora (NIREZ, 2001).

Apesar das precursoras acima citadas, a entrada das mulheres na Magistratura aumentou a partir da década de 1980, resultado do aumento de mulheres nos cursos universitários na década anterior. Soares, Melo e Bandeira (2014, p. 5), em artigo citado diversas vezes neste trabalho, apontam que:

A década de 1970 é considerada pela literatura de gênero como um marco para as mulheres no campo do trabalho e dos movimentos feministas.

DIREITOS DAS MULHERES

No entanto, esse marco pode ser atribuído também aos avanços educacionais das mulheres.

São essas mulheres, que durante a década de 1970 entraram nos cursos de Direito, que abriram as portas do Judiciário nacional. Segundo o Censo do Judiciário de 2014, entre 1955 e 1981, as mulheres representavam 21,4% dos magistrados que entravam na carreira, de 1982 até 1991, passaram para 25,6% e, entre 1992 e 2001, subiram para 38%. Todavia essa porcentagem se estagnou, permanecendo até 2011 em 38,9% e, em 2013, caindo para 35,9% (SOARES; MELO; BANDEIRA, 2014, p. 37).

Importante ponderarmos que a primeira mulher entrou na Magistratura em 1933 e a segunda, Thereza Grisólia Tang, assumiu apenas em 1954, mais de vinte anos depois. Em Pernambuco, a primeira juíza foi Magui Lins de Azevedo, em 1964, no Rio Grande do Sul foi Maria Berenice Dias, em 1973 e em São Paulo, Zélia Antunes e Iracema Garcia foram aprovadas no mesmo concurso em 1981 (CAMPOS, 2016, p. 289). Portanto, quando olhamos o valor de 21,4% entre os anos de 1955-1982, precisamos perceber que não é uma porcentagem estanque, mas sim uma porcentagem que foi construída ano a ano. Em 1970, como apresentam Soares, Melo e Bandeira (2014, p. 7-9), as mulheres eram 6% das pessoas com curso completo em Direito, vinte anos depois, em 1991, elas eram 33,1%. Logo, se pensarmos que, em 1982, elas correspondiam a 21,4% dos magistrados que entravam na carreira, podemos considerar que entre 1960 e 1980 o acesso das mulheres a Magistratura foi mais fácil do que nos anos seguintes. A afirmação pode parecer inexata se observarmos os dados em separado, mas contrastando as duas estatísticas percebe-se que, se até o início da década de 1990, as mulheres representavam 33% dos formados em Direito e, se até 1982 eram elas 21,4% dos novos juízes, a relação entre as formadas e aprovadas está bem mais equânime do que a realidade do século XXI.

Segundo o Instituto Nacional de Estudos e Pesquisas Educacionais Anísio Teixeira (INEP), em 2012, as mulheres representavam 53,1% dos estudantes de Direito entre 2010 e 2012 (INEP, 2012, p. 31). O mesmo instituto informa que as mulheres, em 2012, eram 60,3% dos concluintes nas instituições privadas e 57,2% nas públicas ((INEP, 2012, p. 18). Entre 2002 e 2011, as mulheres representaram 38,9% dos novos juízes e, entre 2012 e 2013, esse percentual caiu para 35,9% (CNJ, 2014,

A FEMINIZAÇÃO (FEMINILIZAÇÃO) DAS PROFISSÕES

p. 37), estatisticamente quando havia menos mulheres qualificadas para o exercício da Magistratura, as que conseguiam qualificação tinham mais chances de ingressar na carreira. O intuito de comparar as estatísticas é pensar criticamente o quanto as desigualdades entre os sexos diminuem, ou não, com a evolução gradual e constante da sociedade, e quanto o tempo, exclusivamente, tem sido capaz de contornar essa diferença.

Outra questão interessante em relação as Magistradas é o ramo no qual elas ingressam na carreira. A Justiça do Trabalho, por exemplo, em 2018, contava com 47% de juízas, enquanto a Justiça Federal registrava apenas 32% de mulheres (CNJ, 2018, p. 8). A maior participação das mulheres na Justiça do Trabalho tende a estar vinculada com o histórico lugar que essa justiça tinha na hierarquia do Judiciário: de uma "justiça menor". A imagem da Justiça do Trabalho frente às outras áreas do Judiciário sempre foi daquela que se responsabiliza por assuntos menos importantes para a sociedade. Ângela de Castro Gosmes (2006, p. 60), em seu artigo sobre a visão dos magistrados do Trabalho, afirma:

> Essa questão é identificada como a da existência de uma tradição de desprestígio do Direito do trabalho, visto como um "direito menor" em função de suas características fundamentais. Essa tradição ou cultura de desprestígio, como é nomeada, estaria presente na sociedade em geral, mas seu núcleo duro seria o Judiciário, especialmente a Justiça Estadual e Federal.

Contudo não é apenas a desvalorização da Justiça Trabalhista que a faz ter mais mulheres, mas também a matéria tratada. A Justiça do Trabalho foi criada por Getulio Vargas em 1941, sob o prisma de uma justiça social, capaz de fazer o diálogo entre o capital e o trabalho e de garantir à massa de trabalhadores direitos escritos nas leis: "o trabalhismo de Vargas trazia vantagens reais e substanciais à crescente massa de trabalhadores urbanos, mas ele foi habilidoso em 'outorgar' direitos que, na verdade, eram genuinamente reivindicados por essa classe" (TST, *online*). Logo, o objeto do Direito do Trabalho, de uma justiça que cuida do empregado, dialoga com o papel social da mulher de cuidadora, de acolhedora. Então, a soma do desprestígio da área com o objeto de que trata fez com que se tornasse um espaço mais propício a entrada de mulheres:

> Dentre todos os ramos do Judiciário verifica-se uma participação maior da mulher na Justiça do Trabalho. Conhecido reduto das mulheres na

Magistratura, essa participação reforça o estereótipo da ligação da mulher com o social somado ao fato da conhecida discriminação que a Justiça do Trabalho sofre dentro do meio jurídico, comumente nominada "justiça menor" (MELO; NASTARI; MASSULA, 2005, p. 13).

E por fim, em relação ao estágio da carreira em que se encontram as mulheres magistradas, os dados mostram que, entre os juízes substitutos, função de início de carreira, elas somam 44%, enquanto na função de desembargador são apenas 23% (p. 10). No entanto, vale notar que, com base nos dados apresentados acima, as mulheres chegam ao patamar de quase 40% dos magistrados apenas no início dos anos 2000 e, segundo o Conselho Nacional de Justiça, "em média, leva-se de vinte a 25 anos para que um juiz estadual chegue ao posto de desembargador de um Tribunal de Justiça" (CNJ, 2016).

Não é possível verificar apenas com os dados do Censo se a progressão de carreira tem sido ou não empecilhos às mulheres. Melo (2005, p. 7), por exemplo, pontuou que "em 1999, as mulheres representavam 31,08% dos juízes de primeira instância e 12,89% do desembargador/as de segunda instancia". No entanto, se em 1999 elas representavam menos de 13% dos desembargadores e, em 2018, representam um pouco mais de 20%, não há como negar que houve um avanço das mulheres em segundas instâncias da magistratura (CNJ, 2018)

Sobre o Ministério Público, os registros contam que Amélia Duarte[100] foi a primeira mulher a ser empossada como membro em 1936. Em 1938, inclusive, ela publicou o artigo "A funcionária pública sob a Constituição de 1937" na *Revista do Serviço Público – RSP*, em que defendia a competência das mulheres em todas as funções públicas.

> [...] a nosso ver, pois, a própria mulher, pela sua inteligência, inteireza de caráter e tino administrativo, terá presentemente muito mais a fazer em benefício de sua causa do que um preceito legal. E que a respeito não se

---

[100] Não há informações sobre a vida de Amélia Duarte. Marcelo Viana (2011), em sua dissertação de mestrado, buscou desvendar informações sobre ela, mas não conseguiu, recebendo, inclusive, da Ordem dos Advogados, seccional São Paulo, através da comissão de Memória e Resgate, a informação de que não obtiveram respostas por parte do Procurador Geral de Justiça do Estado do Rio de Janeiro. Ata 44, disponível em <http://www.oabsp.org.br/comissoes2010/resgate-memoria/atas/2008>, acesso em 14 maio 2018.

A FEMINIZAÇÃO (FEMINILIZAÇÃO) DAS PROFISSÕES

trata mais entre nós de uma época de reivindicações e sim da consolidação de uma situação conquistada (DUARTE, 1938, p. 34).

Zuleika Sucupira Kenworthy (1912-2017) foi a primeira promotora de justiça concursada e admitida na procuradoria do estado de São Paulo em agosto de 1946;[101] em 1975, foi promovida a procuradora de Justiça e, um ano depois, em fevereiro de 1976 se aposentou. No entanto a entrada de Zuleika não modificou rapidamente a realidade da procuradoria paulista, por oito anos, ela foi a única mulher. Apenas em 1954 Maria José Dei Papa assumiu a vaga de promotora (MORAIS, 1999, p. 1134). No Rio de Janeiro, a primeira mulher a ingressar no *parquet* foi Jarclea Pereira Gomes, que conseguiu ser aprovada no concurso de 1957, mas assumiu o cargo apenas em 1963, quase vinte anos depois de Zuleika Kenworthy (MPRJ, s.d.).

A partir dos anos 1950, as mulheres começaram, de forma tímida, a aparecer nas fileiras dos Ministérios Públicos Estaduais, vencendo as dificuldades de ingresso nessa carreira, mas foi sobretudo a partir da Constituição de 1988 e da inquestionável obrigação do concurso público que o número de mulheres aumentou consideravelmente.

No século XXI, as mulheres participam, como membro, do Ministério Público em um terço das vagas. A pesquisa publicada em junho de 2016 pelo Centro de Estudos de Segurança e Cidadania da Universidade Cândido Mendes, apontou que, atualmente as mulheres ocupam 30% das vagas de procuradores e promotores:

> As mulheres são maioria na população brasileira e naquela com curso universitário completo, mas representam apenas 30% dos promotores e procuradores federais e estaduais que responderam ao questionário. Tal proporção é semelhante à verificada em outras pesquisas e aponta para um forte sobre representação masculina no Ministério Público, tal como ocorre em outras carreiras ligadas à Justiça, à segurança pública e ao sistema penal (LEMGRUBER, 2016, p. 17).

---

[101] A data exata do início da carreira de Zuleika no Ministério Público não é pacifica. Rennê Martins Barbalho (2008, p. 72), em sua dissertação de mestrado, afirma que Zuleika ingressou em 1944. Lilene Almeida de Morais (1999) afirma que o ingresso ocorreu em 1946. No livro *Mulheres: sua história do MPSP*, a procuradora Tereza Cristina Exner, em sua entrevista, diz que Zuleika iniciou a carreira em 1948.

A mesma pesquisa afirmou que elas e eles têm a mesma média de idade, em torno de 43 anos, e que 93,4% dos entrevistados ingressaram após a promulgação da Constituição de 1988 (LEMGRUBER, 2016, p. 17).

O Conselho Nacional do Ministério Público (CNMP), diferentemente do Conselho Nacional de Justiça, não produziu, ainda, um censo dos seus membros e servidores, logo, não é possível saber com precisão, qual é a porcentagem de procuradores/as e como se dá a progressão de carreira para homens e mulheres em âmbito nacional. Contudo, alguns estudos podem nos auxiliar a pensar a questão. Ela Wiecko Castilho (2016, p. 80) apontou que, em 2016, no Ministério Público Federal (MPF) contava com 318 mulheres e 767 homens, isto é 70,6% de homens para 29,4% de mulheres; contudo, entre 2001 e 2014, em um total de onze concursos públicos para o cargo, as mulheres foram 43,32% dos inscritos e 29,31% dos aprovados.

Em relação a Defensoria Pública, a realidade da composição por sexo é um pouco diferente. Antes de qualquer coisa, é importante ponderar que a figura institucionalizada da Defensoria Pública é algo recente, oriundo da Constituição Federal de 1988. O Brasil oferece assessoria jurídica aos menos economicamente capacitados muito antes da Constituição, como dito na apresentação do *Mapa da Defensoria Pública* produzido pelo Ipea (MOURA; CUSTÓDIO; SÁ E SILVA et al., 2013):

> Ao longo da história brasileira, existiram várias provisões legais garantindo o Direito à assistência jurídica gratuita para a população que dela necessitasse, tanto em casos penais como em casos civis. Um marco importante é a lei federal nº 1.060/1950, que estabeleceu que "os poderes públicos federal e estadual concederão assistência judiciária aos necessitados nos termos da presente Lei".

Contudo, a partir de 1988, a assistência judiciária ganhou *status* constitucional, com garantia do art. 5º, LXXIV, de que o "Estado prestará assistência jurídica integral e gratuita aos que comprovarem insuficiência de recursos" (BRASIL, 2016, p. 17), e a partir daí, paulatinamente, a figura da Defensoria foi se tornando uma realidade em âmbito nacional, com a criação de diversas defensorias estaduais e com a implementação da Defensoria Pública da União em 1995,[102] em caráter emergencial e provisório, e em 2009,[103] finalmente, em caráter permanente.

As defensorias públicas estaduais começaram a ser implantadas na década de 1950, com a criação dos primeiros cargos de defensores públicos no Rio de Janeiro,[104] porém é, a partir da década de 1980, e mais fortemente na década de 1990, que os estados brasileiros começaram a instalar as defensorias estaduais. Em 2012, com a instalação da de Santa Catarina, todos os estados passaram a ter defensoria pública estadual (CENTRO DE ESTUDOS SOBRE SISTEMA DE JUSTIÇA, 2014). No caso dos estados, apesar do Amapá, em 2015, ainda não ter defensores públicos providos por concurso público, como aponta o *IV Diagnostico da Defensoria Pública no Brasil*, a grande maioria dos defensores estaduais são concursados para a função: "cerca de 88% – assumiu a partir de concurso público destinado exclusivamente à carreira" (CENTRO DE ESTUDOS SOBRE SISTEMA DE JUSTIÇA, 2014, p. 21).

Como já dito neste trabalho, o primeiro concurso público para a Defensoria Pública da União (DPU) ocorreu em 2001, e se repetiu em 2004, 2007 e 2010 (DPU, s.d.). Na análise sobre a divisão dos sexos entre os defensores, os dados mostraram que, nas defensorias estaduais, a proporção é de 51% para os homens e 49% para as mulheres (CENTRO DE ESTUDOS SOBRE SISTEMA DE JUSTIÇA, 2014, p. 20), no entanto, quando analisado os dados, a proporção entre os defensores da União é bem menos favorável às mulheres: são elas 32,3% contra 67,6% para eles (CENTRO DE ESTUDOS SOBRE SISTEMA DE JUSTIÇA, 2014, p. 20 e 84). O diagnóstico acima citado apresenta ainda que as mulheres também estão sub-representadas nos espaços de poder:

> Cabe destacar que essa representação é observada, também, nos cargos de gestão da instituição, como o Conselho Superior da DPU, em que apenas

---

[102] Lei nº 9.020, de 30 de março de 1995.

[103] Lei complementar nº 132, de 7 de outubro de 2009.

[104] "No antigo Estado do Rio de Janeiro, a Lei Estadual nº 2.188, de 21 de julho de 1954, criou, no âmbito da Procuradoria Geral de Justiça, os seis primeiros cargos de defensor público, que constituíram a semente da Defensoria Pública neste estado. Eram cargos isolados, de provimento efetivo. Aos 20 de julho de 1958, a Lei Federal nº 3.434 implementou os serviços de assistência judiciária no Distrito Federal e Territórios, sendo os mesmos prestados por defensores públicos ocupantes da classe inicial da carreira do Ministério Público Federal." (DPERJ, *online*)

três de seus nove membros são mulheres. Os cargos mais altos desse órgão, isto é, o Defensor Público-Geral Federal, Subdefensor Público-Geral Federal e o Corregedor-Geral Federal, são ocupados por homens (CENTRO DE ESTUDOS SOBRE SISTEMA DE JUSTIÇA, 2014, p. 84).

Outro dado instigador para analisarmos a questão das mulheres é o da a média etária. Os homens e as mulheres pertencentes a defensoria são jovens, tanto em âmbito federal quanto estadual. A média da Defensoria Pública da União é de 37 anos e, em relação aos defensores estaduais, 64,3% têm menos de 40 anos (CENTRO DE ESTUDOS SOBRE SISTEMA DE JUSTIÇA, 2014, p. 20 e 84); isto é, nascidos no final do século xx, em que a participação das mulheres no mercado de trabalho estava consolidada.

Uma das justificativas mais comuns para defender que o modelo de acesso e progressão nas carreiras judiciárias é justo entre os sexos é considerar que o que ainda impede a proporção mais igual é o tempo histórico. Como as mulheres iniciaram suas carreiras nessas funções há menos tempo, a diferença numérica ainda existe, porém, o tempo, sozinho, iria reverter a situação e colocar homens e mulheres em dimensões mais equivalentes. O caso da Defensoria Pública da União demonstrou que as respostas não são tão simples. Em uma carreira nova, em que os concursos começaram nas últimas décadas, com as garantias constitucionais de igualdade, mesmo assim, a proporção de mulheres se equipara à Magistratura e ao Ministério Público, isto é, algo em torno de 30%.

Concluir se as carreiras de Estado do Judiciário são ou não uma seara feminina não é uma tarefa possível nesta obra, até porque a resposta não é apenas numérica, ou mesmo apenas sobre participação, mas perpassa por espaços de poder, circunstâncias em que mulheres e homens entram e permanecem nas funções, pelas formas de progressão, pelos rendimentos, como discursam socialmente sobre suas funções, entre tantas outras questões.

Contudo, o objetivo, neste trabalho, é discutir o argumento sobre a real femilinização das carreiras judiciárias, como expôs Madalena Duarte (2015, p. 5), na introdução do caderno temático *As mulheres nas profissões jurídicas: experiências e representações*, do Centro de Estudos Sociais da Universidade de Coimbra:

A FEMINIZAÇÃO (FEMINILIZAÇÃO) DAS PROFISSÕES

[...] nas últimas décadas tornou-se evidente nas sociedades contemporâneas a crescente feminização das profissões jurídicas. Num primeiro olhar, o aumento exponencial da participação feminina em todas as áreas do Direito, incluindo nas magistraturas, assemelha-se à sinopse de uma história de sucesso, na qual a exclusão e a inacessibilidade das mulheres estariam ultrapassadas. Uma análise mais aprofundada revela, contudo, mecanismos e processos de uma persistente discriminação e segregação das mulheres, dissimulados, perversamente consensuais e consentidos.

Ainda estamos longe de compor esse poder de forma igualitária e os entraves de outrora ainda se apresentam nos dias de hoje, mesmo que em formas e modelos diferentes.

Para demonstrar a desigualdade vale apontar que o Supremo Tribunal Federal, em março de 2018, era composto de nove homens e duas mulheres, o Superior Tribunal de Justiça contava, na mesma época, com 27 homens e seis mulheres, no Tribunal Superior do Trabalho, área considerada seara feminina, dos 26 ministros, apenas seis eram mulheres, e no Superior Tribunal Militar, apenas uma mulher compunha a corte de dezessete membros.[105]

3.3.2. O teto de vidro na advocacia: elas na base, eles no topo

A realidade das mulheres na advocacia tem se tornado um campo de estudo nas Ciências Sociais nos últimos anos. A partir do final da década de 1980, em especial nos países do Norte, as acadêmicas começaram a buscar explicações para a resistência da advocacia em igualar as condições e ganhos das advogadas em relação aos advogados. Quando a presença das mulheres nos escritórios e nos postos de trabalho em geral deixou de ser uma questão e se solidificou como um fato sem ponto de retorno, os estudos se concentraram em perceber e entender a situação em que se encontram essas mulheres trabalhadoras. Kay e Hagan justificam, em artigo na *The British Journal of Sociology*, a desigualdade de rendimentos entre os sexos a partir do argumento de que era necessário considerar o quão justo estava a relação com as mulheres que até pouco tempo atrás eram estranhas a esse espaço:

---

[105] Dados retirados das páginas do STF, STJ, TST e STM em 13 de março de 2018.

DIREITOS DAS MULHERES

A entrada de grande número de mulheres nas profissões legais durante dos últimos quinze anos propõe considerações de quão justo é o tratamento recebido por uma população previamente excluída em uma profissão que se mantém claramente diferenciada e altamente estratificada (KAY; HAGAN, 1995, p. 280, tradução nossa).[106]

A chegada ao século XXI não mudou o enfoque das pesquisas, em 2010, Wald publicou uma pesquisa intitulada "Glass Ceilings And Dead Ends", que em uma tradução livre seria o "teto de vidro e o beco sem saída". A autora analisou as dificuldades enfrentadas pelas mulheres advogadas em grandes escritórios de advocacia nos Estados Unidos para progredir na carreira e se tornarem sócias. No artigo, ela apresentou quatro pontos que atrapalhavam, de forma estrutural, o avanço dessas mulheres: em primeiro lugar não havia consenso da existência do problema. Muitos acreditavam que, com o aumento da quantidade de mulheres nos escritórios, a promoção seria consequência automática e não havia necessidade de interferência nesse processo (WALD, 2010, p. 102, tradução nossa).

O segundo ponto era que, quando o debate vinha à tona, era enquadrado como "questão de mulher", uma bandeira feminista, o que causaria o afastamento daqueles (ou daquelas) que não queriam se vincular com a esses temas. Segundo a autora: "'questões femininas' marginalizam a importância [do tema] e diminuem a participação no discurso de como resolver [a questão]" (WALD, 2010, p. 104, tradução nossa).[107] A terceira questão estava relacionada às políticas de incentivo implantadas para regular as promoções e estimular trabalhos de período parcial e licenças parentais. Usar a licença maternidade e denunciar discriminação em processos de progressão de carreira não eram bem vistos quando utilizados. A autora defendeu que as próprias mulheres advogadas seriam reticentes em utilizar esses recursos, mesmo quando estavam disponíveis (WALD, 2010, p. 104). E por último, o dilema da intersec-

---

[106] *"The entry of large numbers of women into the legal profession during the last fifteen years prompts consideration of how this previously excluded population is fairing in a profession that remains sharply differentiated and highly stratified."*
[107] *"'women-issue' marginalizes its significance and diminishes participation in the discourse about how to resolve it."*

cionalidade[108] e da diversidade das mulheres. Como afirma Wald (2010, p. 104): assumir que a advogada branca encara os mesmos desafios que as advogadas negras e hispânicas seria, com certeza, uma análise equivocada.

Os percalços para uma advogada negra, de origem pobre se somam aos desafios enfrentados pelas mulheres em geral, o que torna a vida dessas profissionais ainda mais difícil. As dificuldades vivenciadas pelos negros e latinos, na realidade norte-americana, são distantes dos brancos. O racismo e a xenofobia em geral são problemas estruturais da sociedade,[109] logo refletiam nos escritórios de advocacia e reverberavam nas relações entre seus membros, assim como a condição econômica e as relações de gênero. Tal panorama nos obriga a perceber que a mulher negra, latina e de origem pobre terá que enfrentar não apenas as dificuldades relacionadas ao seu sexo, mas também a sua classe e a sua raça.

Contudo, mesmo reconhecendo que o universo de mulheres e de escritórios faz com que os entraves e os avanços sejam distintos, Wald (2010, p. 105, tradução nossa) reforça que todas as mulheres e todos os escritórios, em determinada medida, são afetados pela desigualdade entre os sexos:

> As ideologias profissionais e os estereótipos de gênero impactam de forma diferente as mulheres advogadas em diferentes tipos de grandes escritórios de advocacia, mas não devem ser negligenciados ou banaliza-

---

[108] Interseccionalidade é um conceito sociológico utilizado, em primeira mão, por Crenshaw (2002, p. 177), que diz respeito às múltiplas formas de subordinação em que podem estar submetidos determinados grupos sociais: "A interseccionalidade é uma conceituação do problema que busca capturar as consequências estruturais e dinâmicas da interação entre dois ou mais eixos da subordinação. Ela trata especificamente da forma pela qual o racismo, o patriarcalismo, a opressão de classe e outros sistemas discriminatórios criam desigualdades básicas que estruturam as posições relativas de mulheres, raças, etnias, classes e outras".

[109] Os negros norte-americanos dos estados do Sul do país, assim como os negros brasileiros, vivenciam o racismo estrutural de uma sociedade forjada no trabalho escravo. Os latinos, oriundos de diversos países da América Latina, principalmente o México, vivenciam preconceitos de cunho tanto racial como de origem. Tanto os negros como os latinos foram hierarquizados socialmente como cidadãos de segunda classe, como apontam Irazabal e Farhat (2012, p. 23, tradução nossa): "A experiência histórica da comunidade latina é marcada por segregação, pobreza e discriminação".

dos, porque, em algum nível, afetam todas as mulheres advogadas e todos os grandes escritórios de advocacia.[110]

A inclusão, neste trabalho, da experiência internacional, mais do que um exemplo, tem o intuito de fazer uma ponte com o que tem sido estudado e observado por aqui.

O Brasil, a partir das privatizações da década de 1990, viveu uma transformação no modelo de advocacia predominante no país. Enquanto, até então, a advocacia "foi uma profissão liberal, exercida principalmente em escritórios de pequeno e médio porte" (BONELLI; CUNHA; OLIVEIRA et al., 2008, p. 266), o final do século XX impôs um novo modelo, importado dos Estados Unidos: os grandes escritórios de advocacia. A estrutura desses grandes escritórios em nada se parece com as formas tradicionais, em vez de um único advogado, capaz de responder demandas em diversas áreas, os grandes escritórios, a exemplo dos norte-americanos, setorizam, especificam e hierarquizam seus advogados, montando uma organização por pirâmide, em que, quanto mais perto da base, mais o trabalho é repetitivo, pouco inventivo, pouco autônomo e mal remunerado. Esse novo modelo pretendia que o advogado fosse mais do que o responsável pelos assuntos jurídicos de um determinado cliente, o objetivo era ser um facilitador dos negócios, em especial para as empresas estrangeiras em solo brasileiro, oferecendo, por um lado, o controle da litigância de massa e, por outro, as consultorias e assessorias jurídicas para o negócio.

O modelo das sociedades de advogados é resultado da internacionalização da profissão, cada vez mais inserida nas relações de importação e exportação do conhecimento especializado entre países do Norte e do Sul, com a padronização transnacional de serviços jurídicos. Nesses grandes escritórios, o profissional domina línguas estrangeiras, em especial o inglês, tem experiência de curso ou estágio no exterior, que é enfatizado em seu currículo divulgado na página da firma na internet, representa grandes empresas ou escritórios estrangeiros, chegando algumas dessas sociedades de advo-

---

[110] No original: "Professional ideologies and gender stereotypes indeed impact diverse women lawyers and different types of large law firms differently, yet at some level it should not be overlooked or trivialized that they affect all women lawyers and all large law firms" (p. 105).

gados a ter filiais fora do Brasil. O tipo de prestação jurisdicional também muda, enfatizando-se o atendimento das necessidades em torno dos negócios dos clientes empresariais, o que com frequência dispensa a ida para litigar no Fórum, como costumava ser a prática característica da profissão (BONELLI; CUNHA; OLIVEIRA et al., 2008, p. 267).

Logo, quanto mais alta a função do advogado na estrutura hierárquica do grande escritório, mais tempo gastaria em reuniões e almoços para prospecção de clientes, em debates sobre estratégias de investimento, em análise das condições políticas e econômicas, em gerenciamento de equipe e menos tempo despenderia na militância do Judiciário ou mesmo na produção de contratos e acordos societários. "Então, na carreira do advogado, como ele começa a administrar equipes, começa a ter necessidade de outras qualificações para administrar a equipe, para desenvolver negócios." (BERTOLIN, 2017, p. 63).

Nesse cenário é que as mulheres entram, de forma substancial, no mercado da advocacia brasileira, enchendo as fileiras dessas sociedades de advogados e servindo de mão de obra para a mudança da forma de se exercer a advocacia no país: "A feminização da carreira veio ao encontro dessas transformações, reduzindo as resistências às mudanças na forma tradicional de se exercer a advocacia no Brasil" (BONELLI; CUNHA; OLIVEIRA et al., 2008, p. 267).

Em conjunto com a mudança de modelo de advocacia, o Brasil vivenciou, a partir do final da década de 1990 e em especial a partir do início dos anos 2000, o aumento exponencial das litigâncias. Os motivos desse aumento são vários, primeiramente, a partir da Constituição de 1988, "foram adotadas inúmeras mudanças legislativas para efetivar os direitos constitucionais, ampliar o acesso e aproximar o Judiciário do povo" (KOERNER; BARREIRA; INATOMI, 2017, p. 18), e possibilitar, assim, que o cidadão comum busque seus direitos junto ao Judiciário. A partir dessa lógica e da retomada da democracia no país, em 1990, foi aprovado o Código de Defesa do Consumidor (CDC)[111] para gerir as relações de con-

---

[111] Lei nº 8.078, de 11 de setembro de 1990, em que no art. 4ª define a Política Nacional da Relações de Consumo como: "A Política Nacional das Relações de Consumo tem por objetivo o atendimento das necessidades dos consumidores, o respeito à sua dignidade, saúde e segurança, a proteção de seus interesses econômicos, a melhoria da sua qualidade de vida, bem como a transparência e harmonia das relações de consumo" (BRASIL, 2012, p. 13).

sumo, que até então eram tratadas no âmbito do código civil, que pouco considerava as diferenças gritantes entre consumidor, pessoa física e fornecedor, pessoa jurídica.

As litigâncias referentes as relações de consumo adentraram o Judiciário brasileiro de tal forma que, em 2014, o *Justiça em números* apontou o Direito do consumidor como o quarto assunto mais frequente nas novas ações, atrás apenas de ações sobre direito civil, direito do trabalho e processo civil e trabalhista (CNJ, 2017). Além disso, de acordo com pesquisa realizada pela Fundação Getulio Vargas em 2013, o trânsito em julgado das ações de consumo não ocorria nem na primeira e nem na segunda instância. De 2002 a 2012, houve um aumento de 940% no número de recursos relacionados às leis de consumo para o Superior Tribunal Federal (FREITAS; XAVIER; CASEMIRO, 2013). Contudo, esse aumento não tem relação apenas com a abertura do Judiciário, ou mesmo com a implementação do CDC, mas também com o neoliberalismo, o desemprego, a flexibilização das leis do trabalho. Como argumenta Maringoni (2013):

> Se os anos 1980 assinalaram um notável desenvolvimento da democracia, a década de 1990 representa a reversão dessa tendência. Ao longo daqueles anos, um acelerado processo de privatizações, de redução do papel social do Estado e de desregulamentação iria resultar em desaceleração econômica e alta exponencial do desemprego.

Por consequência, a busca de direitos no Judiciário foi expressiva em, praticamente, todas as áreas. A Justiça Federal, no último ano da década de 1990, recebeu um milhão de processos; em 2003, mais de dois milhões e, em "2008, ainda era quase o triplo do número do início da década" (KOERNER; BARREIRA; INATOMI, 2017, p. 32).

Outra área que viu seu trabalho aumentar exponencialmente a partir do início das políticas neoliberais foi a Justiça do Trabalho, que entre 1981 e 1985 recebeu um pouco mais de 400 mil ações, e entre 1996 e 2000 recebeu mais de 1,2 milhão (CAMPOS, 2017).

> O aumento dos conflitos trabalhistas é incontestes. Como as causas desse agravamento, não tem dúvida em apontar, entre outras, a falta de soluções negociadas, a onda desenfreada de desregulamentação e flexibilização do Direito do Trabalho, incentivadas e sustentadas pelas ideias neoliberais,

pela globalização da economia, processo esse inevitável e já vivido intensamente pelo Brasil. Esses fatores – incontestáveis – levam ao aumento do desemprego, e, consequentemente, à elevação do número de demandas perante a Justiça do Trabalho (Melo, 1997, p. 36).

No que tange o Direito do Trabalho, a Emenda Constitucional nº 45 modificou de forma substancial a competência da Justiça do Trabalho que passou a ser responsável pelas as ações oriundas da relação de trabalho (brasil, 2016, art. 114, I, p. 77) e não mais apenas por aquelas relacionadas a "conciliar e julgar os dissídios individuais e coletivos entre trabalhadores e empregadores" como determinava a Constituição antes da Emenda em tela. Essa inovação ampliou o escopo da justiça trabalhista, proporcionando aqueles que estavam em trabalhos não formalizados a oportunidade de buscar na justiça específica os seus direitos. Tal realidade expôs uma demanda reprimida e alavancou consideravelmente o número de ações. Em 2007, eram 1.371 casos trabalhistas para cada 100 mil brasileiros, em 2016, eram 1.796 para os mesmos 100 mil (csjt, 2016), um aumento de 30% em dez anos.[112]

O crescimento do número de litigâncias a partir do final do século xx e os motivos pelos quais esse aumento ocorreu tiveram diversos desdobramentos, como uma maior estrutura e gastos com o Judiciário, maior morosidade na resolução dos conflitos, busca por soluções não judiciais. Todavia, neste trabalho, o objetivo em apresentar essa discussão é perceber que, enquanto essas ações costumam ter como autor uma pessoa física, que muitas vezes é litigante em apenas essa ação, o réu tende a

---

[112] Em 2017, foi aprovada a lei nº 13.467, conhecida como a Lei da Reforma Trabalhista, responsável pela diminuição considerável dos direitos dos trabalhadores(as) brasileiros(as), como aponta Pedro Sacchet Carvalho (2017, p. 93): "causa profunda perda do poder de barganha dos trabalhadores, visto que há vários elementos na reforma que ampliam a discricionariedade do empregador sobre os contratos individuais e coletivos, como expansão do banco de horas, jornada 12-36, indenização de intervalo de descanso, ampliação da jornada por tempo parcial, estabelecimento do trabalho intermitente, vedação da caracterização do trabalhador autônomo como empregado mesmo em caso de exclusividade e continuidade, possibilidade de terceirização irrestrita, equiparação do trabalhador hipersuficiente com o contrato coletivo, possibilidade de demissão coletiva sem autorização do sindicato, entre outros itens". Segundo matéria do *Estado de São Paulo*, em 3 de fevereiro de 2018, o número de ações trabalhistas diminuiu 50% a partir da aprovação das novas regras (Laguna; Rinald, 2018).

ser o mesmo em uma grande quantidade de processos. Por exemplo, as empresas telefônicas os cartões de crédito, os bancos e concessionárias de serviço público têm alta demanda de ações judiciárias e precisam de uma gama de advogados e advogadas para atuar na demanda crescente de uma litigância de massa (SECRETARIA NACIONAL DO CONSUMIDOR, 2016).

Paralelamente a esse efeito, aumentou consideravelmente o número de advogadas inscritas na Ordem dos Advogados do Brasil desde 1980, essas novas advogadas passaram a integrar esse mercado de trabalho em plena transformação e se tornaram instrumento para a consolidação da nova dinâmica da advocacia brasileira: a mudança do "trabalho rotineiro, daquele que busca maior *expertise*, foi facilitada pelo ingresso feminino na advocacia" (BONELLI; CUNHA; OLIVEIRA et al., 2008, p. 267). As mulheres entraram no chão de fábrica dessa engenharia processual: de milhares de processos iguais, de pouca novidade processual e de mérito e de uma política remuneratória parecida com a produção industrial.

Bertolin (2017, p. 105-6) demonstrou que, dos dez maiores escritórios de São Paulo, oito tem mais mulheres na base, isto é, em começo de carreira, ganhando menores rendimentos e com menor autonomia profissional. Contudo essa proporção se inverte quando chegamos aos sócios, a ponta da pirâmide. Na pesquisa de Bertolin, apenas em um escritório as mulheres eram maioria entre os sócios e, em quatro dos dez, elas não chegam a 30%. Novamente, a justificativa do tempo histórico precisa ser encarada. Como as mulheres ingressaram de forma robusta há menos tempo nas fileiras da advocacia, seria necessário aguardar para saber se, de fato, o que emperra a ascensão das mulheres são desigualdades de gênero ou apenas um lapso temporal entre a entrada em determinado mercado de trabalho e a chegada aos postos de maior prestigio.

Analisando os dados já apresentados neste trabalho, verifica-se que as mulheres, em 2019, representavam 46,6% das advogadas inscritas na OAB entre 41 e 59 anos, logo, se ingressaram na profissão com cerca de 25 anos de idade, pode-se considerar que têm algo em torno de vinte anos de profissão, isto é, as mulheres já estão disponíveis para o mercado da advocacia há algum tempo.

Bertolin (2017, p. 23) apresentou um quadro mostrando que, na década de 1990, as novas advogadas, no estado de São Paulo, eram 33

A FEMINIZAÇÃO (FEMINILIZAÇÃO) DAS PROFISSÕES

mil contra 37 mil homens, em 2000, eram 65 mil mulheres para 61 mil homens. Tal dado demonstra que, na maior capital brasileira, as novas advogadas entram no mercado em maior número, há quase vinte anos. Segundo Alexandre Bertoldi (in CRISTO, 2012), sócio-diretor da Pinheiro Neto Advogados,[113] o perfil do sócio é "uma pessoa entre 35 e 45 anos, com uma formação sólida aqui, com entre quinze e vinte anos de casa e uma experiência fora". Então, é possível admitirmos que o tempo não é responsável, unicamente, pelo menor acesso das mulheres advogadas aos altos postos de poder, e que os entraves de gênero que assolam todas as relações de poder também se fazem presente na estrutura hierárquica da advocacia.

Outro ponto interessante de se observar é como a sororidade[114] entre as mulheres ainda é um conceito difícil entre as advogadas. Wald (2010) apontou que as advogadas norte-americanas fugiam das discussões sobre desigualdade entre os sexos para não serem vistas como aquelas que faziam o *discurso de mulher* ou feminista, e optavam por buscar vencer suas dificuldades pessoais por outros meios. Bertolin (2017, p. 222), por sua vez, constatou que as advogadas brasileiras que ascenderam também não incorporaram a luta por igualdade:

> Essas mulheres, que conseguiram "quebrar" o teto de vidro e ascender, adotam a velha fórmula: "se eu consegui, outras mulheres também conse-

---

[113] A Pinheiro Neto Advogados é um dos escritórios mais importantes da América Latina. Configura em diversos os *rankings* nacionais e internacionais como Advocacia 500, Chambers, Parterns Global, entre outros. Em 2014, o Ministério do Desenvolvimento, Indústria e Comércio Exterior, em conjunto com Associação de Comércio Exterior do Brasil premiaram o escritório como o maior exportador de serviços jurídicos do país (PINHEIRO NETO, s.d.).

[114] Sororidade é definida no dicionário português como: "1. parentesco entre irmãs, 2. relação de união ou de amizade próxima entre duas ou mais mulheres semelhante à que se pressupõe que exista entre irmãs, 3. associação de mulheres unidas para um mesmo fim, 4. solidariedade feminina" (INFOPÉDIA, 2013-2018b). Contudo, a partir do início do século XXI, a expressão tem ganhado outras conotações no movimento feminista. O glossário de gênero do instituto das mulheres do México define sororidade como: "*Hermandad entre mujeres. Solidaridad entre ellas bajo la lógica de que han sufrido la misma clase de discriminaciones y maltrato, por lo que supone aliarse para combatir esa situación, partiendo de lo que tienen en común. Concepto de origen francés que integra el reconocimiento y aceptación del feminismo como un aspecto importante para que las mujeres vivan más libres. Es la contraparte del término "fraternidad" que alude a la solidaridad entre los hombres*" (INMUJERES, 2007, p. 120).

guem", o que reduz as condições de ascensão de boa parte das mulheres, que permanecem concentrada na base.

Todavia, como a realidade não espera os avanços sociais se materializarem para se transformar, outro problema que se apresenta às mulheres advogadas no início do século XXI é a robotização do trabalho jurídico. Como aponta Coura (2017, p. 6), na apresentação do livro *O futuro do Direito*:

> O trabalho jurídico da maneira como era praticado no início desta década está com os dias contados. *Softwares* já escrevem petições simples. Um robô-advogado é capaz de consultar 200 milhões de páginas em segundos. Uma tecnologia, desenvolvida por um banco, analisa acordos de empréstimo comercial que tomavam 360 mil horas por ano dos advogados da instituição.

A troca da força de trabalho humana por máquinas não é uma novidade no século XXI, pelo contrário, toda a nossa estrutura produtiva está sedimentada no trabalho da máquina com a gerência humana. Entretanto, as profissões tradicionais, de valor analítico e crítico, começam a se ver substituídas pela inteligência artificial,[115] em que a máquina deixa de ser apenas uma repetidora de ação preestabelecida para se transformar em um instrumento que compreende, que aprende. Matéria da revista *Exame* de janeiro de 2017 inicia assim:

> Um em cada quatro empregos conhecidos hoje deverá ser substituído por softwares e robôs até 2025 – e há quem aposte numa proporção ainda maior. O fato é que a tecnologia ameaça não apenas trabalhos braçais, mecânicos e técnicos, mas também profissionais de carreiras tradicionais, como Medicina, Jornalismo, Engenharia e, agora, Direito. Os robôs estão assumindo cada vez mais funções nos grandes escritórios de advocacia – que, não é de hoje, são tocados como empresas e vivem as mesmas pressões por eficiência de qualquer negócio (BERTÃO, 2017).

---

[115] Segundo Nuno Sousa e Silva (2017, p. 7): "inteligência artificial se caracteriza pela reunião de cinco características: capacidade comunicativa, conhecimento interno (de si mesma), conhecimento externo (acerca do mundo), comportamento determinado por objetivos e criatividade (no sentido de explorar vias alternativas de solução quando as vias anteriormente ensaiadas falharem)".

A FEMINIZAÇÃO (FEMINILIZAÇÃO) DAS PROFISSÕES

International Bar Association, que seria como uma Ordem dos Advogados internacional, publicou em novembro de 2017 o relatório *Rule of Law versus Rule of Code: a Blockchain-Driven Legal World*, em que ponderou sobre as mudanças tecnológicas:

> Devido ao potencial para uma significativa automação, muitas ações civis e comerciais padrão poderão ser simplificadas para reduzir significativamente os custos legais [...]. Isso seria uma extensão do que começamos a ver como o uso de princípios de código aberto para reduzir significativamente as ineficiências e os custos da advocacia convencional (PATRICK; BANA, 2017, p. 42).[116]

Deduz-se, então, que, em um ramo que o trabalho repetitivo alimenta grande volume de advogados e advogadas, a robotização e a mecanização tendem a diminuir a demanda por serviços rotineiros, e como as mulheres estão concentradas nessa base, é possível, que, no mínimo em um primeiro momento, sejam mais atingidas. De todo modo, a incorporação da tecnologia no universo do Direito, e da advocacia especificamente, não é uma escolha, todas as profissões tendem a modificar sua forma de atuação nos próximos anos, como aponta Nuno Sousa e Silva (2017, p. 3): "estamos no advento de uma tecnologia que, à semelhança da internet, tem um potencial transformativo intenso. De fato, estudos recentes preveem o desaparecimento de diversas profissões". Essas transformações não dialogam exclusivamente com as mulheres, mas com o mercado de trabalho e com o modelo de organização social que temos até hoje, porém, como em qualquer momento de grandes transformações, abrem-se desafios e possibilidades.

As advogadas, e de forma mais ampla todas as mulheres, precisam participar dessas mudanças em condições de igualdade, com acesso aos meios disponíveis, para não se tornarem obsoletas, como aponta a Comissão Econômica para América Latina e Caribe – CEPAL, em sua pesquisa sobre o impacto da tecnologia no emprego, na produtividade e no bem-estar das mulheres:

---

[116] *"Because of the potential for significant automation, many standard commercial and civil actions can be simplified to significantly reduce legal costs [...] This would be an extension of what we have begun to see as the use of open source principles to significantly reduce the inefficiencies and costs of conventional lawyering".*

Na sociedade da informação, o acesso não é apenas necessário às novas tecnologias, mas também à educação, ao desenvolvimento do comportamento empreendedor e às oportunidades de emprego, bem como à capacidade de participar plenamente em atividades baseadas no conhecimento. Dadas as barreiras de gênero enfrentadas pelas mulheres – papéis e papéis que determinam sua capacidade de participar em pé de igualdade com os homens – não se pode esperar que a lacuna de gênero na sociedade do conhecimento melhore automaticamente com o crescimento econômico. Pelo contrário, para modificar este estado de coisas, ações e intervenções específicas são necessárias (BÁRCENA, 2013, p. 77, tradução nossa).[117]

As advogadas brasileiras, no final da segunda década do século XXI no Brasil, encontram-se muito próximas aos homens em números absolutos e eram maioria em números de novos ingressantes na profissão. São também a maioria nas sociedades de advocacia em cargos iniciais e medianos,[118] porém ainda encontram dificuldades para avançar na carreira e, estatisticamente, figuram em proporção bem menor do que os homens nos cargos de poder e decisão, situação que as coloca em um estado de maior vulnerabilidade.

Considerando as mudanças que o universo jurídico tende a sofrer nas próximas décadas, a busca pela igualdade entre os sexos, no âmbito da advocacia, precisa enfrentar as dificuldades por dois vieses. Será necessário continuar enfrentando os entraves estabelecidos, como os estereótipos imputados às mulheres, a divisão do tempo nas tarefas domésticas, e também problematizar e encarar esse novo dilema, ainda sem muitas pesquisas e dados disponíveis para o desenvolvimento de soluções.

---

[117] *"En la sociedad de la información se necesita no sólo acceso a las nuevas tecnologías sino también a la educación, al desarrollo de la conducta emprendedora y a las oportunidades de empleo, así como también la capacidad de participar plenamente en las actividades basadas en el conocimiento. Dadas las barreras de género que enfrentan las mujeres – retos y roles que determinan sus habilidades para participar en pie de igualdad con los hombres – no se puede esperar que la brecha de género en la sociedad del conocimiento mejore automáticamente con el crecimiento económico. Por el contrario, para modificar este estado de situación son necesarias acciones específicas e intervención."*

[118] Como aponta Bertolin (2017, p. 222): "há algumas décadas o número de mulheres advogadas superou o de homens – e nas Sociedades de Advogados, quer como estagiárias, quer como advogadas empregadas ou associadas, elas são a maioria".

A FEMINIZAÇÃO (FEMINILIZAÇÃO) DAS PROFISSÕES

Importante salientar que o teto de vidro não é uma realidade só do Direito. As profissões historicamente poderosas, mesmo que numericamente feminilizadas, continuam resistindo às mulheres nos espaços de poder, pagando menos pelo seu trabalho e ignorando a realidade social das suas trabalhadoras.

4. Bipolaridade do Trabalho Feminino

4.1. As mulheres educadas, formadas e exaustas: a realidade profissional das mulheres altamente qualificadas

Segundo o Dicionário da Língua Portuguesa, bipolaridade é um nome feminino. Fisicamente, é "uma condição de um corpo que possui dois polos contrários" e, politicamente, é "grupamento das forças políticas de um país em dois blocos opostos" (INFOPÉDIA, 2013-2018c). Logo, quando pensamos a bipolaridade do trabalho feminino, nos deparamos tanto com a distância física entre as mulheres na estrutura social, na qual as ricas encontram-se no topo e as pobres na base, como com a distância política das forças, dos desejos, das reivindicações das mulheres qualificadas e das sem qualificação.

O título deste capítulo é uma referência ao artigo publicado em 2000 por Cristina Bruschini e Maria Rosa Lombardi (2000, p. 101), sobre a participação das mulheres no mercado de trabalho nos dois extremos da pirâmide econômica: as profissionais qualificadas, com os bons empregos, e as profissionais sem qualificação, em empregos de baixo rendimento, que no Brasil costumam ser os de empregada doméstica. As autoras terminam o artigo com a colocação que pauta este capítulo: "Ironicamente, é no trabalho das empregadas domésticas que as profissionais frequentemente irão se apoiar para poder se dedicar à própria carreira. Este é o elo que une os dois polos analisados".

Há algum tempo, as mulheres estão inseridas no mercado de trabalho na maioria das esferas e nichos e parte delas compõe a estrutura capitalista com altos ganhos e presença significativa. Em 1991, segundo o Censo, 16% da força de trabalho feminina brasileira atuava em ocupações de prestígio, o que representava 2,8 milhões de mulheres (Bruschini; Lombardi, 2000, p. 85). Contudo, as mulheres, mesmo as que conseguiram alcançar as carreiras economicamente rentáveis, continuam a vivenciar a dupla jornada de trabalho, o peso maior pela manutenção da vida, a dificuldade de conciliação entre a maternidade e a carreira e, no Brasil, a gerência da terceirização das funções domésticas a outras mulheres menos qualificadas.

Em uma interessante pesquisa feita em 1994, Perkins e DeMeis, dois professores do Hobart and William Smith College,[119] analisaram a relação da segunda jornada[120] entre os jovens profissionais com educação superior nos Estados Unidos. A organização social americana não incorpora nas classes médias a terceirização do trabalho doméstico.[121] O ordenado do americano típico não consegue arcar com a contratação de mão de obra para funções como lavar, cozinhar, cuidar da prole e arrumar a casa.[122] Esses professores analisaram como a segunda jornada de trabalho se materializa entre homens e mulheres filhos da geração *baby boomer*,[123] que chegaram à universidade familiarizados com as pau-

---

[119] Hobart and William Smith College é uma faculdade no estado americano de Nova York formada pela junção de duas escolas, uma para mulheres e uma para homens. Em 1849, ela formou a primeira médica americana: Elizabeth Blackwell. Em 2018, o centro universitário recebeu o 18º lugar entre 382 melhores centros universitários americanos pela Princeton Review (Hobart and William Smith Colleges, s.d.).

[120] *Second-Shift* ou segunda jornada é uma expressão criada no livro *The Second Shift: Working Parents and the Revolution at Home*, publicado por Arlie Russell Hochschild em 1989, e significa o trabalho doméstico realizado após o período laboral.

[121] O trabalho doméstico remunerado não é uma realidade para as famílias americanas de classe média. Segundo estatísticas do Departamento de Trabalho dos Estados Unidos, em 2012 o país contava com 922.660 empregadas de arrumação e limpeza, entre as que trabalhavam em hotéis, hospitais, casas de repouso e prédios. As empregadas em residências e condomínios somavam pouco mais de 100 mil trabalhadoras, uma quantidade ínfima em relação à população de mais de 250 milhões de pessoas (United States Departement of Labour, s.d.).

[122] O rendimento médio de uma empregada de arrumação e limpeza, nos Estados Unidos girava em torno de $22,860 mil dólares ao ano em 2012, sendo que o rendimento médio das famílias americanas em 2016 era de $59,039 mil dólares. Logo, contratar o serviço de uma empregada doméstica comprometeria algo em torno de 38% do orçamento de uma casa. Ver United States Departement of Labour, s.d. e Semega; Fontenot; Kollar, 2017).

[123] *Baby boomer generation* é uma expressão que delimita a geração nascida após a Segunda Guerra Mundial, entre 1946 e 1964. Países ricos, principalmente os Estados Unidos, Ingla-

tas feministas, com o trabalho das mulheres e com a divisão das tarefas em casa. O que eles perceberam é que os jovens americanos qualificados de ambos os sexos, no final do século XX, estavam inseridos no mercado de trabalho corporativo em porcentagens próximas: 83% dos homens e 72% das mulheres (PERKINS; DEMEIS, 1996). No entanto, quando avaliados apenas os solteiros ou casais sem filhos, as porcentagens eram muito homogêneas. Oitenta e nove por cento dos homens solteiros e 92% dos homens com parceiras, mas sem filhos, trabalhavam em tempo integral. Entre as mulheres, 91% das solteiras e 89% das que residiam com um parceiro, mas sem filhos, eram profissionais em horário integral (PERKINS; DEMEIS, 1996, p. 83). Esses jovens, com filhos ou não, gastavam com o trabalho doméstico em média 10,1 horas por semana para os homens e 15,6 para as mulheres (PERKINS; DEMEIS, 1996, p. 81). Por outro lado, eles trabalhavam em média 49 horas por semana, e elas, 36 horas.[124]

Todavia, a dúvida da pesquisa era como se comportavam os casais em que homens e mulheres trabalhavam em período integral. A conclusão refletiu uma realidade muito comum na fala das mulheres profissionais: a chegada dos filhos faz com que as mulheres aumentem e os homens diminuam tempo gasto com afazeres domésticos:

> Lavar roupa, preparar o jantar, administrar as finanças e realizar a manutenção do carro claramente ocorria com menos frequência entre os homens que haviam alcançado a paternidade. As contribuições dos homens para os lares no cuidado de animais de estimação, no trabalho no quintal e no

terra, Austrália e Canadá tiveram um aumento considerável da taxa de natalidade. Os anos dourados do *welfare state* proporcionaram uma sensação de prosperidade, de paz social e de desenvolvimento econômico que culminou em uma geração com maior expectativa de vida, com acesso as novas tecnologias, a televisão, a viagens de avião, ou seja, uma geração construída nas benesses da modernidade. Nos países acima citados, em especial nos Estados Unidos, foi essa geração, que quando jovem, engajou-se nos movimentos feministas, contra a guerra do Vietnã e a favor da igualdade racial. Os homens e mulheres dessa geração são os pais da geração Y, nascida por volta de 1980, e expostos, desde novos, a conceitos como direitos das mulheres, combate ao racismo, multiculturalismo, entre outros (WILSON; SIMSON, 2006)

[124] Importante ressaltar que essa média é feita a partir de um total em que 13% das mulheres eram donas de casa e a porcentagem de homens na mesma situação era de apenas 1% (PERKINS; DEMEIS, 1996, p. 81).

DIREITOS DAS MULHERES

esvaziamento do lixo aumentaram nos estágios familiares. Por outro lado, nenhuma atividade doméstica foi menos frequente entre as mulheres com relações familiares. Todas as atividades mostraram estabilidade ou taxas mais altas com os níveis mais altos, em especial as associadas à maternidade (PERKINS; DEMEIS, 1996, p.86, tradução nossa).[125]

Aproximadamente 70% dos homens e 80% das mulheres que trabalhavam em horário integral, casadas ou morando com um parceiro, gastavam entre cinco e dezenove horas por semana em tarefas domésticas. Porém, com a chegada dos filhos, mais de 60% das mulheres passaram a gastar no mínimo vinte horas por semana nessas tarefas. Os homens, por sua vez, mantinham a porcentagem de mais de 75% gastando até dezenove horas quando se tornavam pais (PERKINS; DEMEIS, 1996, p. 84). Para as mulheres, a maternidade aumentava algo em torno de 21 horas semanais. Para os homens, esse aumento era em torno de cinco horas (PERKINS; DEMEIS, 1996, p. 83).

Observando as atividades da citação acima, podemos perceber que a paternidade aumentava atividades externas, como cuidar dos animais de estimação, do quintal, retirar o lixo, enquanto as atividades internas como lavar, passar e cozinhar ficavam a cargo das mulheres. A pesquisa concluiu que esse grupo social – jovens formados em faculdades, crescidos entre os anos 1970-1980[126] educados por pais da geração das lutas

---

[125] "*Doing laundry, preparing dinner, managing finances, and performing car maintenance clearly occurred less often among the men who had reached fatherhood. Men's household contributions in pet care, yard work, and emptying garbage increased across family stages. By contrast, no household activities were less frequent among women with expended familial relations. All activities showed stability or higher rates with the higher levels most notably associated with motherhood.*"

[126] O recorte da pesquisa era: "Este estudo examina se as diferenças de gênero em relação a segunda jornada – total de horas, tipos de atividades ou senso subjetivo de obrigação – reflete diferenças persistentes na socialização de gênero sobre o trabalho doméstico, independente da fase familiar ou se emerge no contexto em que os jovens adultos estão envolvidos parceiros ou crianças. Conduzimos essa exploração de diferenças de gênero em mudança de atividade dentro de uma amostra de adultos jovens educados em faculdades contemporâneas durante os anos 1970 e 1980, quando as questões das mulheres eram altamente visíveis" (p. 80, tradução nossa). No original: "*This study examines whether gender differences in various measures of second-shift activity-total hours, types of activities, or subjective sense of obligation-reflect persistent differences in gender socialization about housework, regardless of family stage, or emerge in contexts where young adults are involved with partners or children. We conduct*

por igualdade de gênero –, quando sem filhos, dividem de forma mais igual as tarefas domesticas. Porém, a partir da entrada das crianças, as mulheres passavam novamente a ser sobrecarregadas, mesmo aquelas que participavam de forma integral do mercado de trabalho. Os pesquisadores fazem uma importante reflexão: se analisarmos a sobrecarga das mulheres com o trabalho doméstico apenas pelo viés de que essa situação é reflexo de um ensinamento familiar/social, não apresentamos respostas sobre a desigualdade se configurar a partir da chegada dos filhos, e não quando iniciam a vida em conjunto.

A participação igualitária encontrada entre mulheres e homens solteiros em atividades domésticas desafia a visão de que as diferenças de gênero no trabalho doméstico refletem simplesmente um padrão culturalmente aprendido, segundo o qual as mulheres aprendem que fazer o trabalho doméstico para si e para outro como parte de sua identidade de gênero. Se as mulheres estivessem representando esse tipo de socialização de gênero aprendido durante a infância, então as diferenças de gênero deveriam ocorrer em todos os estágios da família, incluindo o estágio de solteiros; no entanto, diferenças significativas apareceram apenas nos estágios de casamento/coabitação e parentalidade (PERKINS; DEMEIS, 1996, p. 87, tradução nossa).[127]

Essas mulheres americanas estavam convencidas do seu papel no mercado de trabalho e tinham formação para exercer funções de destaque. Esses homens estavam preparados para conviver com as mulheres nos empregos, sabiam que teriam que fazer tarefas domesticas, mas na hora que essas tarefas passaram a ocupar parte significativa do tempo do casal e poderiam se tornar empecilhos ao trabalho remunerado, os homens se retraíam e as mulheres aumentavam a sua carga.

---

this exploration of gender differences in second- shift activity within a sample of contemporary college-educated young adults raised during the 1970s and 1980s when women's issues were highly visible".

[127] *"The equal participation found among single women and men in domestic activities challenges the view that gender differences in household work simply reflect a culturally learned pattern whereby women are taught that doing housework for oneself as well as for other is part of their gender identity. If women were acting out this type of gender socialization learned during childhood, then gender differences should occur at all stages of the family including the singles stage; however, significant differences appeared only at marriage/cohabitation and parenthood stages."*

DIREITOS DAS MULHERES

A realidade apresentada acima não é específica dos Estados Unidos. Hirata, em artigo sobre o trabalho doméstico, informou que, em 2002 na França, berço do feminismo moderno ocidental, contava com 80% das mulheres inseridas no mercado de trabalho, as quais representavam 36% dos "executivos e profissões intelectuais superiores", situação que ela relaciona a "aos enormes progressos na escolarização das meninas". Porém, apesar da consolidada presença feminina no mercado de trabalho e nos cargos de maior poder, 80% dos afazeres domésticos ainda eram realizados por elas (HIRATA, 2004, p. 43).

Uma pesquisa do Centro Nacional de Pesquisa da França (CNRS) realizada em 1999 apontou que as trabalhadoras e trabalhadores franceses solteiros e sem filhos declaravam trabalhar em média 38 horas e meia por semana. Em relação às tarefas de casa, as mulheres solteiras despendiam por volta de 24 horas semanais, enquanto os homens em torno de quinze horas (BARRERE-MAURISSON; RIVIER, 2001, p. 2). Em relação aos casais sem filhos, o tempo de trabalho era aproximadamente de 43 horas para eles e 34 horas para elas, e de afazeres domésticos, as proporções se mantinham bem próximas dos solteiros: 24 horas para elas e treze para eles. Contudo, como no exemplo americano, quando os filhos nasciam, as mulheres passavam a ter um aumento significativo na execução dos encargos da vida privada e familiar. As mães francesas passam a trabalhar menos (cerca de 25 horas semanais), mas gastam 25 horas com tarefas parentais, de cuidado com a prole, mais 36 horas em afazeres domésticos, como lavar, passar e cozinhar, somando um tempo semanal de mais de 87 horas entre as três funções: trabalhar, ser mãe e ser dona de casa. Já os pais franceses separavam apenas um pouco mais de treze horas para as funções parentais e doze horas para os afazeres domésticos; mesmo trabalhando mais do que as mulheres, por volta de 41 horas semanais, gastavam em torno de 67 horas semanais com as mesmas três atividades. Tal realidade lhes rendia vinte horas semanais a mais do que as mulheres para se divertirem, estudarem e fazerem *networking* (BARRERE-MAURISSON; RIVIER, 2001).

A concentração das responsabilidades domésticas nas mulheres não é novidade e nem uma realidade exclusiva de determinado país. Os Estados Unidos e a França, aqui usados como exemplo, são considerados paí-

BIPOLARIDADE DO TRABALHO FEMININO

ses desenvolvidos e, mesmo assim, a divisão sexual do trabalho[128] resiste e configura uma injusta disposição do tempo entre homens e mulheres. Pinnelli, do Departamento de Estatística da Universidade de Roma, conduziu um estudo em 22 países desenvolvidos a partir dos dados da Unidade de Atividades Populacionais-Comissão Econômica das Nações Unidas para a Europa, entre os anos de 1989 e 1997. Esse estudo constatou que:

> Em média, as mulheres trabalham mais que os homens: 35% de seu tempo semanal é dedicado ao trabalho, principalmente ao não remunerado (19,2%), centrado nas tarefas domésticas e, em menor medida, nos filhos. Os homens trabalham menos (30,3% de seu tempo semanal é dedicado ao trabalho) e seu tempo de trabalho é distribuído de maneira muito diferente (eles dedicam só 8,3% do tempo ao trabalho não remunerado). Em conclusão, eles têm mais tempo para si mesmos (69,7%, comparados com 67,3%) (PINNELLI, 2004, p. 72-3).

No Brasil, a divisão sexual do trabalho tem suas peculiaridades. A terceirização dos afazeres domésticos permite à mulher economicamente abastada relegar a outra mulher, economicamente vulnerável, a feitura do que socialmente seria sua responsabilidade. Segundo a Organização Internacional do Trabalho (OIT), em 2015 o Brasil contava com aproximadamente seis milhões de empregadas domésticas, um montante que nos colocava em primeiro lugar no mundo nesse seguimento de trabalhadoras (ILO, 2016, p. 14). Essa massa de trabalhadoras com pouca formação[129] tende a ter uma participação decisiva na empregabilidade das mulheres de classe média e alta. As domésticas preenchem lacuna da mãe (SORJ; FONTES; MACHADO, 2007, p. 557), e assim possibilitam que as mulheres bem-formadas possam vivenciar o mercado de trabalho em condições mais equiparadas aos homens.

---

[128] A Divisão Sexual do Trabalho está definida na nota de rodapé 68.

[129] Segundo o relatório da OIT, na América Latina o trabalho doméstico tende a ser o emprego possível para as mulheres sem educação formal: "Historicamente, o trabalho doméstico serviu de porta de entrada para o mercado de trabalho para mulheres na América Latina, especialmente para aqueles com pouca escolaridade formal" (tradução livre). No original: *Historically, domestic work has served as a gateway to the labour market for women in Latin America, especially for those with lower formal educational attainment* (OIT, 2013, p. 26).

DIREITOS DAS MULHERES

Vale ponderar que a mulher que terceiriza as responsabilidades domésticas para poder alçar uma profissão de maior destaque é a mulher branca, de classe média e alta e com formação profissional. Ela transfere para a mulher negra, de origem pobre e pouco estudo, as tarefas que essa mulher negra acumula com as suas próprias.

Em 2014, 14% das mulheres ocupadas eram trabalhadoras domésticas, num total de 5,9 milhões. Esse segmento permanece sendo a principal ocupação das mulheres negras: 17,7% delas eram trabalhadoras domésticas. No caso das mulheres brancas, há algumas décadas o emprego doméstico já deixou de ser a principal atividade econômica, ocupando 10% delas, atrás do comércio e da indústria (ANDRADE, 2016, p. 20).

No Brasil, o avanço da participação das mulheres com curso superior no mercado de trabalho está vinculado mais à possibilidade de transferir suas tarefas a outras mulheres do que à divisão mais igualitária entre homens e mulheres das responsabilidades familiares ou à oferta, pelo poder público, de mecanismos de auxílio à reprodução da vida.

Entretanto, a contratação de uma empregada não exime as mulheres de obrigações domésticas. A partir da análise dos dados da Síntese de Indicadores Sociais 2016 (PNAD/IBGE), o Brasil tinha, em 2015, 54 milhões de homens e 40,4 milhões de mulheres ocupados. Entre esses, 28,6 milhões de homens e 36,7 milhões de mulheres realizavam algum afazer doméstico (PNAD/IBGE, 2016, p.69), o que corresponde, respectivamente, a 52,9% deles e 90,8% delas.

Em relação ao tempo, a realidade das mulheres brasileiras não é diferente das demais. A mesma pesquisa observou que, em 2015, os homens trabalhavam, em média, 40,8 horas, e se dedicavam a afazeres domésticos mais 10 horas, somando 50,1 horas semanais. As mulheres, por sua vez, trabalhavam, em média, 34.9 horas, gastavam mais 20,5 horas nas tarefas de casa, somando 55,1 horas semanas. Isso significa que, em 2015, os homens brasileiros contavam com 5 horas livres a mais do que as mulheres (PNAD/IBGE, 2016, p. 81).

Outro ponto sensível à análise é a estatística de que 90,6% das mulheres brasileiras com mais de 14 anos realizam afazeres domésticos, o que demonstra que praticamente todas as mulheres capazes de realizar tais atividades as estão realizando, independente da classe econômica e de estar ou não ocupada. Os homens, por sua vez, também estão inseridos na obrigação dos afazeres, mas em menor escala: a média masculina é de 74,1% e, como demonstrado acima, quando ocupados, cai para pouco mais de cinquenta por cento (PNAD/IBGE, 2016).

Apesar de os dados gerais mostrarem que quase 2/3 dos homens realizam afazeres domésticos, quando desmembramos a pesquisa em tela, observamos que 95,7% das brasileiras fazem e servem comida e lavam a louça, enquanto apenas 58,5% dos homens executam essas tarefas (PNAD/IBGE, 2016). A brasileira está na cozinha, mesmo que esteja também nas salas de reunião, diante das mesas de cirurgia ou nos tribunais.

A pluralidade de obrigações das mulheres na atualidade produz diversas consequências, contudo, em relação às profissionalmente vitoriosas, a psicologia tem percebido o efeito dessas múltiplas responsabilidades na vida dessas mulheres. Rocha-Coutinho publicou em 2004 o resultado de uma pesquisa realizada com 25 mulheres universitárias do Rio de Janeiro, entre 18 e 28 anos, sobre o discurso social e a posição social da mulher nas suas expectativas em relação à maternidade, ao trabalho, à casa, ao marido e a si própria. Sua conclusão foi que as mulheres estão se despindo do imaginário de Cinderela – princesa à espera do príncipe – para o ideal de Mulher Maravilha, capaz de ser tudo, realizar todas as funções, lutar contra o mal e ainda estar linda e disponível:

> Para nossas entrevistadas a mulher de hoje deve ser múltipla: profissional competente, culta, inteligente, boa dona de casa, mãe zelosa, sem deixar de cuidar da aparência e investir na saúde [...] a mulher de hoje apenas multiplicou funções, mas ainda não dividiu responsabilidades. A sociedade atual exige, e a própria mulher acaba exigindo de si mesma, que ela seja múltipla. Assim, a Cinderela, que povoou a imaginação de tantas mulheres de gerações anteriores, acabou por se transformar na Mulher Maravilha, que a geração atual aprendeu a admirar e cultuar na infância (ROCHA-COUTINHO, 2004, p. 14).

Em 2010, Maluf e Kahhale (2010, p. 178) conduziram uma pesquisa com 45 executivas em idade reprodutiva na Cidade de São Paulo sobre o papel da mulher contemporânea na maternidade, na família e as relações de gênero em geral. Eles perceberam que:

DIREITOS DAS MULHERES

Com a entrada das mulheres no mercado de trabalho, as condições que elas enfrentam são mais adversas, o que acarreta maior prejuízo para seu bem-estar subjetivo. Com certeza, para dar conta de seus novos papéis, essas mulheres têm seu nível de stress aumentado, tanto físico quanto psicológico.

O que se observa é que as mulheres com autonomia econômica, que conseguiram se estabelecer no mercado de trabalho em uma posição de destaque, transferiram para outras mulheres parte das tarefas que a sociedade entende como suas. Entretanto, a gerência da vida cotidiana, a responsabilidade de observar a educação dos filhos, as compras da casa, os apontamentos médicos dos idosos, as agendas e necessidades dos empregados domésticos ainda recaem, quase que exclusivamente, sobre a mulher, mesmo que ela trabalhe em período integral. Muitas vezes, isso ocorre mesmo nos casos nos quais ela é a maior ou única provedora da família.

O *modus operandi* da desigualdade de gênero não é estático. As forças que moldam os papéis sociais são compostas por diversos fatores. Porém, as desigualdades entre os sexos ainda estruturam as vidas dos homens e mulheres.

A divisão sexual do trabalho não é um dado rígido e imutável. Se seus princípios organizadores permanecem os mesmos, suas modalidades (concepção de trabalho reprodutivo, lugar das mulheres no trabalho mercantil etc.) variam fortemente no tempo e no espaço (KERGOAT, 2000, p. 2).

A naturalização do cuidado na figura da mulher, essa intransponível e invisível linha que colocou, desde sempre, as funções vinculadas ao amor, ao carinho e ao doméstico como inerentes ao sexo feminino, não sumiu na contemporaneidade. As igualdades jurídicas, a entrada das mulheres no mundo produtivo e a ultrapassagem numérica delas nas universidades não foram suficientes para redefinir o trabalho reprodutivo[130] e, assim, liberá-las do irrefutável afazer do zelo.

---

[130] Como explicam Melo e Castilho (2009, p. 137): "a maioria dos homens exerce suas atividades no mercado de trabalho capitalista (o chamado 'trabalho produtivo') e as mulheres dividem seu tempo 'naturalmente' entre a produção de mercadorias fora de casa e a realização das tarefas domésticas relativas aos cuidados da família (o dito 'trabalho reprodu-

4.1.1. Opção de continuação dos estudos como saída para o emprego pouco rentável

Nas primeiras duas décadas do século XXI, o Brasil viveu um aumento considerável do número de pessoas com curso superior. Os dados da estatística de gênero do IBGE apontam que, em 2000, o Brasil tinha 6,7% da população com curso superior; entre as mulheres, a porcentagem era de 7% e, entre os homens, de 6,5%. Em 2010, 11,3% da população brasileira tinha o curso completo, contudo entre as mulheres esse índice era de 12,5% e entre os homens de 9,95% (IBGE, 2010). Em dez anos, 5% a mais de brasileiras adquiriram a formação em debate e, entre os brasileiros, o aumento foi de 3,45%.

A continuação dos estudos após o término da graduação é uma tendência nos sistemas educacionais no mundo. A pós-graduação se prolifera e ganha adeptos no mundo inteiro. Segundo a Organização para Cooperação e Desenvolvimento Econômico (OCDE), o número de doutores cresceu consideravelmente no mundo desde no final do século XX, incluindo países em desenvolvimento (OECD, 2016, p. 146). Para exemplificar, Índia, Turquia e África do Sul integraram a lista dos quinze países com o maior número de doutores titulados em 2014 (OECDILIBRARY, s.d.).

O Brasil, que não figura na lista, mas também vivenciou a ampliação dos cursos de pós-graduação e o crescimento dos mestres e doutores. O estudo produzido pelo Centro de Gestão e Estudos Estratégicos (CGEE) apontou que, de 1996 a 2014, o Brasil passou de 1.187 para 3.620 programas de mestrado (CGEE, 2016, p. 21). No doutorado, os números variaram de 630 em 1996 para 1.954 em 2014 (CGEE, 2016, p. 41).

Além do aumento dos cursos de pós-graduação *stricto sensu*, isto é, voltados para a formação de professores e pesquisadores, e o desenvolvimento da pesquisa nacional,[131] o Brasil tem vivido o crescimento e a pulverização dos cursos de pós-graduação *lato sensu*, isto é, cursos que formam especialistas em determinada área para atuar no mercado. Dife-

---

tivo'). O trabalho reprodutivo tem um grande significado para o bem-estar do ser humano. Porém, como não tem caráter mercantil, é ignorado pelas ciências econômicas e desvalorizado pela sociedade, que dele depende para se reproduzir".

[131] O Parecer CES/CFE 977 de 1965 determina que os cursos de mestrado e doutorado têm a função de: "ser de natureza acadêmica e de pesquisa e, mesmo quando voltado para setores profissionais, ter objetivo essencialmente científico" (CAPES, 2014).

rentemente dos cursos de graduação e pós-graduação *stricto sensu*, as especializações não precisam de autorização para serem criadas, desde que quem ofereça seja uma instituição de educação superior (Resolução CNE/CES nº 1/2007), o que possibilita que o mercado de educação superior abra salas virtuais e presenciais a partir da demanda do mercado.

Entretanto, o investimento estatal é destinado à produção cientifica e recai nos cursos de pós-graduação *stricto sensu* por reconhecer a importância do trabalho realizado nas pesquisas para o desenvolvimento do país.

O Brasil, desde 1951, conta com uma Coordenação de Aperfeiçoamento de Pessoal de Nível Superior[132] (CAPES) um órgão destinado a garantir "existência de pessoal especializado em quantidade e qualidade suficientes para atender às necessidades dos empreendimentos públicos e privados que visam ao desenvolvimento do país" (art. 2ºa, Decreto nº 29.741/1951) e uma das suas funções basilares é a oferta de oportunidades de recursos para a pesquisa.

No mesmo ano, foi criado o Conselho Nacional de Desenvolvimento Científico e Tecnológico (CNPq), que ficou com a determinação de formular e conduzir as políticas de ciência, tecnologia e educação (CNPq, s.d.). Apesar das duas entidades estarem ligadas a Ministérios diferentes – a CAPES ao Ministério da Educação e o CNPq ao Ministério da Ciência e Tecnologia –, ambos são responsáveis pelo incentivo à produção cientifica no país e são os financiadores da grande parte das bolsas disponibilizadas aos pesquisadores de mestrado e doutorado no país.

No âmbito da pesquisa, o CNPq disponibilizou a estatística de bolsas implementadas entre 2001 e 2015.[133] Os números mostram um aumento

---

[132] Em 1951, a Capes era a Campanha Nacional de Aperfeiçoamento de Pessoal de Nível Superior, comissão vinculada ao Ministério de Educação e Saúde (Decreto nº 29.741, de 11 de julho de 1951), tornando-se a Coordenação Nacional de Aperfeiçoamento de Pessoal de Nível Superior, a partir do Decreto nº 53.932, de 26 de maio de 1964.

[133] A Coordenação de Aperfeiçoamento de Pessoal de Nível Superior (Capes), disponibiliza através do GEOCAPES – Sistema de Informações Georreferenciadas | CAPES informações sobre as concessões de bolsa no país. Entre os quesitos estatísticos estão as grandes áreas de pesquisa, o nível acadêmico da bolsa, o status jurídico, a evolução orçamentária, entre outros. Entretanto, não há nenhuma referência sobre sexo. Dados disponíveis em: <https://geocapes.capes.gov.br/geocapes/> Acesso em: 06 maio 2018.

significativo de bolsas nesses quinze anos em todas as modalidades,[134] o total avançou de 45.643 em 2001 para 101.758 em 2015 (CNPq, 2015)[135] e na divisão de sexo, as mulheres ficaram abaixo dos homens na maioria dos anos, com exceção de 2011, 2012 e 2014.

No entanto, somando todas as bolsas implementadas, as mulheres ficaram com 514.540 bolsas e os homens 528.578, uma diferença de 14 mil em um universo de mais de um milhão de bolsas, o que corresponde algo em torno de 1,4%. Pode-se considerar que a divisão numérica das oportunidades de pesquisa do CNPq foi, durante esses quinze anos, praticamente equivalente.

Todavia, observa-se que nas modalidades de financiamento, quanto mais elevada a bolsa maior a presença masculina. Enquanto as meninas representaram 56,8% dos beneficiados na modalidade iniciação cientifica, na modalidade Produtividade em Pesquisa destinada aos pesquisadores(as) com carreiras reconhecidas pelos seus pares, elas eram apenas 34%.

Assim como ocorreu com a graduação, os títulos de pós-graduação também viveram um crescimento exponencial a partir dos anos 2000. Entre 2000 e 2016, o Brasil passou de 28.671 pesquisadores doutores(as) e 14.561 pesquisadores mestres para, respectivamente, 146.759 e 50.333, em 2016, avanço de 511% no doutorado e 345% no mestrado (CNPq, s.d.).[136]

Em relação aos sexos, as mulheres entraram no século XXI inseridas na pós-graduação *stricto sensu* e nos espaços de pesquisa. Em 2000, as mulheres eram 39% dos pesquisadores líderes[137] e essa porcentagem se

---

[134] As modalidades de bolsa do CNPq numericamente significativas são: Iniciação Científica, ainda na graduação; Mestrado; Doutorado; Pós-Doutorado para a formação de professores e pesquisadores de alto nível; Produtividade em Pesquisa e Estímulo à inovação para Competitividade para professores doutores em carreiras consolidadas. As bolsas podem ser nacionais ou internacionais e os valores diferem pela complexidade e titulação do pesquisador e o local de pesquisa. Mais informações disponíveis em: <http://cnpq.br/apresentacao13/> Acesso em: 28 mar. 2018.

[135] Tabela disponível no site do CNPq: <http://cnpq.br/estatisticas1> Acesso em: 28 mar. 2018.

[136] Dados disponíveis no site do CNPq em <http://lattes.cnpq.br/web/dgp/por-titulacao-e--regiao> Acesso em: 24 mar. 2018.

[137] Segundo o CNPq, pesquisador líder é: "O pesquisador líder de grupo é o personagem que detém a liderança acadêmica e intelectual no seu ambiente de pesquisa. Normal-

mantinha pelas faixas etárias, com exceção das muito novas, entre 25 e 29 anos, as mulheres não ultrapassavam os 42%. Entre os não líderes a proporcionalidade entre os sexos era um pouco melhor, 45,7% para elas e 53,9% para eles. Em 2016 ficou mais igual: eram elas 46,6 dos líderes e 51,1 dos não líderes.[138] Além disso, entre os pesquisadores mais maduros, entre 45 e 54 as mulheres somavam 49% das líderes de pesquisa.

No meio dos pesquisadores(as) não líderes, quanto mais jovem, maior a porcentagem feminina, a ponto de que entre os muito jovens, até 24 anos, elas representavam 61% e os homens só eram maioria nesse quesito a partir dos 60 anos (CNPq, s.d.).

Sobre os estudantes, em 2000 as mulheres já eram a maioria dos mestrandos (52,1%) e 49% dos doutorandos (CNPq, s.d.), em 2016 elas eram 56,3% dos doutorandos e 58,9% dos mestrandos, consolidando, também na formação *stricto sensu*, a predominância feminina.

A tabela abaixo, produzida pelo Ministério da Educação, demonstra a superioridade das mulheres entre os estudantes de todos os nichos, com exceção do mestrado profissional. No que tange os títulos, elas ganharam deles em 2015 em todos os itens.

mente, tem a responsabilidade de coordenação e planejamento dos trabalhos de pesquisa do grupo. Sua função aglutina os esforços dos demais pesquisadores e aponta horizontes e novas áreas de atuação dos trabalhos" Disponível em: <http://lattes.cnpq. br/web/dgp/glossario;jsessionid=8aCcRiHFCMYNJgYVIJ8fPh3e.undefined?p_p_ id=54_INSTANCE_QoMcDQ9EVoSc&p_p_lifecycle=0&p_p_state=normal&p_p_ mode=view&p_p_col_id=column-3&p_p_col_count=1&_54_INSTANCE_QoMcDQ9E-VoSc_struts_action=%2Fwiki_display%2Fview&_54_INSTANCE_QoMcDQ9EVoSc_ nodeName=Main&_54_INSTANCE_QoMcDQ9EVoSc_title=L%C3%ADder+de+grupo+ de+pesquisa>

[138] Vale ressaltar que elas já eram a maioria dos pesquisadores(as) não líderes de 2008, segundo os dados do CNPq em <http://lattes.cnpq.br/web/dgp/por-lideranca-sexo-e-> Acesso em: 24 mar. 2018.

Tabela 8 – Total de bolsas concedidas por situação, nível, e sexo, ano de 2015.

Sexo	Doutorado		Mestrado		Mestrado profissional	
	Matriculado	Titulado	Matriculado	Titulado	Matriculado	Titulado
Feminino	54.491	10.141	66.439	26.443	13.529	4.376
Masculino	47.877	8.484	55.175	20.215	14.390	4.095
Total Geral	**102.368**	**18.625**	**121.614**	**46.658**	**27.919**	**8.471**

Fonte: Plataforma Sucupira (Capes/MEC) (CCS/Capes – com informações da Agência Brasil e CNPq).

No entanto, apesar da pós-graduação ter incorporado as mulheres de tal forma que elas ultrapassaram os homens, a divisão dos recursos, como já levantado acima, continua desigual.

Em 2014, as mulheres já eram, respectivamente, 59,3% e 55,9% dos pesquisadores de mestrado e doutorado, mas eram 52,4% e 51,1% das bolsas nacionais de mestrado e doutorado (CNPq, s.d.).

Mesmo sendo a maioria das doutorandas e mestrandas bolsistas, elas não conseguem a mesma proporção de bolsas do que os homens. Isso é, entre os homens que fazem pós-graduação *stricto sensu* é mais fácil obter o financiamento do que para uma mulher mesma posição.

Em 2014, 19.833 homens estavam integrados em um programa de mestrado; desse montante 4.388 tinham auxílio do CNPq, porcentagem de 22,1%. Entre as mulheres eram 28.932 estudantes e 4.833 bolsas, proporção de 16,7%. No doutorado, a realidade não era muito diferente. Entre os doutorandos, 18,9% tinham bolsa CNPq; entre as doutorandas, a porcentagem era de 15,5%.[139]

Entretanto, se compararmos com outras estatísticas, como rendimento salarial, em que as mulheres ganhavam em 2016 76% dos que recebiam os homens nos empregos formais (IBGE, 2017, p. 37), ou a participação pública, em que as mulheres correspondem a 10,5% dos deputados federais e apenas 37,8% dos cargos gerenciais (IBGE, 2018), a educação *stricto sensu* apresenta, na segunda década do século XXI, uma realidade mais igual do que a maioria dos espaços sociais.

[139] Os números foram obtidos a partir da tabela 2.9.1, disponibilizados pelo CNPq e dos dados da súmula estatística disponível pelo Diretório dos Grupos de Pesquisa no Brasil Lattes em <http://lattes.cnpq.br/web/dgp/home> Acesso em: 24 mar. 2018.

Não obstante aos números mais iguais entre bolsistas, essa igualdade não se reflete nos postos de trabalho da educação superior. Segundo o resumo técnico do Censo da Educação Superior, em 2014, o perfil do professor universitário, tanto da rede pública quanto da rede privada, era masculino (INEP, p. 36)

> Ao contrário da hegemonia feminina em praticamente todos os números relativos ao acesso ao ensino superior e à sua conclusão, o número de docentes do sexo masculino ainda é, em média, 10 pontos percentuais mais elevado do que o feminino. Em 2012, a composição ficou em 54,72% de homens e 45,28% de mulheres, e esta é uma média que se manteve mais ou menos inalterada no período avaliado (2006-2012) (BARRETO, 2014, p. 18).

Contudo, na esfera da pós-graduação *stricto sensu* e na conquista de bolsas de financiamento, as mulheres brasileiras têm vivenciado uma maior facilidade de acesso; elas são selecionadas nos processos seletivos e são contempladas com bolsas em proporções mais justas do que em outros nichos.

Isso posto, para avaliarmos se essa maior igualdade tem a ver com a abertura da academia para as mulheres, precisamos ponderar o momento histórico em que essa maior igualdade se consolidou. O Brasil viveu a partir do início do século XXI um período de mais de dez anos de crescimento e distribuição de renda. Entre 1994 e 2014, o Produto Interno Bruto (PIB) per capita por valores correntes cresceu R$ 2.232,00 para R$ 28.500 com uma inflação acumulada de 373,5%, o que significa que em 20 anos, ele aumentou três vezes e meia (IBGE, 2018). O rendimento médio mensal no trabalho principal, por sua vez, não teve aumento. Em 1995, ele era de R$ 1.397,02 e, em 2015, era R$ 1.686,02, sob uma inflação acumulada de 304%.[140] (IPEA, 2016).

Quando recortamos por sexo, os trabalhadores homens ganhavam, em média, R$ 1.724,01 em 1995, e R$ 1.913,8 em 2015, um aumento numérico de R$ 189,00.[141] As trabalhadoras recebiam, em média, R$ 912,8 em 1995 e R$ 1.383,87, em 2015, um aumento numérico de

---

[140] Base de cálculo de IPC-A IBGE, de 01 de janeiro de 1995 à 01 de janeiro de 2015. Calculadora disponível no site do Banco Central do Brasil.

[141] Como já ponderado não houve aumento de poder de compra, tendo em vista que o período teve mais de 300% de inflação.

R$ 471,07, crescimento de quase duas vezes e meia mais do que os homens, mesmo assim continuavam R$ 529,93 mais pobres do que eles.[142]

Segundo a pesquisa publicada pela Organização para a Cooperação e Desenvolvimento Econômico (OCDE), ter curso superior no Brasil tende a aumentar os ganhos em 157% em relação aos que detém apenas o ensino médio (OECD, 2017, p. 104).

Em 2015, segundo os dados do cadastro central de empresas (CEM-PRE) a média salarial dos trabalhadores com curso superior era de R$ 5.349,89 contra R$ 1.745,62, uma diferença de 206,5% (IBGE, 2015).

No que tange a diferença entre homens e mulheres com formação superior, Leone e Baltar (2006, p. 362) apontaram que, em 2004, a diferença de rendimento entre era de 40% e ponderaram que:

> No Brasil, as pessoas de nível de instrução superior têm rendimentos muito maiores do que as outras pessoas ocupadas em todas as posições na ocupação. Dessa forma, embora as diferenças de rendimento por sexo sejam muito grandes em todos os níveis de instrução, no caso dos empregadores e trabalhadores por conta-própria, as maiores diferenças absolutas por gênero se verificam no nível de instrução superior.

Em 2015, Leone publicou outra pesquisa em que foi apontada a manutenção da realidade acima apresentada. Com base na Relação Anual de Informações Sociais (RAIS) de 2010, os homens com curso superior ganhavam 69,0% mais do que as mulheres na mesma situação (LEONE, 2015, p. 86).

A mesma pesquisa apresenta outro dado interessante: em 2010, 22,7% dos empregos formais eram de origem pública e a média dos ganhos no setor público era 75,9% maiores do que no setor privado. O autor informa que "essa diferença de rendimentos em favor do setor público está estreitamente relacionada com a elevada proporção de empregos públicos que exigem nível superior de escolaridade" (LEONE, 2015, p. 86).

Quando separamos os setores públicos e privados para avaliação de sexo, verificamos que, entre os servidores com curso superior, os

---

[142] Os dados foram retirados da planilhas 10.1ª1 produzida pelo IPEA para Retrato das Desigualdades de Gênero e Raça e disponível em <http://www.ipea.gov.br/retrato/indicadores. html>, acesso em 27 mar 2018

homens ganham 66% a mais do que as mulheres e, na iniciativa privada, a porcentagem chega a 75% (LEONE, 2015, p. 87).

Tônia Andrade, em seu estudo técnico para o Senado Federal, aponta que as mulheres recebiam em 2011 uma média de R$ 17,7 por hora trabalhada, e os homens, 27,2, o que significa que o valor recebido por elas era 65% da hora paga a eles. Porém, quando o recorte é apenas entre os trabalhadores com formação superior, a diferença sobe para 76% no valor da hora trabalhada (ANDRADE, 2016, p. 59).

Além da diferença substancial entre os rendimentos dos profissionais com formação superior, também são as mulheres as que têm mais dificuldade de conseguir um emprego. A crise econômica de 2015 atingiu as mulheres de forma mais dura do que os homens. Em 2016, o Brasil tinha 12% de taxa de desocupação. Porém, entre as mulheres, esse percentual era de 13,8% e, entre os homens, 10,7% (IBGE, 2016).

Vale levantar a questão se, então, a escolha das mulheres pela continuação da educação após o curso superior não estaria vinculada mais a dificuldade de inserção no mercado de trabalho escolhido e, por isso, a busca de mais qualificação para concorrer com os homens do que uma preferência feminina pelo estudo.

Obviamente, não é possível determinar um motivo pelo qual as mulheres têm decidido galgar títulos de pós-graduação. Essa decisão perpassa por questões pessoais e familiares, pela história das mulheres com a função de educadora, pela possibilidade de administrar o horário para adequar as funções da casa e da prole.

No entanto, para corroborar com a hipótese de que a busca pela continuidade na educação após a formação superior tenha relação intrínseca com as dificuldades de ganhos e posições no mercado de trabalho, aponta-se dois dados: o aumento de títulos e a evolução da diferença salarial entre os sexos.

A partir de 2007, as mulheres são a maioria das concluintes do doutoramento. Isto é, há mais de DEZ anos, todos os anos mais mulheres do que homens recebem o título, chegando em 2015 ao número de 9.847 mulheres para 8.619 homens, uma diferença de 6 pontos percentuais e um numerário de 1.228 mais novas doutoras do que doutores.[143]

---

[143] Dados do painel lattes disponível em: http://estatico.cnpq.br/painelLattes/evolucaoformacao/ acesso em 29 mar 2018

Paralelamente, a diminuição da diferença salarial entre homens e mulheres acontece de forma muito tímida. Em 2000, as mulheres ganhavam 65,1% do que ganhavam os homens; 10 anos depois, essa porcentagem era de 67,6%, um aumento de 2,5%.

O Brasil é um dos países com a pior proporção para pagamento igual pelo mesmo trabalho. O relatório do Fórum Econômico Mundial aponta que estamos na posição 129 entre 144 países nesse quesito, e somos o 79º no âmbito da igualdade de gênero como um todo, muito atrás de países como a Nicarágua, que está em 10º, a Bolívia, que está em 23º, e a Argentina, que figura em 33º.[144]

Quando são observados os rendimentos das pessoas com curso superior, a disparidade entre os sexos é bem mais acentuada. Em 2015, o Brasil, junto como o Chile, situava-se em último lugar em relação à diferença salarial de homens e mulheres com curso superior (OCDE, 2015, p. 126).

A partir desse cenário, a vantagem numérica das mulheres sobre os homens na pós-graduação pode não estar ligada a uma propensão aos altos estudos, mas uma ferramenta para driblar as desigualdades do mercado de trabalho ou mesmo um mecanismo de empurrar por mais alguns anos esse confronto do qual, estatisticamente, elas não costumam sair vitoriosas.

4.2. As opções das mulheres sem formação acadêmica

Apesar dos avanços da educação brasileira e da maior participação das mulheres nesse processo, ter acesso à educação ainda é um direito limitado e condições socioeconômicas, culturais, regionais e de raça interferem no gozo desse direito. Entre ricos e brancos, a educação é bem mais difundida do que entre negros e pobres.

Em 1995, 15,5% dos brasileiros com mais de 15 anos não sabiam ler nem escrever. Em 2009, essa porcentagem caiu para 9,7%, diminuição de pouco mais de cinco pontos percentuais em 14 anos. Porém, se recortarmos a análise para apenas os estados do Nordeste, verificamos o aumento dos números para 14,5% entre os brancos e 20,5% entre os negros e, se olharmos apenas a área rural, chegamos ao patamar

---

[144] Dados disponíveis em http://reports.weforum.org/global-gender-gap-report-2016/economies/#economy=BRA acesso em 29 mar. 2018

de 32,5% da população sem as ferramentas básicas de leitura e escrita (IPEA, 2011, p. 21).

Os homens são o maior contingente de analfabetos: em 2007, 10,4% deles não sabiam ler nem escrever. Em 2015, essa porcentagem diminuiu para 8,3%. As mulheres eram 9,9% em 2007 e 7,7% em 2015 (IBGE, 2016). Todavia, saber ler e escrever não é suficiente na contemporaneidade. A educação básica no Brasil, aquela que todos os cidadãos deveriam receber, é composta de 12 anos letivos, entre educação fundamental e média.

Sua função é garantir que os brasileiros tenham ferramentas mínimas para desenvolver seus potenciais, para participar do mercado de trabalho, e para interagir e exercer as responsabilidades com a sociedade. Como explica o Ministério da Educação, a educação básica é "caminho para assegurar a todos os brasileiros a formação comum indispensável para o exercício da cidadania e fornecer-lhes os meios para progredir no trabalho e em estudos posteriores" (MEC, s.d.).

No entanto, em 2016, mais da metade da população brasileira acima dos 25 anos não tinha terminado o ensino médio e 17% não concluíram o ensino fundamental (OCDE, 2017, p. 50). Isso significa que dezenas de milhões de pessoas vivem, trabalham, criam seus filhos e filhas sem as condições consideradas essenciais para o desenvolvimento do seu papel no mundo, da sua capacidade de gerar riquezas, de buscar melhores oportunidades, de reivindicar direitos.

Em relação aos sexos, assim como na educação superior, as mulheres são as mais formadas na educação básica. Em 2010, 12,5% das mulheres brasileiras tinham diploma de curso superior, 25% do ensino médio, 14,4% do ensino fundamental e 47,8% não tinham terminado nenhum dos ciclos. Entre os homens, as porcentagens eram de 9,9% diplomados em curso superior, 24,1% no ensino médio, 14,9% no ensino fundamental e 50,8% sem nenhuma diplomação (IBGE, 2014, p. 106).

Observa-se também que o Brasil ainda configura entre os países com alta taxa de gravidez na adolescência. Segundo o Relatório do Fundo de População das Nações Unidas (UNFPA), entre 2006 e 2015, a taxa de fecundidade das adolescentes brasileiras foi de 65 para cada 1.000,[145] e

---

[145] Segundo a ONU, adolescentes são pessoas entre 15 e 19 anos. Em comparação com outros países, o Brasil se mantém entre os países com altos índices de gravidez entre as mulheres

a permanência dessas jovens na escola continua sendo uma dificuldade. No Brasil, 75,7% das mulheres entre 10 e 17 anos que têm filhos não estudam (IPEA, s.d.). Logo, se pensarmos que parte das mulheres interrompem seus estudos por terem engravidado e, mesmo assim, constituem a maioria dos diplomados, reforça-se o entendimento de que as mulheres participam mais dos espaços educacionais.

Isso posto, quando os dados são desagregados por raça e região, percebemos discrepâncias significativas. Por exemplo, entre as pretas e pardas, a porcentagem das que não têm nenhuma educação formal concluída é de 55%, e, se pinçarmos apenas o Nordeste, o montante é de 56%, quase dez pontos percentuais a mais do que a média nacional (IBGE, 2014, p. 106).

No âmbito do trabalho, em 2016 mais de noventa milhões de brasileiros com mais de 16 anos estavam ocupados. Dentre esse montante, 28,3% pertencia ao grupo que não tinha concluído nenhuma etapa da educação formal, 15,4% dos que tinham ensino fundamental, 37,9% ensino médio e 18,5% ensino superior.[146]

Entretanto, na análise dos números por sexo, a realidade modifica sensivelmente. Os homens eram mais de 51 milhões dos ocupados, em proporções de 33,2% sem formação, 16,8% com fundamental, 35,6% com médio e 14,4% com superior completo. As mulheres representavam um pouco mais de 39 milhões, distribuídas em 21,8% sem nenhum diploma, 13,6% com ensino fundamental, 40,8% com ensino médio e 23,8% com curso superior (IBGE, 2016).

Com o foco centrado nas mulheres, pode-se dizer que, no mínimo,[147] algo em torno de 30 milhões estavam ocupadas em funções que não exigiam formação superior. Segundo a PNAD Contínua, em 2016, 60% das mulheres estavam em atividades de educação, saúde e serviços. Entre as ocupações, o trabalho doméstico envolvia 14% das mulheres em geral,

---

dessa faixa etária. Na América Latina e Caribe, a proporção é de 64 para cada mil, e nos países mais ricos, é de 16 a cada mil (UNFPA, 2017).

[146] Fonte: IBGE. Pesquisa Nacional por Amostra de Domicílios Contínua, 2016, consolidado a partir das primeiras entrevistas.

[147] Não é possível dizer se as mulheres ocupadas com curso superior tinham a exigência do diploma para o trabalho que realizavam. Contudo nosso objetivo é apenas demonstrar a amplitude de mulheres sem condições educacionais de exercerem funções de nível superior.

mas respondia por 52,8% das sem formação, 22,2% das que tinham apenas o ensino fundamental e 24,4% das que tinham ensino médio (IBGE, 2016).

Além do serviço doméstico, os serviços em geral e o comércio configuram atividades constantes entre as mulheres. No comércio, segundo a pesquisa realidade pela Federação do Comércio de Bens, Serviços e Turismo do Estado de São Paulo (FECOMERCIO-SP), em 2016 as mulheres correspondiam a 48,2% de todas as carteiras assinadas no varejo e a 46,5% dos cargos de direção, gerência ou liderança da mesma área.[148]

No entanto, as mulheres não formadas atuam nesses nichos em posições auxiliares. Elas não são as gerentes de loja, as cabelereiras ou mesmo a atendente de rede de café caro. Essas funções provavelmente serão executadas por outra mulher com, no mínimo, a educação básica completa. Quanto menos qualificada, mais relegada é a mulher aos trabalhos braçais, exaustivos e de remuneração mínima, como faxineiras, cozinheiras e recepcionistas, o que acarreta ganhos baixos e pouca mobilidade social.

O emprego doméstico tem sido na história do Brasil o caminho natural das mulheres pobres não qualificadas. Essa função, que foi diminuindo sua existência no mundo, se mantém firme e forte na realidade brasileira em pleno século XXI, e percebe-se que, sempre que o país vivencia uma crise econômica, o número de mulheres nessa função aumenta.

A Organização Internacional do Trabalho (OIT) coloca o trabalho doméstico como "parte significativa da força de trabalho global no emprego informal e estão entre os grupos de trabalhadoras(es) mais vulneráveis" (OIT, *online*). Ela reconhece que esse tipo de trabalho faz parte do "núcleo duro do déficit de Trabalho Decente[149] no Brasil e no Mundo" (OIT, s.d.), o que indica a fragilidade das condições com as quais se deparam as trabalhadoras domésticas ao redor do mundo.

---

[148] Dados obtidos em http://www.fecomercio.com.br/noticia/cresce-participacao-das-mulheres-no-mercado-de-trabalho-formal-em-sao-paulo acesso em 04 abr. 2018

[149] Para a Organização Internacional do Trabalho (OIT), "o conceito de trabalho decente sintetiza a sua missão histórica de promover oportunidades para que homens e mulheres obtenham um trabalho produtivo e de qualidade, em condições de liberdade, equidade, segurança e dignidade humanas, sendo considerado condição fundamental para a superação da pobreza, a redução das desigualdades sociais, a garantia da governabilidade democrática e o desenvolvimento sustentável." (OIT, s.d.).

No que tange a realidade brasileira, segundo a OIT o Brasil é o país com o maior número de empregadas domésticas (OIT, 2017, p. 26), sustentando, como já ponderado neste trabalho, a expansão do trabalho para as mulheres de classe média e alta, que transferem às mulheres empregadas por elas as tarefas que a sociedade patriarcal relega ao sexo feminino.

Jurema Brites, em seu artigo sobre a relação ambivalente de afeto e desigualdade resultante do *modus operandi* do emprego doméstico no Brasil, expôs de forma muito clara a divisão dos papéis sociais:

> É esperado da empregada doméstica o cumprimento das tarefas de limpeza, do cuidado da casa, das crianças, dos velhos e dos animais de forma discreta e afetiva. Com isso, os outros membros adultos podem se dedicar a atividades remuneradas fora do lar. A mãe, além de trabalhar fora, toma para si os cuidados com saúde, higiene e decoração do lar, além de amparar e gerenciar os afetos e a rede de sociabilidade mais ampla. Do marido é esperada a parte principal da manutenção econômica da família, que dará respaldo ao investimento nas carreiras estudantis e sociais dos filhos (BRITES. 2007, p. 96).

No Brasil, até 2013 as empregadas domésticas não tinham os direitos garantidos desde a Constituição de 1988 para todos os outros empregados. A Emenda Constitucional nº 72, que finalmente igualou os trabalhadores domésticos aos demais, foi aprovada depois de um exaustivo debate político com viés bastante classista, em muitas vezes repleto de jargões preconceituosos sobre a função social do emprego doméstico. Danuza Leão, jornalista dos jornais o *Globo* e *Folha de São Paulo* à época, fez a seguinte declaração:

> Mas no Brasil, muitos apartamentos de quarto e sala têm quarto de empregada, e se a profissional mora no emprego, *fica difícil estipular o que é hora extra, fora o 'Maria, me traz um copo de água?'*. E a ideia de dar auxílio-creche e educação para menores de 5 anos dos empregados, é sonho de uma noite de verão, pois se os patrões mal conseguem arcar com as despesas dos próprios filhos, imagine com os da empregada (FOLHA DE S. PAULO, 24 mar. 2013, grifo nosso)[150]

---

[150] Artigo completo em http://www1.folha.uol.com.br/colunas/danuzaleao/2013/03/125 1556-a-pec-das-empregadas.shtml. Vale ressaltar que o referido artigo foi motivo da demissão da então jornalista pelo jornal Folha de São Paulo.

A Consolidação das Leis do Trabalho (CLT) foi promulgada em maio de 1943, sob o Decreto-Lei 5452. Em seu art.7º, ela claramente excluía as empregadas domésticas dos preceitos da lei. Mais do que não considerar para um ou outro dispositivo, a lei em tela retirou para as domésticas, por exemplo, a obrigatoriedade de salário igual para trabalho igual e a proibição de discriminação salarial por sexo. Apenas em 1972, quase 30 anos depois, o Estado brasileiro aprovou a Lei nº 5.859, específica para as empregadas domésticas, garantindo direitos como carteira de trabalho e previdência social. Porém, continuava muito aquém dos direitos já solidificados aos outros empregados.

Com o advento da Constituição de 1988 a situação do trabalho doméstico melhorou. Com a consolidação no art.6º dos direitos sociais e a inclusão do trabalho como um direito fundamental, garantiu-se às empregadas domésticas o salário mínimo, férias e décimo-terceiro salário. Contudo, o legislador constituinte não foi corajoso o suficiente para igualar os empregados domésticos aos demais, afirmando, a partir do parágrafo único do art. 7º,[151] os direitos das domésticas como diferentes dos demais tipos de empregados, desconhecendo o valor econômico desse ramo para o país.

A equiparação jurídica ocorrida em 2013 foi resultado de diversos fatores, mas a pressão internacional teve relevância inquestionável. Em 2011, a Organização Internacional do Trabalho (OIT) aprovou a Convenção nº 189, intitulada Convenção e Recomendação sobre Trabalho Decente para as Trabalhadoras e os Trabalhadores Domésticos, em que determina que os países membros legislem pela equiparação entre empregados domésticos e não domésticos.

> Artigo 6 – Todo Membro deverá adotar medidas para assegurar que trabalhadores domésticos, como os trabalhadores em geral, usufruam de condições equitativas de emprego e condições de trabalho decente, assim como, se residem no domicílio onde trabalham, assegurar condições de vida decentes que respeitem sua privacidade (OIT, 2012, p. 11)

---

[151] Na versão original da Constituição Federal o parágrafo único do art. 7º era: "São assegurados à categoria dos trabalhadores domésticos os direitos previstos nos incisos IV, VI, VIII, XV, XVII, XVIII, XIX, XXI e XXIV, bem como a sua integração à previdência social."

BIPOLARIDADE DO TRABALHO FEMININO

O Brasil só ratificou a referida Convenção em dezembro de 2017,[152] quando a equiparação jurídica já estava em vigor. Porém, as desigualdades causadas pela diferença legal somada à herança escravocrata resistem na sociedade e causam às mulheres condições piores na construção de suas vidas.

Segundo o Departamento Intersindical de Estatística e Estudos Socioeconômicos (DIEESE), entre 2004 e 2011, o perfil do empregado doméstico brasileiro era de mulheres, negras, entre 30 e 49 anos e apenas com o ensino fundamental incompleto (DIEESE, 2013). Essas trabalhadoras estão, em sua maioria, desprovidas de registro oficial de trabalho: em 2004, apenas 21,6% tinham carteira assinada, e, em 2011, essa proporção era de 24,5%. Porém, quando separamos por raça, observamos que em 2004 apenas 19,9% das negras tinham a segurança jurídica que 24,8% das brancas já gozavam e em 2011 – eram 22,5% de negras e 27,7% de brancas registradas (DIEESE, 2013, p. 11). Tais dados apontam que mesmo no espaço de vulnerabilidade, ser negra expõe a mulher a mais opressão e a menos direitos.

Essa mulher, negra e pouco escolarizada, acaba vislumbrando no emprego doméstico a sua única porta para o trabalho pago e muitas vezes o único caminho para o sustento da sua família, como ponderou Hildete Pereira de Melo (1998, p. 27): "o serviço doméstico remunerado tem um papel importante na absorção das mulheres de menor escolaridade e sem experiência profissional no mercado de trabalho. Funciona como a porta de entrada para as jovens migrantes rural-urbanas brasileiras".

Em um estudo sobre a mulher como principal responsável pelo domicílio realizado em 2006, os dados mostravam que 2,7 milhões de mulheres eram as principais provedoras de suas casas, o que na época representava 30% da força de trabalho feminina empregada. Essas mesmas mulheres eram mais velhas e menos formadas do que a média daquelas empregadas e, desse montante, 21,9% trabalhavam como empregadas domésticas (IBGE, 2006, p. 3).

Como apontou a Pesquisa Nacional por Amostra de Domicílios Contínua (PNAD), de dezembro de 2017 a fevereiro de 2018, o desemprego

---

[152] A ratificação ocorreu a partir da publicação do DECRETO LEGISLATIVO nº 172, de 2017.

no país atingiu 12,6% (Agência IBGE, *online*[153]). Entre 2014 e 2017, esse montante passou de 6,7 milhões de pessoas para 13,2 milhões (IBGE, 2018). Em relação a sexo e raça, em 2016, 50,1% dos desempregados eram mulheres; desse universo, as brancas representavam 36,7%, e as negras, 62,6% (IBGE/PNAD, 2017).

Paralelamente, os números de empregos domésticos cresceram. Em 2014, o Brasil tinha 5.973.000 (cinco milhões novecentos e setenta e três mil) empregadas; em 2017, esse número subiu para 6.177.000 (seis milhões cento e setenta e sete mil) (IBGE, 2018). Movimento oposto do que ocorreu com os trabalhadores da iniciativa privada, com ou sem carteira assinada, que em 2014 eram 46.988.000 (quarenta e seis milhões novecentos e oitenta e oito mil), e em 2017, caíram para 44.047,000 (quarenta e quatro milhões e quarenta e sete mil), mais de dois milhões e meio de pessoas deixaram de atuar como empregado do setor privado em três anos (IBGE, 2018).

Em sua agência de notícias, o próprio IBGE afirmou que o emprego doméstico foi um dos fatores que ajudou a frear o desemprego:

> No trimestre terminado em outubro, houve um aumento de 2,9% no número de trabalhadores domésticos, ou cerca de 177 mil postos de trabalho a mais, frente ao trimestre terminado em julho. Essa foi uma das principais contribuições para a queda na taxa de desocupação, de 12,8% para 12,2% nesses mesmos trimestres, segundo a Pesquisa Nacional por Amostra de Domicílios Contínua (PNAD-C) (Agência IBGE, online, 30.11.2017).

Ser empregada doméstica é o resultado de uma junção de fatores. A baixa escolaridade, o domínio do trabalho pela eterna execução dos afazeres domésticos em suas próprias casas, a disponibilidade de vagas mesmo em tempos de crise e a reafirmação, por parte das classes mais abastadas, da necessidade desse serviço, empurram a parcela mais vulnerável das mulheres para essa função.

Os homens, mesmo sem formação nenhuma, conseguem se inserir no mercado produtivo com mais facilidade do que as mulheres, como

---

[153] Dados disponibilizados no site https://agenciadenoticias.ibge.gov.br/agencia-sala-de--imprensa/2013-agencia-de-noticias/releases/20675-pnad-continua-taxa-de-desocupacao--foi-de-12-6-no-trimestre-encerrado-em-fevereiro.html acesso em 03 abr 2018

demonstraram os dados citados acima. Aos homens sem formação existem alternativas, ou mais do que isso, praticamente não existe a alternativa do emprego doméstico, já que 93% desses profissionais são mulheres (OIT, 2013, p. 26).

As opções das mulheres vão diminuindo na proporção que sua escolaridade também é menor. As com curso superior podem buscar oportunidades em seus ramos, ou em não as encontrando, podem exercer funções administrativas ou mesmo auxiliares no mercado produtivo. Para a mulher com formação básica completa, as chances estão concentradas nos serviços, no varejo e quando essas vagas não se abrem o emprego doméstico aparece como a última opção, ou mesmo a opção do momento até encontrar outro tipo de trabalho.

Agora, as mulheres sem formação, aquelas que não receberam do Estado brasileiro ferramentas mínimas para participar do meio produtivo vão achar no serviço doméstico o único caminho para angariar o sustento da sua família. Como explica Melo (1998, p. 323):

> O serviço doméstico remunerado é um bolsão de ocupação para a mão de obra feminina no Brasil, porque constitui culturalmente o lugar da mulher e a execução dessas tarefas não exige nenhuma qualificação. Essa atividade, por isso, é o refúgio dos trabalhadores com baixa escolaridade e sem treinamento na sociedade.

Elas se utilizam do saber adquirido por milênios pelas mulheres do cuidado com o outro, da responsabilidade pelo bem-estar dos demais e o colocam a serviço das famílias mais prósperas.

A manutenção dessa estrutura no Brasil possibilita que as outras mulheres possam entrar e progredir no mercado produtivo sem que a sociedade e/ou o Estado tenham que buscar meios de dividir as responsabilidades da manutenção da vida, do cuidado cotidiano da prole, da atenção aos idosos.

4.2.1. A terceirização da manutenção da vida: as outras mulheres

A revista Forbes[154] publicou em junho de 2017 uma lista com os 25 maiores CEO[155] do país. Entre eles, encontram-se três mulheres: Paula Bellizia, da Microsoft Brasil, Cristina Palmaka, da SAP Brasil e Chieko Aoki, dos hotéis Blue Tree.

As três são oriundas de famílias de classe média ou alta. Paula Bellizia é angolana, filha de portugueses, formada pela Faculdade de Tecnologia (FATEC)[156]; Cristina Palmaka fez ciências contábeis na Fundação Armando Álvares Penteado (FAAP) e MBA na Fundação Getulio Vargas; e Chieko Aoki é formada em Direito pela Universidade de São Paulo (USP).[157]

Todas elas, em entrevistas para revistas de grande circulação, ponderaram os desafios de conciliar família e trabalho. Paula, em uma reportagem da revista exame em 2016, quando questionada sobre a opção de deixar a Microsoft depois de dez anos na empresa afirmou: "Sou mãe, casada, e para mim trabalho não é tudo". E concluiu dizendo "Doeu muito, mas eu preferi deixar a empresa e permanecer no Brasil com a minha família" (EXAME, 15.08.2016)[158]. Em 2014, em entrevista para a revista Veja, Cristina respondeu à seguinte pergunta:

> A senhora também é mãe. Como organiza o seu tempo para dar conta das responsabilidades familiares e profissionais? É muito desafiador. Eu sempre fui uma pessoa muito estruturada por natureza e isso demanda um grau de disciplina muito grande. Além de ser mãe, também sou casada e tenho um marido espetacular. Além disso, também corro maratonas. É por isso que preciso ter uma disciplina incondicional para conseguir programar

---

[154] Revista Forbes é uma revista americana considerada umas das mais conceituadas no ramo de negócios. Em 2012, iniciou sua edição brasileira. Disponível em http://forbes.uol.com.br/listas/2017/07/os-25-melhores-ceos-do-brasil/

[155] CEO significa *Chief Executive Officer* em inglês, cargo correspondente a um diretor executivo no Brasil.

[156] FATEC é a faculdade de tecnologia do Estado de São Paulo, constituída em 1968, com o objetivo de formar, em cursos mais rápidos, mão de obra qualificada para o desenvolvimento tecnológico. Informações disponíveis em http://www.fatecsp.br acesso em 04 abr 2018.

[157] Os dados pessoais foram retirados das entrevistas.

[158] Reportagem disponível em: https://exame.abril.com.br/carreira/quem-deve-mandar-na-sua-carreira-segundo-a-ceo-da-microsoft/ acesso em 04 abr 2018.

tudo e respeitar os horários. O que costumo fazer é destacar os compromissos que são imprescindíveis e que não podem ser negociados, sejam eles profissionais ou familiares. Quando você cria uma agenda com seus eventos não negociáveis, é mais difícil se frustar, porque algumas coisas vocês realmente não vão conseguir fazer. Sei que algum um dia não vou conseguir buscar a minha filha na escola, mas nos finais de semana me dedico à família. Eu tenho trabalhado menos aos sábados e domingos. Se tenho algo muito importante para finalizar, cuido das pendências em horários alternativos. Quando estou com a minha filha, esse momento é exclusivo dela (Veja, 12.05.2014)[159].

Chieko, a única que não é mãe, também foi questionada sobre como lidava com a jornada dupla das mulheres. Ela rapidamente ponderou que apesar de não ter tido filhos, teve marido, familiares, e, por isso, as obrigações dessa natureza também a atingiam:

> [...] assumo uma série de papéis e atividades sociais que também exigem minha atenção assim como o meu trabalho. Isso tudo me permite entender um pouco do que as mulheres passam. Hoje em dia, as esferas profissional e pessoal se complementam nas vidas de muitas mulheres, por isso acho importante que saibamos ter equilíbrio para coordená-las (Trivago Magazine, 22 abr. 2016).[160]

O interessante das falas das três executivas não está na afirmação de que elas conciliam o trabalho com a família, ou que precisam de organização para acomodar todas as demandas da carreira, mas a referência ao casamento como função social que exige tempo e sacrifícios e a não referência ao grupo de trabalhadores – na sua maioria, mulheres que assumem as tarefas da reprodução do cotidiano para que essa mulher possa se tornar uma líder.

Lourdes Bandeira (2010, p. 48), em seu artigo sobre o uso do tempo apontou que, tanto homens quanto mulheres, quanto mais economicamente abastados, menor é o seu tempo gasto com atividades que ela

---

[159] Reportagem disponível em: https://veja.abril.com.br/tecnologia/brasil-tambem-tem-a--sua-presidente-de-ti/ acesso em 04 abr. 2018.
[160] Reportagem disponível em: http://magazine.trivago.com.br/entrevista-chieko-aoki/ acesso em 04 abr. 2018.

chama de passivas, isto é, assistir televisão, ler um livro, dormir, comer e realizar tarefas de cuidado, como lavar, passar, cozinhar. Por sua vez, os pobres têm menos acesso a espaços de lazer e cultura, menos oportunidades de estudo, de participação em associações e, por isso, concentram-se em atividades mais internas, mais domésticas.

Enfim, enquanto os primeiros, os integrantes dos segmentos sócio econômicos mais favorecidos, são voltados para as atividades do mundo exterior, os segundos, pertencentes aos segmentos menos favorecidos, vivem um cotidiano de vida em que o tempo parece correr mais lentamente, e bem menos diferenciado e mais voltado para o interior da família e da comunidade. Em ambos os casos as ocupações familiares e, sobretudo as atividades do cuidado com os filhos, não são compartilhadas entre homens e mulheres, sendo estas exercidas principalmente pelas mulheres (Bandeira, 2010, p. 48).

Logo, entre os mais ricos, as relações conjugais são menos assimétricas; ambos os sexos estão expostos às oportunidades da vida moderna, são demandados socialmente para estarem em vários lugares ao mesmo tempo e mesmo que as mulheres ricas continuem com a administração da vida, o fazer não é uma responsabilidade que as sobrecarrega. Tais tarefas são transferidas às mulheres contratadas para tal.

Hirata e Kergoat (2008, p. 271) cunham uma definição para essa transferência dos afazeres domésticos: "o modelo de delegação", que busca saídas alternativas para o acomodamento das tarefas profissionais e familiares, em especial das mulheres:

O modelo da delegação-desenvolvemos aqui a hipótese da emergência de um quarto modelo que substitui ou se sobrepõe ao modelo da conciliação.[161] O aparecimento desse modelo se deve a polarização do emprego das mulheres e ao aumento do número de mulheres altas funcionárias e em profissões intelectuais de alto nível superior. Isso foi possível graças a expansão acelerada dos empregos em serviços nos países capitalistas ocidentais, desenvolvidos e em vias de desenvolvimento, que trazem 'soluções' alternativas

---

[161] Segundo Hirata (2010, p. 46), "O modelo de conciliação: a mulher trabalha fora, mas concilia trabalho profissional e trabalho doméstico. O homem não concilia, não há exigências nesse sentido por parte das instituições da sociedade ou das normas sociais".

ao antagonismo entre responsabilidades familiares e profissionais (2008, p. 271).

Deddeca, Ribeiro e Ishii (2009) em artigo sobre as relações de gênero e jornada de trabalho, apontaram, com base na Pesquisa Nacional por Amostra de Domicilio (PNAD), que os homens, independente da formação acadêmica, gastam o mesmo tempo com os afazeres domésticos. As mulheres, por sua vez, têm uma diminuição diretamente oposta à sua formação, isto é, quanto mais qualificadas menos tempo dedicadas às tarefas do cotidiano:

> Os homens de escolaridade mais elevada são caracterizados por jornadas totais mais longas, por conta da elevação progressiva daquela. Quanto ao tempo destinado para a reprodução social, praticamente independe do nível de escolaridade e renda. As mulheres, porém, tendem a ter jornadas totais declinantes à medida que possuam escolaridade mais alta, pois, apesar da elevação das horas trabalhadas no âmbito do mercado, o tempo destinado à reprodução social se reduz conforme se eleva o nível de escolaridade (Deddeca; Ribeiro; Ishii, 2009, p. 78).

A delegação é o modelo instituído pelas famílias brasileiras em que ambos os cônjuges trabalham, ou em famílias monoparentais. Essa realidade não ocorre apenas nas classes médias e altas; as pobres também delegam para que seja possível o trabalho remunerado.

Contudo, a delegação entre as mais pobres se dá por meios menos formais, com parentes e vizinhos, e centrados no cuidado da prole, quando ainda muito pequenos e incapazes de permanecer sozinhos, e não na transferência das tarefas cotidianas, como lavar, passar e cozinhar, como ocorre nas classes mais altas.

Hirata e Kergoat (2008) reconhecem que no Brasil o emprego em horário integral – e, com isso, a diminuição dos afazeres domésticos –, é uma realidade para as mulheres intelectualmente formadas de classe média e alta. Porém, para as pobres o desenho social difere, pois, apesar da delegação ser necessária, a forma de execução dessa delegação é outra:

> As mulheres das camadas operárias e populares "se viram", tanto no âmbito profissional, pela aceitação de atividades, informações e de empre-

gos precários, quanto no âmbito doméstico, deixando a outros membros da família (filhos mais velhos) e às vizinhas as tarefas ligadas as crianças em idade pré-escolar (HIRATA; KERGOAT, 2008, p. 276).

Para as mulheres de classe média e alta, os afazeres domésticos não são mais vistos como uma obrigação a ser executada; a delegação é um modelo de vida, uma peça fundamental para a engrenagem do trabalho produtivo, pelo qual essas mulheres se preparam, desde pequenas, para participar ativamente.

As funções feitas na casa das executivas citadas acima e de tantas outras mulheres e homens, são realizadas por mulheres que necessitam aferir renda para a sua subsistência e que acumulam o trabalho doméstico na casa de seus patrões com os afazeres domésticos em suas próprias casas.

Contudo, o percurso de direitos das empregadas domésticas, finalmente se igualou na segunda década do século XXI ao dos trabalhadores em geral. Além disso, as melhoras econômicas vividas pelo Brasil na primeira década dos anos 2000 influenciaram as possibilidades de consumo e uma mudança no lugar social da profissão, como explicaram Carneiro e Rocha (2009, p. 125):

> As empregadas têm não apenas acesso a direitos que lhes garantem renda e certa estabilidade, elas contam também com vidas particulares separadas da casa e do domínio dos patrões e vivem num contexto urbanizado, em que o consumo de bens de conforto surge como uma possibilidade para "viver melhor".

O período de desenvolvimento econômico, de abertura de oportunidades educacionais e de uma melhor distribuição de renda ocorrida no país na primeira década do século XXI, modificou as relações entre empregada e patroa aproximando gostos, acesso a bens de consumo, a possibilidade de disfrutar de espaços nunca antes frequentados pelas domésticas como aeroportos, shoppings centers e afins.

A última década do Brasil foi caracterizada pela expansão educacional, ampliação do emprego, redução da desigualdade econômica, expansão do consumo por meio do crédito e ampliação do poder aquisitivo das famílias das camadas populares, em um contexto de maior aproximação simbólica entre as classes sociais, em especial as classes médias e populares. Televisão LCD, cabelo liso, fogão elétrico, geladeira *frost free* etc. são parte de um estilo de vida e consumo que não distingue o pertencimento de classe (BRITES; PICANÇO, 2014, p. 138).

No entanto, no comparativo econômico, o trabalho de empregada doméstica paga os rendimentos mais baixos em todos os nichos avaliados pelo IBGE. Segundo a PNAD Contínua, o rendimento médio do brasileiro/a empregado em janeiro de 2018 era de R$ 2.101,00 enquanto a média de rendimento das domésticas no mesmo período era de R$ 868,00, o que representa algo em torno de 41% dos ganhos dos outros trabalhadores.[162]

Todavia, apesar dos rendimentos das empregadas domésticas continuarem a ser bem inferiores ao dos trabalhadores(as) em geral, o IBGE apontou que entre, 2003 e 2009, o aumento do rendimento da população ocupada foi de 10,1%, o do emprego doméstico com carteira assinada foi de 24,5%, e sem carteira assinada, de 29,5% no mesmo período (IBGE, PME, 2010, p. 10). No entanto o maior percentual de aumento não possibilitou que a atuação doméstica saísse do último lugar entre os rendimentos analisados.

As mulheres profissionais, de classe média ou alta, consciente do seu papel como agente do mundo produtivo recorrem às mulheres sem instrução para preencher a lacuna dos afazeres domésticos. Mesmo que a legalidade esteja finalmente garantida no ordenamento jurídico brasileiro e que se tenha melhorado o rendimento das empregadas em comparação com o início do século, ainda resta uma desvalorização do trabalho reprodutivo e uma invisibilidade dessas trabalhadoras para o mundo produtivo.

A sociedade, e consequentemente, o Direito, vivem uma ambiguidade em relação ao papel social do emprego doméstico: se por um lado, é o arranjo que possibilita a inclusão de mulheres no mercado de trabalho em condições um pouco mais equânimes em comparação à dos

---

[162] Tabelas 30 e 34 da pesquisa Nacional por Amostra de Domicílio Continua dezembro-fevereiro 2018, disponível em https://www.ibge.gov.br/estatisticas-novoportal/sociais/rendimento-despesa-e-consumo/9171-pesquisa-nacional-por-amostra-de-domicilios-continua-mensal.html?=&t=resultados acesso em 11 abr. 2018.

homens, por outro, reforça o estereótipo de que as funções domésticas são inerentes à condição feminina e que o fazer significa não produzir economicamente e, por isso, o valor despendido para pagar por ele é inferior ao despendido para arcar com qualquer outro serviço.

Apesar da promulgação da igualdade formal entre trabalhadores(as) domésticos e não domésticos, a busca de soluções jurídicas e sociais que desconstruam esses dois pilares são ainda tímidas e pouco eficazes. Como colocam Abramo e Valenzuela (2016, p. 113):

> A possibilidade de uma articulação mais equilibrada entre trabalho e a vida pessoal e familiar é uma dimensão estratégica central para a promoção da igualdade de gênero no mundo do trabalho e está intrinsecamente relacionada ao conceito de trabalho decente.

Impera, ainda, a lógica de que os arranjos familiares são assuntos de ordem privada e que o Estado e, consequentemente, o Direito não devem interferir nesse universo.

4.3. O silêncio do Direito: o não Direito da divisão igualitária das funções da parentagem

A partir do final do século XIX início do século XX, o Direito moderno era ainda inundado de conceitos oriundos do liberalismo econômico, político e social resultante das revoluções inglesa (1668), francesa (1789) e americana (1791). A ideia de controlar o poder estatal e de limitar os mandos do soberano foram conceitos abarcados pela burguesia e introduzidos ao Direito como valor inquestionável na era da modernidade.

Os direitos à liberdade, à propriedade privada, à segurança e à resistência à opressão foram assegurados na Declaração de Direitos do Homem e do Cidadão em 1789 e constituíram a base da lógica sociojurídica de que, ao Direito, caberia apenas a regulação e a garantia desses direitos do homem individual, livre, ente isolado da sociedade, como explica Marilena Chauí (2000, p. 524):

> O centro da sociedade civil é a propriedade privada, que diferencia indivíduos, grupos e classes sociais, e o centro do Estado é a garantia dessa propriedade, sem, contudo, mesclar política e sociedade. O coração do liberalismo é a diferença e a distância entre Estado e sociedade.

Na esteira dos direitos civis liberais estão, por exemplo, o Direito à inviolabilidade de domicílio e o Direito à privacidade. Por exemplo, a Constituição americana garante, desde 1791, liberdade religiosa, liberdade de expressão, imprensa livre, inviolabilidade da residência e busca e apreensão sem justificativa legal.[163]

Tais garantias demonstram uma preocupação do Direito em impedir que o Estado invadisse a esfera privada da vida dos seus cidadãos, reforçando a ideia de que a liberdade residia em agir dentro das suas casas, nas suas relações familiares como assim desejar, deixando ao convívio comum a obrigatoriedade de seguir as regras jurídico-sociais impostas. Como aponta a explicação do Senado americano sobre a quarta emenda constitucional, *Every man's house is his castle*,[164] ou seja, a casa de cada homem é o seu castelo e, portanto, um espaço excluído do poder estatal.

No entanto, a partir do final da segunda guerra mundial, com os horrores do nazismo ainda frescos na memória do mundo ociental, esse conceito restritivo do lugar do Direito passou a ser questionado. Assim como a familia e a casa de um homem não eram passíveis de interferencia do Estado, as ações de um governo dentro do seu território também não eram questionadas pela comunidade internacional. Tal política causou um genocídio de mulheres e homens brancos e europeus em pleno século XX.

Em seu preâmbulo, a Declaração Universal dos Direitos Humanos de 1948 reconheceu a dignidade inerente ao ser humano e consagrou que todos e todas têm direito à liberdade, à justiça e à paz, colocando como aspiração humana uma sociedade livre do terror e da miséria, reconhecendo assim que a situação econômico-social de um indivíduo determina o gozo, ou não, dos direitos humanos. Em seus artigos, a declaração ainda elencou direitos sociais, como renda suficiente para uma vida digna (art. 25) e a educação mínima gratuita, ofertada pelo Estado (art. 26).

Como afirma Boaventura de Souza Santos (1989, p. 3), "os direitos humanos são parte integrante do projeto de modernidade" (1989,

---

[163] Garantias da 1ª, 3 e 4ª emenda constitucional dos EUA, disponível em https://www.senate.gov/civics/resources/pdf/US_Constitution-Senate_Publication_103-21.pdf acesso em 12 abr 2018.

[164] Citação disponível em https://congress.gov/constitution-annotated.

p. 03) e impõe à sociedade ocidental uma dinâmica nova entre direitos e deveres. Ao Estado, até então o ente a ser limitado, passa a ser agente da efetivação de direitos. A sociedade pós-Segunda Guerra Mundial quer mais do Estado, como explica Santos (1988, p. 5):

> Trata-se de um projecto de grande complexidade rico em ideias novas e ilimitado nas suas promessas. Tem por objetivo vincular o pilar da regulação ao pilar da emancipação e de os vincular a ambos à concretização de objectivos práticos de racionalização global da vida colectiva e da vida individual. Esta dupla vinculação visa assegurar o desenvolvimento harmonioso de valores tendencialmente contraditórios, da justiça e da autonomia, da solidariedade e da identidade, da emancipação e da subjetividade, da igualdade e da liberdade.

Esse Estado precisa respeitar as liberdades individuais e, ao mesmo tempo, garantir o acesso de todas e todos aos outros direitos fundamentais. Tal realidade obrigou o sistema jurídico a ponderar direitos, flexibilizar liberdades para impedir excessos ou omissões e, muitas vezes, intervir nas relações familiares, afetivas, empregatícias e negociais, como explica Alexy (1999, p. 68):

> Colisões de direitos fundamentais em sentido estrito nascem sempre então, quando o exercício ou a realização do Direito fundamental de um titular de direitos fundamentais tem consequências negativas sobre direitos fundamentais de outros titulares de direitos fundamentais. Nos direitos fundamentais colidentes pode tratar se ou dos mesmos ou de direitos fundamentais diversos.

O Direito brasileiro, a partir da Constituição de 1988, não deixa dúvida sobre a responsabilidade estatal com os direitos individuais e sociais do cidadão. Entre os princípios fundamentais está a dignidade da pessoa humana, (art. 1º III) entre os objetivos do Estado está a erradicação da pobreza, (art. 3º III) e o capítulo II é entitulado *Os direitos sociais.*

Por outro lado, a Constituição garante as liberdades individuais, a propriedade privada (art. 5º XXII), a livre iniciativa (art. 1º IV), a inviolabilidade da intimidade, da vida privada, da honra (art. 5º X) e da casa (art. 5º XI), como já garantiam os americanos no século XVIII.

Esse misto de obrigações e liberdades, de chamamentos à ação e de garantias de não intromissão fazem com que a ingerência estatal em assuntos reconhecidamente particulares, em especial assuntos familiares, conjugais e individuais sofra pressões na sua efetivação e faça com que a teoria jurídica revisite de tempos em tempos os limites de interferencia e de efetivação de direitos.

No entanto, a partir da retomada do Estado Democrático de Direito com a promulgação da Constituição de 1988, o Estado brasileiro se viu compelido a agir através das políticas públicas para efetivar os compromissos nacionais e internacionais assumidos na Constituição Cidadã.

Assim, iniciativas como o Sistema Único de Saude (sus), o Fundo de Manutenção e Desenvolvimento da Educação Básica e de Valorização dos Profissionais da Educação (Fundeb) e o benefício assistencial ao idoso foram modelos de políticas para implementar os direitos fundamentais à saúde, à educação e à dignidade humana.

Contudo, a busca pela efetuação dos direitos não se limitou a grandes políticas generalistas, mas também o olhar para questões até então privadas, como ocorreu com a aprovação do Estatuto da Criança e do Adolescente (eca) (Lei nº 8069/1990), que regulamentou o art. 227 da Constituição Federal e afirmou, especificamente, a criança e o adolescente como pessoa que goza de todos os direitos fundamentais. O eca chamou o poder público, em conjunto com a família e a sociedade, para assegurar, de forma prioritária, os direitos à vida, à saúde, à alimentação, à educação, ao esporte, ao lazer, à profissionalização, à cultura, à dignidade, ao respeito, à liberdade e à convivência familiar e comunitária (art. 4º).

Essa estrutura jurídica modificou o entendimento que a criança seria responsabilidade exclusiva dos pais e ainda positivou que a proteção estende até aos pais caso eles deixem de cumprir suas obrigações.

No caso de crianças e adolescentes que tiveram seus direitos reconhecidos na Constituição de 1988 e por constituírem um segmento que não tem condição jurídica ou política de maioridade plena, a condição de proteção logo se mostrou problemática, dado o tênue limite entre esta e a tutela. Historicamente, a noção de tutela era parte constituinte do antigo Código de Menores. O princípio da democracia participativa que sustenta o texto constitucional e que se encontra presente no Estatuto, trouxe o desafio entre a tutela e a emancipação (Souza, 1998, p. 45).

A sociedade brasileira incorporou a ideia de que é papel do Estado vigiar as relações entre pais e filhos a fim de impedir que os direitos fundamentais sejam descumpridos. Violência disfarçada de disciplina, omissão disfarçada de autonomia e alienação parental disfarçada de afeto foram, a partir dos preceitos constitucionais de 1988, sendo combatidos pelo Direito e pelas políticas públicas, e o Brasil, no início do século XXI, conta com um arcabouço jurídico protetivo à infância e adolescência considerado como o mais avançado do mundo, como explica o Fundo das Nações Unidas para a Infância (UNICEF, 2015, p. 5):

> País deixou para trás uma lei discriminatória, repressiva e segregacionista para a infância, o Código de Menores, e adotou o Estatuto da Criança e do Adolescente. O então novo marco legal traduziu os princípios da Convenção sobre os Direitos da Criança, de 1989, e serviu de referência para a América Latina por sua coerência com os direitos humanos, com o respeito ao desenvolvimento de crianças e adolescentes e pelo compromisso em tratar a infância com prioridade absoluta.

Desde a edição do Estatuto da Criança e do Adolescente varias outras leis foram aprovadas e implementadas a fim de proteger as crianças e adolescente brasileiros, como a aprovação, em 2010, da lei contra alienação parental (Lei nº 12.318/2010), que impede que um dos pais desqualifique, impeça a presença, omita informações sobre outro genitor e, em 2014, a aprovação da Lei nº 13.010/2014, conhecida como lei da Palmada, que alterou o ECA para garantir "direito da criança e do adolescente de serem educados e cuidados sem o uso de castigos físicos ou de tratamento cruel ou degradante" (Lei nº 13.010/2014).

O Direito não se refutou a invadir a privacidade das famílias, seus arranjos sociais e culturais para garantir os direitos das crianças e adolescentes e a sociedade já não entende que tais interferências estariam extrapolando as prerrogativas do Direito.

No entanto, não é apenas no âmbito da infância que o Estado brasileiro interfere nas relações familiares e conjugais. Em 2003, foi aprovada a Lei nº 10.741/2003 intitulada o Estatuto do Idoso, que assim como o ECA, reafirma, dessa vez aos mais velhos, os direitos fundamentais e reforça também a obrigação do Estado em garantir "proteção à vida e à saúde, mediante efetivação de políticas sociais públicas que permitam um envelhecimento saudável e em condições de dignidade" (art. 9º).

O Estatuto chama a responsabilidade dos filhos e filhas para garantir o sustento digno dos pais e avós (art. 12º), o Direito do idoso de morar sozinho ou com familiares a partir do seu desejo (art. 37º) e, novamente, de ser protegido contra qualquer abuso, inclusive de membro da própria família (art. 43º II).

No que tange as mulheres, especificamente a Lei nº 11.340/2006, conhecida internacionalmente como a lei Maria da Penha, modificou por completo como o Estado e a sociedade brasileira combatem e dialogam sobre a violência contra a mulher. Em 2013, foi feita uma pesquisa pelo *DataSenado* que constatou que 99% das mulheres brasileiras, em todas as classes sociais, sabiam da existência da lei (*DataSenado*, 2013).

A lei em tela trouxe para a cena social e política uma realidade até então velada e fez com que a justiça, o poder público e a sociedade como um todo fossem obrigadas a lidar com uma situação privada que destruía a vida, o futuro e a dignidade das mulheres brasileiras. A lei, inclusive, não se restringiu apenas em legislar sobre a violência física, mas reconheceu a violência psicológica, sexual, patrimonial e moral (art. 7º), reafirmando o lugar do Estado em buscar mecanismos para garantir todos os direitos fundamentais.

Tal mudança fez com que velhos conceitos, como de que brigas familiares são de cunho privado, fossem desmistificados e, como demonstrou a pesquisa acima citada, a solução e o combate ao problema passou a ser encarada como uma obrigação de todos e todas.

> A pesquisa do *DataSenado* trouxe uma boa notícia: a máxima popular de que 'em briga de marido e mulher não se mete a colher' está ficando ultrapassada. Dados revelam que a maioria das mulheres já admite a possibilidade de que qualquer pessoa que tenha conhecimento de uma agressão física, possa denunciar o fato às autoridades. [...] para reforçar, 94% das mulheres acham que o agressor deve ser processado, mesmo que contra a vontade da vítima, e 88% denunciariam a agressão, caso testemunhassem a ocorrência. O dever de processar o agressor, mesmo que à revelia da vítima, é quase consensual em todos os subgrupos populacionais pesquisados – inclusive no grupo de mulheres que já foram alvo de violência (DataSenado, 2013, p. 07).

A Lei Maria da Penha alterou tanto a estrutura jurídico-social sobre o assunto que, em 2009, quando o juiz Edilson Rumbelsperger Rodrigues declarou que a lei tinha "regras diabólicas" e que "desgraças humanas começaram por causa da mulher", foi investigado e punido pelo Conselho Nacional de Justiça (CNJ).[165]

O Estado brasileiro assumiu publicamente a responsabilidade de combater a violência contra a mulher. Quando a lei foi aprovada, a reação contrária de determinados nichos da sociedade foi rechaçada com respostas claras do Estado, mostrando que este compreendia que era sua função combater esse tipo de violência.

Em 2006, ano de aprovação da lei Maria da Penha, o então secretário de Segurança de Santa Catarina Dejair Vicente Pinto se posicionou no jornal *Folha de S.Paulo* (25. nov. 2006) contrário à lei, alegando que "A lei Maria da Penha deu um foco muito repressivo à questão da violência doméstica, que é algo bem mais complexo". Tal afirmação foi respondida por Aparecida Gonçalves, então secretária Especial de Políticas para as Mulheres, órgão do governo federal: "A cada 15 segundos uma mulher é espancada e violentada neste país. A sociedade e o Estado sempre foram omissos em relação à violência doméstica. O que a lei traz de novo é que o problema passa a ser responsabilidade do Estado" (FOLHA DE S. PAULO, 25. nov. 2006).[166]

As Organizações das Nações Unidas (ONU) reconheceram que o governo federal brasileiro teve papel fundamental e atuante na aprovação e na implementação da lei:

> A Secretaria de Políticas para as Mulheres (SPM), do governo federal, exerceu liderança determinante à aprovação da lei e a coordenação na gestão pública federal, articulando políticas com estados e municípios, Legis-

---

[165] Informações disponíveis em: http://g1.globo.com/brasil/noticia/2010/11/cnj-afasta-juiz--que-comparou-lei-maria-da-penha-regras-diabolicas.html acesso em 13 abr 2018 e https://www.conjur.com.br/2009-set-17/juiz-criticou-lei-maria-penha-avesso-preconceito acesso em 13 abr 2018.

[166] As citadas falas estão na matéria "Lei Maria da Penha é criticada por rigidez"!, publicada pela Folha de S. Paulo, em 25 de novembro de 2006, disponível em http://www1.folha.uol.com.br/fsp/cotidian/ff2511200637.htm acesso em 13 abr 2018.

lativo, sistema de justiça, empresas e outros setores da sociedade (ONUBR, on-line).[167]

Paralelamente às mudanças legislativas, executivas e judiciais que a sociedade brasileira encampou em áreas como crianças, adolescentes, idosos e violência contra mulher, entre outras, o Brasil ainda se posicionou internacionalmente, favorável a intervenção estatal em determinados assuntos privados. O Brasil é signatário da Declaração Universal dos Direitos Humanos desde 1948 e, desde a aprovação da Emenda Constitucional nº 45, em 2004, os tratados internacionais de direitos humanos aprovados pelo Congresso Nacional se equivalem a emendas constitucionais (art. 5º, §§ 2º).

Ainda antes do advindo da Constituição Cidadã, o Brasil se tornou signatário de alguns tratados e convenções que regulavam relações privadas, como a Convenção Para Eliminar Todas as Formas de Discriminação Contra a Mulher, de 1979, que quando promulgada com ressalvas em 1984, sob o Decreto nº 89.460, previa a participação do Estado em políticas para modificar os padrões socioculturais de conduta entre homens e mulheres (art. 5ºa), a garantia de uma educação, por parte do Estado, capaz de compreender a "maternidade como função social e o reconhecimento da responsabilidade comum de homens e mulheres no que diz respeito à educação e ao desenvolvimento de seus filhos" (art. 5ºb).

Recortando apenas os temas levantados acima, em 1990 o Brasil se tornou signatário da Convenção sobre os direitos das crianças (Decreto nº 99.710/1990), reconhecendo os direitos fundamentais das crianças, comprometeu-se a intervir quando elas estivessem sendo vítimas de abuso, negligência, maus tratos, mesmo que os malfeitores fossem os pais (art. 19º).

No que tange a violência contra as mulheres, antes da promulgação da lei Maria da Penha o Brasil confirmou pelo decreto nº 1973/1996, a Convenção Interamericana para Prevenir, Punir e Erradicar a Violência contra a Mulher, conhecida como Convenção de Belém do Pará, que, mesmo que de forma mais tímida do que a lei interna, garantia o Direito

---

[167] Matéria publicada no site https://nacoesunidas.org/dez-anos-da-lei-maria-da-penha--onu-mulheres-destaca-legado-feminista-para-o-brasil/ acesso em 13 abr 2018.

à integridade física, psíquica e moral, tanto na vida pública como na vida privada (art. 3º).

Os exemplos acima são trazidos nessa obra apenas para demonstrar que o Brasil, em especial depois da redemocratização, reconhece e age a favor da efetivação dos direitos fundamentais, mesmo que para tal precise interferir na esfera privada dos seus cidadãos. Pelo exposto, a divisão sexual do trabalho e as responsabilidades parentais poderiam ser objeto de legislações específicas e de políticas públicas no Direito pátrio, mas não é o que se vislumbra com as legislações vigentes.

O Direito brasileiro ainda ignora a crise do cuidado[168] e não se coloca como agente para a solução do problema, não reconhecendo o seu papel na redefinição e redistribuição das tarefas reprodutivas e produtivas entre os brasileiros, o que impossibilita a resolução da crise, como apontam Abramo e Valenzuela (2016, p. 114, grifo nosso):

> A crise de cuidado não pode ser resolvida sem uma efetiva redefinição das cargas e responsabilidades relativas ao trabalho remunerado e ao trabalho não remunerado e de cuidado, assim como da responsabilidade do Estado de prover o apoio necessário à reprodução social. Esse processo envolve, portanto, as famílias, as unidades produtivas e as *ações estatais reguladoras, fiscais e de provisão de serviços sociais.*

A Constituição federal em seu art. 5º afirmou que homens e mulheres são iguais em direitos e obrigações. No art. 227, foi determinado que

---

[168] Crise do Cuidado, ou *Crisis of Care*, é um conceito forjado ela autora americana Arlie R. Hochschild (1995) de que os Estados Unidos, no final do século xx estaria passando por uma crise do cuidado 'entendida como um déficit criado a partir do aumento da necessidade e do declínio do suprimento de cuidado. Para a autora, este déficit seria tanto privado como público. Privado, no sentido de ser verificado em famílias onde as mães que trabalham não têm ajuda suficiente dos parceiros ou parentes. Público, na medida em que o déficit poderia ser visto nos cortes do governo em fundos para os serviços para mães pobres, para pessoas deficientes e idosas. Assim, para a autora, ao reduzir o déficit financeiro, os legisladores estariam aumentando o déficit de cuidado' (GRECCO, 2017, p. 2). Em 2009, a Organização Internacional do Trabalho (OIT) reconheceu que a América Latina estaria passando por uma crise do cuidado, ponderando que 'revela a necessidade de reorganizar simultaneamente o trabalho assalariado-remunerado e o doméstico não remunerado, superando a rígida divisão sexual do trabalho e a segregação ocupacional por sexo no mercado de trabalho' (GUIMARÃES, 2012, p. 135).

é responsabilidade da família, da sociedade e do Estado assegurar os direitos e as necessidades das crianças e adolescentes, sem referência ao pátrio poder, sem colocar os homens como chefes de família como fazia o código civil de 1916, ainda em vigor naquele momento.

Para a luta das mulheres por direitos, a Constituição trouxe avanços inquestionáveis, a igualdade formal expressa ajudou a moldar as legislações futuras e a possibilitar o questionamento de leis e normas que não reforçassem tal determinação.

Porém, quando analisadas as questões relacionadas às responsabilidades familiares, o que se percebe é que a Constituição reforça o papel das mulheres como cuidadoras. Exemplo disso são as licenças parentais, enquanto a licença-gestante determina 120 dias sem prejuízo de emprego e salário às mães (art. 7º XVIII); aos pais tem-se apenas a referência de que a licença paternidade será fixada por lei (art. 7º XIX).[169] Observa-se que para mulheres gestantes a carta magna garante estabilidade durante a gestação e, cinco meses após o nascimento; aos homens, não há nenhuma referência além da breve licença paternidade.

O reforço jurídico de que a legislação brasileira reserva às mães o papel de responsabilidade parental em grau mais elevado do que os pais não está circunscrito à Constituição. No Código Civil de 2002, sobre o poder familiar,[170] o art. 1.633 determina que, em caso de o filho não ser reconhecido pelo pai, fica a mãe com o poder familiar exclusivo, sem impor a obrigação do reconhecimento da paternidade. O art. 1.607 diz que o filho fora do casamento poderá ser reconhecido, como se a paternidade fosse uma opção.

---

[169] A Consolidação das Leis do Trabalho-CLT, a partir do decreto nº 229 de 28.02.1967, concedeu 1 (um) dia de folga ao pai-trabalhador pelo nascimento da prole. O Ato das Disposições Constitucionais Transitórias, por sua vez, determinou 5 (cinco dias) de licença paternidade até que o art. 7º, XIX, da Constituição fosse disciplinado por lei. Em 2016 foi sancionada a lei nº 13.257, que em seu art. 38, determinou que as empresas inscritas no Programa Empresa Cidadã concedessem a licença paternidade para quinze dias além dos 5 (cinco) dias estabelecidos para todos os empregados. Contudo a lei nº 13.257 não explicita nenhuma sanção as empresas que não cumprirem a nova licença, fragilizando assim a iniciativa. Pelo exposto, vale ponderar que não houve aumento legal da licença paternidade no Brasil, mas sim um programa de incentivo a concessão desse aumento.

[170] Patrio Poder, cc 2002.

Obviamente, é possível exigir o reconhecimento da paternidade judicialmente. Contudo, o que se questiona aqui é o discurso da lei, que ainda busca oferecer às mulheres meios de proteger e criar seus filhos e filhas, mas não busca exigir a divisão da função da parentalidade.

As leis trabalhistas, desde a sua consolidação em 1943, trazem um aparato robusto de proteção para as mulheres, principalmente se comparado com outros países de dimensões continentais como os Estados Unidos, a Índia e o México.[171]

No entanto, esses direitos estão focados na maternidade, na proteção para que a mulher cumpra as funções inerentes ao cuidado com a prole, sem buscar inserir os homens no trabalho reprodutivo, como explicam Sorj, Fontes e Machado (2007, p. 576):

> Além de regular apenas o segmento formalizado do mercado de trabalho, a legislação trabalhista contém um claro viés de gênero. Os benefícios concedidos por ela focalizam prioritariamente os direitos reprodutivos das mulheres, garantindo, entre outros direitos, a estabilidade para a gestante,

---

[171] Os Estados Unidos não contam com uma política nacional de licença maternidade remunerada. Em 1993, foi aprovado o *Family and Medical Leave Act* (FMLA), que garante aos empregados até doze semanas de licença não remunerada por motivos familiares e de saúde. Os empregadores têm apenas a obrigação de continuar arcando com o seguro saúde durante a licença. Contudo a regra não é para todos os trabalhadores e trabalhadoras, mas sim para órgãos públicos, as escolas de ensino fundamental e médio, públicas e privadas, e empresas com 50 ou mais funcionários. Além disso para ter direito a licença o empregado deve ter trabalhado, no mínimo, 1.250 horas nos últimos doze meses prévios a licença. Algumas categorias têm direito a licença maternidade paga através de acordos coletivos, negociações específicas ou mesmo contratos individuais, porém não é uma política de Estado. Informações disponíveis em https://www.dol.gov/general/topic/benefits-leave/fmla acesso em 10 mai 2018. A Índia, até 2016 garantia pelo *THE MATERNITY BENEFIT ACT, 1961*, doze semanas de licença remunerada para mulheres empregadas em empresas com mais de dez funcionários e que trabalharam, no mínimo, os 180 dias antecedentes a licença na mesma empresa. Em 2017, o Parlamento indiano aprovou o aumento para 26 semanas, para os primeiros dois filhos, a partir do terceiro, a licença volta a ser de 12 semanas. Informações disponíveis em: http://www.ilo.org/dyn/travail/docs/678/maternitybenefitsact1961.pdf e https://timesofindia.indiatimes.com/india/parliament-passes-bill-to-raise-maternity-leave-to-26-weeks/articleshow/57565644.cms acesso em 12 mai 2018. No México, a licença maternidade remunerada é de doze semanas, e, como no Brasil, é paga pelo Seguridad Social. Informações disponíveis em: http://www.idoe.com.mx/archivos/MUJERES_TRA_EMB.pdf acesso em 12 maio 2018.

licença maternidade de 120 dias e creches nos primeiros meses de vida dos filhos de mães trabalhadoras3. Ademais, a legislação trabalhista é pouco efetiva para garantir a articulação entre trabalho e necessidades familiares ao longo de todas as etapas da vida familiar dos trabalhadores. Concentrando os benefícios apenas no momento inicial da procriação, a legislação não garante facilidades para que o trabalhador possa tratar das demandas familiares como um evento normal e regular da sua vida pessoa.

Internacionalmente o maior exemplo de que o Estado brasileiro não evoca a divisão de responsabilidades familiares entre homens e mulheres é a recusa em ratificar a Convenção 156 da Organização Internacional do Trabalho (OIT). Até abril de 2018, a OIT contava com 189 convenções, e dessas, o Brasil ratificara 82. Entre as convenções fundamentais, o país assinava 7 das 8 convenções, como aponta a própria OIT:

> O Brasil ratificou 82 Convenções da OIT que estão em vigor, de um total de 189 Convenções. Estas ratificações aconteceram em todas as áreas, inclusive Convenções fundamentais, convenções de governança e as chamadas 'convenções técnicas'. O Brasil ratificou 7 das 8 convenções fundamentais, com exceção da Convenção 87 sobre a liberdade sindical (OITBRASIL, *online*)[172].

Tal número demonstra a adesão do Estado brasileiro às normativas da Organização Internacional do Trabalho, vide que os Estados Unidos, por exemplo, só ratificaram 12 das 189 em vigor (OITBRASIL, *online*). Todavia, entre as convenções não ratificadas está a Convenção nº 156, de 1981, que dispõe sobre responsabilidades familiares: "Esta Convenção aplica-se a homens e mulheres com responsabilidades com relação a seus filhos dependentes, quando estas responsabilidades restringem a possibilidade de se prepararem para uma atividade econômica e nela ingressar, participar ou progredir" (ILO, online).[173]

Tal convenção reconhece que a divisão das tarefas domésticas e familiares é fator de interferência nas oportunidades de trabalho e exige que

---

[172] Informação disponível em http://www.oitbrasil.org.br/content/brasil-eua-e-convencoes-da-oit acesso em 14 abr. 2018.

[173] Disponível em http://www.ilo.org/brasilia/convencoes/WCMS_242709/lang--pt/index.htm acesso em 14 abr. 2018.

os países signatários incluam, em suas políticas, mecanismos que possibilitam que homens e mulheres com responsabilidades familiares possam realizar seus trabalhos sem serem discriminados por isso (art. 3º).

O interessante de se observar é que a Convenção não propõe nada muito diferente do que o Estado brasileiro já garante aos trabalhadores e trabalhadoras. O foco da Convenção está na garantia da não discriminação por parte dos empregadores pelo fato de que o empregado(a) tem responsabilidades familiares.

No entanto, no art. 6º, determinou-se que é tarefa do país-membro promover um discurso institucional que explique e reafirme as obrigações familiares e a necessidade de que o mundo do trabalho absorva que tais obrigações precisam ser realizadas por homens e mulheres.

> Art. 6º – Em todo país, autoridades e órgãos competentes tomarão medidas adequadas para promover a informação e a educação que gerem uma compreensão pública mais ampla do princípio da igualdade de oportunidades e de tratamento para homens e mulheres trabalhadores e dos problemas de encargos de família bem como o clima de opinião que conduza à superação desses problemas. (ILO, *online*)

A não ratificação do Estado brasileiro contraria toda a política desenvolvida pelo governo federal a partir de 2003[174] com a criação de um órgão com status de ministério para articular e desenvolver políticas que garantissem a igualdade entre homens e mulheres em todos os âmbitos, colocando em xeque o real compromisso do Estado com a igualdade de gênero.

Em 1981, a justificativa da não ratificação se baseou no entendimento de que a legislação interna não suportava as demandas igualitárias da Convenção. Porém, a realidade jurídica se modificou substancialmente desde então, como pondera Ricoldi (2010, p. 40-1):

> Nesse sentido, o Brasil engatinha na elaboração de políticas de articulação do trabalho com as responsabilidades familiares. Vale lembrar que a Convenção 156 sobre o assunto não foi assinada sob o argumento de que

---

[174] Em 2003, o então empossado Presidente Lula publicou a lei nº 10.683, que disponha sobre organização da Presidência da República e dos Ministérios. Entre os órgãos criados estava a Secretaria Especial de Política para as Mulheres-SPM.

BIPOLARIDADE DO TRABALHO FEMININO

a legislação interna era incompatível com a igualdade entre homens e mulheres. Atualmente, os impedimentos legais não se aplicam, pois tanto a Constituição de 1988 como o Código Civil de 2002 endossam o princípio da igualdade de gênero. Além disso, a Emenda 45 à Constituição, de 2002, afirma a validade constitucional dos tratados internacionais.

O discurso oficial, tanto da lei como da gestão pública, não inclui as questões referentes ao compartilhamento dos afazeres domésticos, a problemática da delegação ou mesmo os resultados de se basear a presença das mulheres no mercado de trabalho pelo preenchimento de outra mulher em seu lugar nas obrigações domésticas.

Um Estado democrático, que tipifica o racismo como crime inafiançável, que tem um dos mais avançados instrumentos jurídicos de proteção à infância e adolescência, que constrói uma legislação sobre violência doméstica reconhecida no mundo como exemplo, simplesmente não debate, no seio das leis e das políticas públicas, soluções para uma melhor conciliação entre a vida familiar e a vida laboral, debate esse que seria essencial para buscarmos mecanismos de efetivação da igualdade de gênero.

Vale ressaltar que tal postura não tem ficado incólume dentre os movimentos sociais, políticos e até jurídicos que defendem a igualdade entre homens e mulheres. Em 2010, a então coordenadora de projetos da Secretaria Especial de Políticas para as Mulheres, Eunice de Morais, em uma oficina sobre Igualdade de Gênero e Equilíbrio entre Trabalho e Família nas Empresas, realizada em parceria da OIT e o governo brasileiro, disse para agência de notícias governamental que "estamos no mercado de trabalho e não queremos sair. Mas, neste momento, estamos invisíveis. Precisamos de projetos e de políticas que atendam às nossas necessidades" e afirmou que a legislação seria o melhor caminho, em referência à Convenção 156.[175]

No mesmo ano, a então ministra da Secretaria de Política para as Mulheres (SPM) Nilcea Freire informou que a Convenção vinha sendo debatida em uma comissão formada pelos órgãos do governo de tinham

---

[175] Reportagem disponível em http://www.brasil.gov.br/cidadania-e-justica/2010/07/oit--diz-que-responsabilidade-familiar-e-funcao-de-homens-e-de-mulheres acesso em 15 abr. 2018.

grande relação com a pauta, a própria SPM, a Secretaria Especial de Políticas de Promoção da Igualdade Racial (SEPPIR) e o Ministério do Trabalho e Emprego (MTE).[176] No entanto, a própria ministra relembrou que a aprovação dependia do Congresso Nacional.

Em 2011, a Confederação Nacional dos Trabalhadores no Comércio e Serviços (CONTRACS) lançou um abaixo assinado pela ratificação da Convenção 156,[177] e em 2015, deputadas federais, sob coordenação da então deputada federal Jô Morais, iniciaram, em conjunto com centrais sindicais, uma campanha a favor ratificação da Convenção 156.[178]

A OIT, em nota sobre trabalho e família apresentou o trâmite da Convenção 156 na estrutura brasileira, demonstrando que o governo brasileiro estava debatendo o assunto, mas não tinha efetivado nenhuma ação para garantir a aprovação:

> O tema da conciliação entre trabalho e responsabilidades familiares é tratado desde 2005 pela Comissão Tripartite de Igualdade de Oportunidades e de Tratamento de Gênero e Raça no Trabalho (CTIO), presidida pelo Ministério do Trabalho e Emprego, composta por representantes do governo, trabalhadores e empregadores. A ratificação da Convenção nº 156 foi um dos temas de discussão da Comissão. Em dezembro de 2009, a Comissão encaminhou a discussão da ratificação da Convenção 156 para a Comissão Tripartite de Relações Internacionais (CTRI), também presidida pelo MTE, que, por maioria, representada pelo governo e pelo grupo de trabalhadores e, ouvida as posições do grupo de empregadores, recomendou o encaminhamento da referida Convenção ao Ministério das Relações Exteriores. Assim, em janeiro de 2010, o Ministro do Trabalho e Emprego submeteu a Convenção ao Ministério das Relações Exteriores, que, por sua vez, enviou à Casa Civil para submissão ao Congresso Nacional (OIT, 2010)[179].

---

[176] Nota disponível em http://www.observatoriodegenero.gov.br/menu/noticias/brasil-deve-assinar-convencao-156/ acesso em 15 abr. 2018.

[177] Informação disponível em http://www.contracs.org.br/noticias/7477/importante-abaixo-assinado-pela-convencao-156-1981-da-oit acesso em 15 abr. 2018.

[178] https://www12.senado.leg.br/institucional/procuradoria/comum/parlamentares-pedem-ratificacao-da-convencao-156 acesso em 15 abr. 2018.

[179] Notas disponível em http://www.ilo.org/public/portugue/region/eurpro/lisbon/html/portugal_notas_oit_pt.htm acesso em 15 abr. 2018.

Todavia, apesar de setores da sociedade e até de governo levantarem a questão da importância da divisão das funções da parentalidade e familiares, a Procuradoria Especial da Mulher do Senado Federal, por exemplo, enumerava, em abril de 2018, mais de 120 projetos de lei em tramitação que beneficiariam as mulheres brasileiras e apenas um, sobre o aumento da licença paternidade, propõe o chamamento dos homens para as funções do cuidado familiar.[180]

A falta de projetos, políticas públicas e leis que anunciem a necessidade de conciliação entre trabalho produtivo e reprodutivo, que afirmem a importância do compromisso de homens e mulheres com os filhos(as) e idosos(as) no cotidiano, e que reconheçam que a delegação das tarefas domésticas a outras mulheres não é a solução, demonstra que ainda não buscamos sair da sociedade de funções binárias homem/mulher, como ponderam Sorj, Fontes e Machado (2007, p. 574): "As normas sociais que regulam as relações entre trabalho e família são socialmente construídas e as políticas voltadas a esse objetivo sinalizam como a sociedade percebe e valoriza a conciliação dessas duas dimensões".

À mulher oriunda de classe média e alta oferece-se os arranjos da delegação: a empregada doméstica, as creches de horário integral e a terceirização das funções como cozinhar, lavar e passar roupas, através de empresas de comida congelada e de lavanderias profissionais, entre outros. Tais arranjos, como apontado previamente, são geridos pelas mulheres que os utilizam, fato que não as retira por completo dessas funções. As responsabilidades pela execução ainda se mantem com elas, mesmo que estejam inseridas no mercado produtivo de modo integral e orgânico.

Os resultados explicitados nesse trabalho dizem respeito aos rendimentos mais baixos das mulheres em todos os níveis de qualificação e, em especial, nas muito qualificadas, e o não envolvimento dos homens na esfera das obrigações domésticas.

Para as mulheres pobres e pouco qualificadas, a falta de políticas públicas e leis que exijam a divisão das funções domésticas e familiares tem um resultado bem mais expressivo: ficam elas submetidas a traba-

---

[180] Dados disponíveis em https://www12.senado.leg.br/institucional/procuradoria/projetos?b_start:int=100 acesso em 15 abr. 2018.

lhos pouco rentáveis, em condições de vulnerabilidade e sem o aparato do Estado para auxiliar na conciliação entre trabalho e família.

A partir da ideia de que o Direito é instrumento de transformação social politicamente legitimada (SOUSA SANTOS, 2007, p. 7) o silêncio das normas e políticas brasileiras com a conciliação da relação família--trabalho, com sobrecarga das mulheres com os afazeres domésticos e com o baixo envolvimento dos homens nas tarefas do cotidiano, reflete a manutenção institucionalizada de uma sociedade separada por funções de gênero.

A efetivação da autonomia das mulheres perpassa por mais do que ter acesso à educação superior e assim ter o domínio de saberes e técnicas importantes à estrutura capitalista. O aumento da presença numérica de mulheres nas universidades e nos ambientes profissionais, por si só, diminuem a exclusão, mas não transformam a realidade de opressão e de desigualdade, pois a divisão sexual do trabalho e as responsabilidades familiares continuam mantendo as mulheres em uma condição socioeconômica inferior.

Considerações Finais

As mulheres ocidentais e, consequentemente, as brasileiras, experimentaram a partir do final do século XIX, e mais intensamente a partir do final da segunda guerra mundial, uma maior autonomia, seja no âmbito jurídico, em que paulatinamente foram sendo retirados os entraves legais que as impediam de ter acesso a direitos, seja no âmbito afetivo-sexual em que passaram a ser reconhecidos os desejos, as escolhas, orientações, seja no âmbito econômico, no qual a sua força de trabalho se tornou cada vez mais necessária para a ampliação e manutenção do sistema capitalista expansionista.

Todavia, a transformação de propriedade dos pais e maridos para a cidadã não foi fácil, simples e sem luta. As mulheres são as protagonistas na busca pela mudança de seus papéis sociais e pelo enfrentamento cotidiano ao *establishment* do patriarcado. Contudo, apesar de ter existido organizações de mulheres para reivindicar direitos muito antes do atual movimento feminista, foi sob a estrutura das universidades europeias e americanas, na segunda metade do século XX, que o termo se tornou mais do que uma bandeira política virando também uma teoria, um campo de estudo.

Se no final do século XIX e começo do século XX a luta era por direitos políticos, conhecida como a primeira onda do feminismo, as bandeiras pós-Segunda Guerra eram mais amplas, englobavam liberdade sexual, combate à violência doméstica e à discriminação e mais igualdade no mercado de trabalho.

O reconhecimento de que o sexo é político, de que as diferenças sociais são construídas, e não uma condição biológica, transformou a forma de luta das mulheres por direitos e abriu caminhos para o desenvolvimento de teorias acadêmicas que propõe o rompimento com o modelo de vida opressor destinado às mulheres.

A referida junção inicial, entre a academia e pautas reivindicatórias, deu-se, principalmente, a partir de mulheres brancas, europeias ou americanas, oriundas das classes média e alta, e que através do acesso à educação conseguiram questionar os seus próprios lugares sociais.

O trabalho remunerado foi para essas mulheres o instrumento mais importante para a busca de autonomia em relação aos seus pais e maridos. Ter, em uma sociedade capitalista condições de consumir e de auferir sua própria renda ofereceu meios de romper com a lógica de submissão automática aos homens.

Paralelamente, a educação passou a ser considerada um pilar para o progresso social. Os Estados têm se encarregado de oferecer educação básica para seus cidadãos. Os países liberais ou desenvolvimentistas, socialistas ou neoliberais, democráticos ou autoritários, todos detêm algum tipo de política pública de educação. O Direito à educação é inconteste, reafirmado pelos organismos internacionais, item de análise sobre a condição de vida de um povo e fala presente nos discursos políticos como o caminho para o fim da miséria, da violência e da desigualdade.

A universidade, por sua vez, também tem sido considerada pilar civilizatório, espaço essencial à democracia e ao desenvolvimento de soluções para os problemas mundiais. A inclusão dos jovens na educação superior é um indicativo de futuro promissor, tanto para o formado como para o país que o formou.

O Brasil viveu nesses quase vinte anos do século XXI um aumento considerável de estudantes e titulados em cursos superiores e a maioria dessas pessoas eram mulheres; porém, as desigualdades salarias, as dificuldades de acesso aos espaços de poder e decisão e a violência contra as mulheres se mantiveram em índices altos no país.

A partir dessa problematização, esta tese buscou compreender se a obtenção de uma educação superior foi capaz de proporcionar às brasileiras escolhas para além do papel social que lhes fora historicamente designado, a saber, de responsáveis pelo cuidado.

CONSIDERAÇÕES FINAIS

Começou-se entendendo o papel da educação superior na atualidade. Observou-se que, em uma sociedade capitalista, a autonomia econômica é responsável pela maior parte das condições essenciais para a escolha. A constante criação de novos produtos e serviços ocorre dentro das universidades, faculdades e afins, ou por indivíduos oriundos desses espaços, detentores de saberes, técnicas e lógicas desenvolvidas e aprimoradas nos espaços universitários.

Avançou-se para a análise do binômio autonomia e educação superior, constatando que ainda reside no trabalho remunerado o mecanismo de sobrevivência de grande parte da população, que ter uma qualidade técnico-analítica, passível de ser utilizada nas estruturas produtivas, aumenta o valor da força de trabalho do sujeito e que aqueles que chegaram à educação superior costumam auferir maiores rendimentos por seus trabalhos, com isso ter mais condições de fazer escolhas, de não se submeter a situações indignas, opressoras e humilhantes.

Discorreu-se sobre a atual participação das mulheres na educação superior no mundo e conclui-se que, apesar de elas terem se tornado maioria das tituladas com diplomas superiores, a participação e os seus rendimentos no mercado de trabalho se mantiveram inferiores aos dos homens. A pesquisa constatou que a diferença salarial entre homens e mulheres não é uma exclusividade brasileira, latino-americana, ou mesmo apenas de países em desenvolvimento, mas um fenômeno que se repete na maioria dos países, sejam eles ricos ou pobres.

A partir disso, debateu-se a educação superior no Brasil e como as mulheres adentraram as estruturas e se tornaram a maioria numérica. O retrato do caminho histórico nas instituições de ensino superior e consequentemente no mercado de trabalho qualificado demonstrou que as brasileiras chegaram a esses espaços em desvantagem e que as desigualdades entre os sexos refletiram e se mantiveram no mundo do trabalho, apesar da formação superior.

A exemplo disso, aponta-se a educação de crianças, que se baseou na mão de obra feminina. Foram as mulheres, desde o final do século XIX, que se encarregaram da maioria dos postos de trabalho na educação primária. Consequentemente, foi o magistério, através da escola normal, a primeira chance de uma educação profissionalizante para as mulheres.

A relação maternal embutida na educação das crianças foi o discurso oficial. Mais do que uma profissão, ser professora era um ato de amor, uma tarefa oriunda da maternagem, logo, passível de ser bem executada apenas pelas mulheres. Observou-se que esse discurso serviu, inclusive, para desvalorizar economicamente o trabalho das professoras, pois era entendido como uma vocação e não uma relação capitalista, mercadológica.

Constatou-se, ainda, que a adesão das mulheres aos cursos normais e, em seguida, aos empregos nas escolas primárias, impulsionou a maciça presença delas nos cursos superiores de pedagogia e licenciatura. Na década de 1940, período em que a educação superior no país ainda era bastante restrita e elitizada, 90% dos estudantes de pedagogia eram mulheres (Bruschini; Amado, 1988, p.06); esse cenário pouco se alterou com o passar dos anos: em 2017, quase oitenta anos depois, elas eram 72% (inep, 2017).

Evidenciou-se, então, o trajeto das políticas públicas e das legislações da era Vargas, dos governos democráticos entre 1946 e 1964 e dos governos militares, demonstrando que a educação esteve inserida nas pautas políticas dos governos e que o modelo adotado estava vinculado ao modelo de governo pretendido. Os objetivos nacionalistas e industrialmente desenvolvimentistas de Vargas constituíram uma universalidade na educação brasileira e possibilitaram a consolidação da educação superior no Brasil. Observou-se, porém, que mesmo propondo políticas de homogeneidade que auxiliaram as mulheres no acesso ao mercado de trabalho e à educação superior, a estrutura educacional proposta ainda diferenciava os sexos, reafirmando que os saberes e os espaços deveriam ser distintos entre eles.

O período de democracia possibilitou a abertura da universidade brasileira para ideias libertárias. Foi nesse período que caíram as barreiras legais que dificultavam o acesso das mulheres a todos os cursos superiores. Contudo, demonstrou-se que foi na ditadura militar, em especial a partir da reforma universitária de 1968, que as faculdades brasileiras se viram, a cada ano, mais cheias de mulheres.

Avançou-se então para o debate sobre as mulheres brasileiras e a universidade, ponderando que no Brasil, o seu aumento nos cursos superiores ocorreu no mesmo momento histórico em que os movimentos sociais e políticos lutavam contra a ditadura, em que os movimentos feministas no país e no mundo cresciam e o lugar social da mulher encontrava-se em xeque.

O Estado brasileiro no período militar desejava ampliar o número de jovens, homens e mulheres, nos cursos superiores, a fim de ter uma elite intelectual a serviço do capitalismo, das empresas multinacionais e das tecnologias que despontavam. Para isso, constituíram-se políticas de Estado para formar uma massa de jovens, sem considerar cor, sexo e origem. O projeto que aumentou a presença das mulheres na universidade não foi formulado as tendo em mente. A entrada dessas jovens na educação superior foi consequência das políticas econômicas, da necessidade de mão de obra e das mudanças sociais ocorridas no Brasil e no mundo ocidental em relação ao papel das mulheres, principalmente no mercado de trabalho.

A presença feminina nos cursos superiores teve um crescimento impressionante a partir da década de 1970 e, em 1991, elas se tornaram a maioria dos estudantes universitários. Porém, constatou-se que essa maioria não era realidade em todos os cursos e áreas. As mulheres chegaram a mais de 50% dos estudantes, mas circunscritas às profissões de cuidado e educação. A presença maciça de mulheres nos cursos de pedagogia, licenciaturas, enfermagem e psicologia, entre outros, foram decisivas na construção dessa maioria geral.

De toda forma, as brasileiras se fizeram presentes em todos os cursos, ramos e áreas da educação superior. Profissões que outrora eram consideradas masculinas, como o Direito e a Medicina, viram no final do século XX e início do século XXI as mulheres ultrapassarem os homens entre os estudantes e os titulados.

No entanto, formar-se não foi o suficiente para garantir a participação igualitária no mercado de trabalho. A obra se enveredou sobre o fenômeno da feminização e/ou femilização das profissões e os efeitos da inserção dessas mulheres na realidade profissional das chamadas "profissões imperiais": Direito, Medicina e Engenharia.

O trabalho demonstrou ainda que, no que tange à pesquisa científica, a proporcionalidade entre homens e mulheres pesquisadores não significa uma real igualdade no campo da pesquisa. Apesar de o número de pesquisadores(as) ser equivalente, o conteúdo e a importância das pesquisas realizadas ainda são muito diferentes. Os dados reforçaram a constatação de que as mulheres se mantêm, também na pesquisa, nos nichos das carreiras do cuidado, como enfermagem, odontologia e psicologia, enquanto os homens se concentram nas carreiras mais tecnológicas, como engenharia e computação.

Partiu-se para observar a realidade do Direito. No âmbito da advocacia, percebeu-se que a feminização caminhou junto com a precarização. As mulheres são a maioria das estudantes, das estagiárias e das advogadas até 40 anos (CFOAB, online). A despeito disso, elas continuam na base da pirâmide dos escritórios de advocacia, longe dos conselhos deliberativos, das instâncias de poder de classe. Nas carreiras de Estado como Magistratura, Ministério Público e Defensoria Pública elas também não estão nos espaços de poder, não avançam na carreira na mesma rapidez que a dos homens e não estão presentes em proporções equivalentes nos tribunais.

A tese analisou então a bipolaridade do trabalho feminino nessa relação de interdependência entre as mulheres ricas e pobres, em uma equação de que os homens se beneficiam, mas pouco participam. Verificou-se que as mulheres brasileiras, ricas ou pobres, formadas ou não, continuam sendo as responsáveis pelo gerenciamento da vida doméstica e família, e ainda são elas que respondem pela roupa lavada, pelo filho na escola, pela ida ao médico. A diferença é que as ricas delegam às pobres a efetiva realização dos afazeres domésticos, restando a elas a gerência, enquanto as pobres acumulam o emprego com as suas próprias tarefas.

O Brasil é o país do mundo com o maior número de empregadas domésticas (OIT, 2013) essa dinâmica foi a solução encontrada pelas mulheres de classe média e alta para adentrar no mercado de trabalho sem precisar contar nem com os serviços do Estado e nem com a divisão das funções com os homens. As mulheres brasileiras dependerem das outras mulheres para trabalhar uma relação de convergência e subordinação.

O Direito, por sua vez, autorizou a exclusão da responsabilidade dos homens na divisão das funções domésticas e da parentalidade quando deixou as empregadas domésticas por setenta anos sem todos os direitos trabalhistas, quando garantiu apenas à mãe licença maternidade e quando não promoveu políticas públicas para impulsionar a participação dos homens no cotidiano escolar dos filhos.

As mulheres brasileiras, em especial as oriundas da classe média, chegaram às universidades, aos programas de mestrado e doutorado, nos concursos públicos e nas empresas privadas. Elas ganharam dinheiro, conduziram suas vidas, compraram, venderam, se casaram, se separaram, mas ainda estão economicamente e socialmente em desvantagem em relação aos homens e o que se concluiu é que essa desvantagem está relacionada com a disponibilidade do tempo.

As mulheres formadas e incorporadas aos bons postos resumem a vida em duas frentes: o trabalho e a gerência da família. Logo, muitas vezes não sobra tempo para *networking*, para projetos externos, para participação política em órgãos de classe, para o ócio criativo, não é possível assumir facilmente compromisso com grandes viagens, transferências e reuniões noturnas. O Estado, por sua vez, apesar de garantir igualdade entre homens e mulheres não inferiu ou optou por ignorar que o acúmulo dessas responsabilidades cerceia a possibilidade de escolhas das mulheres.

A lei e os costumes não mais limitam essa mulher de interferir política e economicamente, de escolher os seus passos, de arcar com a sua vida, de estudar o que deseja, mas como não oferecem meios de dividir as funções familiares e domésticas, deixam-na sem saída e logo sem autonomia.

Negar o papel da educação superior na luta das mulheres por autonomia e igualdade seria impossível. A educação é e continuará sendo instrumento essencial ao desenvolvimento da sociedade, à busca por direitos e por soluções às injustiças. Porém, sozinha, ela não transforma as estruturas de opressão. É tarefa do Estado e, consequentemente, do Direito, a produção de mecanismos capazes de obrigar a divisão das responsabilidades e, assim, de fato, dar condições da sociedade efetivar a autonomia das mulheres.

REFERÊNCIAS

ABRUCIO, Fernando Luiz. Trajetória recente da gestão pública brasileira: um balanço crítico e a renovação da agenda de reformas. *Revista de Administração Pública – RAP*, v. 41, 2007, p. 67-86. Disponível em: <http://www.redalyc.org/articulo.oa?id=241016441005>. Acesso em: 10 fev. 2018.

ADORNO, Sérgio. *Os aprendizes do poder*: o bacharelismo liberal na política brasileira. São Paulo: Paz e Terra, 1988.

ALEXY, Robert. Colisão de direito fundamentais e realização de direitos fundamentais no Estado de Direito democrático. *Revista de Direito Administrativo*, Rio de Janeiro, v. 217, jul. 1999, p. 67-79. Disponível em: <http://bibliotecadigital.fgv.br/ojs/index.php/rda/article/view/47414/45316>. Acesso em: 13 abr. 2018.

ALMEIDA, Jane Soares. Imagens de mulher: a imprensa educacional e feminina nas primeiras décadas do século. *Revista Brasileira de Estudos Pedagógicos*, v. 79, nº 191, 2007.

ALMEIDA, Maria Hermínia Tavares. Sindicalismo (verbete). Arquivos digitais do Centro de Pesquisa e Documentação de História Contemporânea do Brasil (CPDOC) da Fundação Getúlio Vargas, Rio de Janeiro. Disponível em: <www.cpdoc.fgv.br>. Acesso em: 15 abr. 2017.

ALTMANN, Helena. Influências do Banco Mundial no projeto educacional brasileiro. *Educação e Pesquisa*, v. 28, nº 1, jan.-jun. 2002, p.77-89. Disponível em: <http://www.scielo.br/scielo.php?script=sci_arttext&pid=S1517-97022002000100005&lng=en&nrm=iso>. Acesso em: 10 jun. 2018.

ALVES, Giovanni. Trabalho e desigualdade social na reestruturação capitalista: um balanço da "década neoliberal" no Brasil. *Revista Políticas Públicas*, v. 7, nº 2, 2015, p. 7-38.

AMÉRICA ECONOMÍA. [on-line]. Disponível em: <https://www.americaeconomia.com/>. Acesso em: 19 fev. 2018.

ANÁLISE EXECUTIVOS JURÍDICOS E FINANCEIROS. São Paulo: Análise Editorial, 2018.

ANDERSON, Perry. Balanço do neoliberalismo. In: SADER, Emir (org.). *Pós- neoliberalismo – As políticas sociais e o Estado democrático*. Rio de Janeiro: Paz & Terra, 1995.

ANDRADE, Márcia; FRANCO, Creso; CARVALHO, João B. Pitombeira. Gênero e desempenho em matemática ao final do ensino médio: quais as relações. *Estudos em Avaliação Educacional*, São Paulo, nº 27, jan.-jun. 2003, p. 77-95.

ANDRADE, Tânia. *Mulheres no mercado de trabalho*: onde nasce a desigualdade? Estudo Técnico, Câmara dos Deputados – Consultoria Legislativa. Jul. 2016. Disponível em: <http://www2.camara.leg.br/a--camara/documentos-e-pesquisa/estudos-e-notas-tecnicas/areas-da--conle/tema7/2016_12416_mulheres-no-mercado-de-trabalho_tania-andrade>. Acesso em: 28 fev. 2018.

ANDREOTTI, Azilde Lina. A administração escolar na Era Vargas e no Nacional-Desenvolvimentismo (1930-1964). [on-line]. *HISTEDBR*, nº especial, p. 102-123, 2006. Disponível em: <http://www.histedbr.fe.unicamp.br/revista/edicoes/22e/art8_22e.pdf>. Acesso em: 14 jun. 2018.

AQUINO, Estela. M. L. Gênero e ciência no Brasil: contribuições para pensar a ação política na busca da equidade. In: BRASIL. *Pensando gênero e ciência*. Encontro nacional de núcleos e grupos de pesquisas – 2005, 2006. Brasília: Secretaria Especial de Políticas para as Mulheres, 2006. p. 11-24. Disponível em: <http://www.spm.gov.br/central-de-conteudos/publicacoes/publicacoes/2006/encontro--genero.pdf#page=11>. Acesso em: 18 dez. 2010.

ARANTES, Rogério. Direito e política: o Ministério Público e a defesa dos direitos coletivos. *Revista Brasileira de Ciências Sociais*, v. 14, nº 39, 1999, p. 83-102.

ARAÚJO, Ângela Maria Carneiro. Apresentação. *Cadernos Pagu*, nº 17-18 ("Dossiê Gênero no Trabalho"), 2002, p. 131-8.

ARAÚJO, Helena Costa. As mulheres professoras e o ensino estatal. *Revista Crítica de Ciências Sociais*, nº 29, 1990, p. 81-103. Disponível em: <https://www.ces.uc.pt/publicacoes/rccs/029/Helena_C.Araujo_pp.81-103.pdf>. Acesso em: 18 jun. 2018.

ARAÚJO, Maria Arlete Duarte; PINHEIRO, Helena Diógenes. Reforma gerencial do Estado e rebatimentos no sistema educacional: um exame do Reuni. *Revista Ensaio: Avaliação e Políticas Públicas em Educação*, v. 18, nº 69, 2010, p. 647-68.

ARISTÓTELES. *Metafísica*. Livro 1. Textos Selecionados. São Paulo: Abril Cultural, 1973 (Os Pensadores).

AULETE DIGITAL. Dicionário da língua portuguesa na internet. [on--line]. Disponível em: <http://www.aulete.com.br/index.php>. Acesso em: 15 jun. 2018.

BANCO CENTRAL DO BRASIL. Calculadora do cidadão. [on-line]. Disponível em: <https://www3.bcb.gov. br/CALCIDADAO/publico/exibir-FormCorrecaoValores.do?metho d=exibirFormCorrecaoValores#>. Acesso em: 12 fev. 2018.

BANDEIRA, Lourdes. Importância e motivações do Estado Brasileiro para pesquisas de uso do tempo no campo de gênero. *Revista Econômica*, Niterói, v. 12, nº 1, 2010, p. 47-63.

BARBALHO, Rennê Martins. *A feminização das carreiras jurídicas*: construções identitárias de advogadas e juízas no âmbito do profissionalismo. São Carlos, 2008. Tese (doutorado em Sociologia) – Universidade de São Carlos, Centro de Educação em Ciências Humanas, São Carlos. Disponível em: <https://repositorio.ufscar.br/bitstream/handle/ufscar/6663/2026. pdf?sequence=1>. Acesso em: 20 abr. 2017.

BARBOSA FILHO, Fernando de Holanda. A crise econômica de 2014/2017. *Estud. av.*, São Paulo, v. 31, nº 89, abr. 2017, p. 51-60. Disponível em: <http://www.scielo.br/scielo. php?script=sci_arttext&pid=S0103--40142017000100051&lng=en &nrm=iso>. Acesso em: 7 maio 2018.

BÁRCENA, Alicia (coord.). *Mujeres en la economía digital*. Superar el umbral de la desigualdad. [S. l.]: Cepal/Nações Unidas, 2013. Disponível em: <http://www.eclac. cl/publicaciones/xml/3/51083/ Mujeresenlaeconomiadigital.pdf>. Acesso em: 17 jun. 2018.

BARRERE-MAURISSON, Marie-Agnès, RIVIER, Sabine. Le partage des temps pour les hommes et les femmes: ou comment conjuguer travail rémunéré, non rémunéré et non-travail. *Premières Informations et Premières Synthèses*, nº 11.1, mar. 2001.

BARROSO, Carmen Lucia M.; MELLO, Guiomar Namo. O acesso da mulher no ensino superior brasileiro. *Cadernos de Pesquisa*, nº 15, dez. 1975, p. 47-77. Disponível em: <https://dialnet.unirioja.es/servlet/articulo?codigo=6208484>. Acesso em: 15 jun. 2018.

BATISTA, Everton Lopes; RIGHETTI, Sabine. Mulheres já produzem metade da ciência do Brasil, diz levantamento. *Folha de São Paulo*, 8 mar. 2017, Sobre Tudo, Carreiras. Disponível em: <https:// www1.folha.uol.com.br/sobretudo/carreiras/2017/03/1864542--mulheres-ja-produzem-metade-da--ciencia-do-brasil-diz-levantamento. shtml>. Acesso em: 16 jun. 2018.

BEHRENS, Marilda Aparecida; OLIARI, Anadir Luiza Thomé. A evolução dos paradigmas na educação: do pensamento científico tradicional a complexidade. *Revista Diálogo Educacional*, v. 7, nº 22, 2007, p. 53-66.

BELL, Daniel. The Coming of Post--Industrial Society. In: *Modernity*: Critical Concepts. Abingdon: Routledge, 2001. p. 213-24.

BENEVIDES, Maria Victória. O governo Kubitschek: a esperança como fator de desenvolvimento. In:

GOMES, Angela de Castro (org.). *O Brasil de JK*. Rio de Janeiro: FGV, 1991.

BERTÃO, Naiara. Funções típicas de advogados já são feitas por softwares e robôs. *Exame*, 20 jan. 2017. Disponível em: <https://exame.abril.com.br/revista-exame/deixa-que-o-robo-resolve/>. Acesso em: 18 jun. 2018.

BERTOLIN, Patrícia Tuma Martins. *Mulheres na advocacia* – padrões masculinos de carreira ou teto de vidro. São Paulo: Lumen Juris, 2017.

BERTOLIN, Patrícia Tuma Martins; OZÓRIO, Paula Cristina Monteiro; DIAS, Vivian Christina S. Fernandez. Organização sindical. In: SIQUEIRA NETO, José Francisco; BERTOLIN, Patrícia Tuma Martins (orgs.). *Direito do Trabalho no Brasil*. v. 1: *1930-1946*. São Paulo: Atlas, 2014. p. 218-63.

BERTOLIN, Patrícia Tuma Martins; RIBEIRO, H.. Reflexões sobre o ensino jurídico no Brasil: perpetuação ou ruptura? In: MESSA, Ana Flávia; TEOPHILO, Roque (orgs.). *Estado e economia*: estudos em homenagem a Ademar Pereira. São Paulo: Saraiva, 2011. p. 295-311.

BOBBIO, Norberto. *O futuro da democracia* (uma defesa das regras do jogo). Trad. Marco Aurélio Nogueira. Rio de Janeiro: Paz e Terra, 1986.

BOLETIM Estatístico de Pessoal e Informações Organizacionais. Brasília, Ministério do Planejamento, Desenvolvimento e Gestão, Secretaria de Gestão de Pessoas e Relações do Trabalho no Serviço Público, v. 21, nº 249, jan. 2017.

BOMENY, Helena. Educação e desenvolvimento: o debate dos anos 50. FGV CPDOC. [on-line]. Disponível em: <http://cpdoc.fgv.br/producao/dossies/jk/artigos/Educacao/Anos1950>. Acesso em: 21 fev. 2017

BONELLI, Maria da Glória; CUNHA, Luciana G.; OLIVEIRA, Fabiana L.; SILVEIRA, Maria Natália B. da. Profissionalização por gênero em escritórios paulistas de advocacia. *Tempo Social*, v. 20, nº 1, 2008, p. 265-90.

BORNMANN, Lutz; BAUER, Johann; HAUNSCHILD, Robin. Distribution of women and men among highly cited scientists. *Journal of the Association for Information Science and Technology*, v. 66, nº 12, 2015, p. 2715-6.

BRASIL. *Código de proteção e defesa do consumidor (1990)*. Código de proteção e defesa do consumidor e legislação correlata. 5 ed. Brasília: Senado Federal, Subsecretaria de Edições Técnicas, 2012. Disponível em: <https://www2.senado.leg.br/bdsf/bitstream/handle/id/496457/000970346.pdf>. Acesos em: 17 jun. 2018.

BRASIL. Constituição da República dos Estados Unidos do Brasil (de 16 de julho de 1934). Nós, os representantes do povo brasileiro, pondo a nossa confiança em Deus, reunidos em Assembléia Nacional Constituinte para organizar um regime democrático, que assegure à Nação a unidade, a liberdade, a justiça e o bem-estar social e econômico, decretamos e promulgamos a seguinte... *Diário Oficial da União*, 16 jul. 1934. Disponível em: <http://www.planalto.gov.br/ccivil_03/constituicao/constituicao34.htm>. Acesso em: 14 jun. 2016.

BRASIL. Constituição da República Federativa do Brasil de 1967. *Diário Oficial da União*, 24 jan. 1967. Disponível em: <http://www.planalto.gov.br/ccivil_03/constituicao/constituicao67.htm>. Acesso em: 12 fev. 2018.

BRASIL. *Constituição da República Federativa do Brasil.* Brasil: Senado Federal, Coordenação de Edições Técnicas, 2016. Disponível em: <https://www2.senado.leg.br/bdsf/bitstream/handle/id/518231/CF88_Livro_EC91_2016.pdf>. Acesso em: 16 jun. 2018.

BRASIL. Decreto de 20 de outubro de 2003. Institui Grupo de Trabalho Interministerial encarregado de analisar a situação atual e apresentar plano de ação visando a reestruturação, desenvolvimento e democratização das Instituições Federais de Ensino Superior – IFES. *Diário Oficial da União*, seção 1, 21 out. 2003, p. 3. Disponível em: <http://www2.camara.leg.br/legin/fed/decret_sn/2003/decreto-52428-20-outubro-2003-603937-norma-pe.html>. Acesso em: 14 de jun. 2018.

BRASIL. Decreto nº 19.851, de 11 de abril de 1931. Dispõe que o ensino superior no Brasil obedecerá, de preferência, ao systema universitario, podendo ainda ser ministrado em institutos isolados, e que a organização technica e administrativa das universidades é instituida no presente Decreto, regendo-se os institutos isolados pelos respectivos regulamentos, observados os dispositivos do seguinte Estatuto das Universidades Brasileiras. *Diário Official*, 15 abr. 1931, p. 5800. Disponível em: <http://www2.camara.leg.br/legin/fed/decret/1930-1939/decreto-19851-11-abril-1931-505837-publicacao-original-1-pe.html>. Acesso em: 14 jun, 2018.

BRASIL. Decreto nº 34.330, de 21 de outubro de 1953. Regulamenta a lei nº 1.821, de 12 de março de 1953. *Diário Oficial da União*, seção 1, 3 nov. 1953a, p. 18.590. Disponível em: <http://www2.camara.leg.br/legin/fed/decret/1950-1959/decreto-34330-21-outubro-1953-326101-republicacao-60374-pe.html>. Acesso em: 14 jun. 2016.

BRASIL. Decreto nº 6.096, de 24 de abril de 2007. Institui o Programa de Apoio a Planos de Reestruturação e Expansão das Universidades Federais – REUNI. *Diário Oficial da União*, 25 abr. 2007. Disponível em: <http://www.planalto.gov.br/ccivil_03/_ato2007-2010/2007/decreto/d6096.htm>. Acesso em: 14 jun. 2018.

BRASIL. Decreto nº 7.247 de 19 de abril de 1879. Reforma o ensino primario e secundario no municipio da Côrte e o superior em todo o Imperio [redação original]. *Coleção de Leis do Império do Brasil*, v. 1, pt. II, 1879, p. 196. Disponível em: <http://www2.camara.leg.br/legin/fed/decret/1824-1899/decreto-7247-19-abril-1879--547933-publicacaooriginal-62862-pe.html>. Acesso em: 10 jun. 2018.

BRASIL. Decreto-lei nº 4.244, de 9 de abril de 1942. Lei orgânica do ensino secundário. *Diário Oficial da União*, seção 1, 10 abr. 1942, p. 5798. Disponível em: <http://www2.camara.leg.br/legin/fed/declei/1940-1949/decreto-lei-4244-9-abril-1942-414155-publicacaooriginal-1-pe.html>. Acesso em: 14 jun. 2018.

BRASIL. Decreto-lei nº 8.530 de 2 de janeiro de 1946. Lei Orgânica do Ensino Normal. *Diário Oficial da União*, Seção 1, 4 jan. 1946, p. 116. Disponível em: <http://www2.camara.leg.br/legin/fed/declei/1940-1949/decreto-lei-8530-2-janeiro-1946--458443-publicacaooriginal-1-pe.html>. Acesso em: 14 jun. 2018.

BRASIL. Lei 5.540 de 28 de novembro de 1968. Fixa normas de organização e funcionamento do ensino superior e sua articulação com a escola média, e dá outras providências. *Diário Oficial da União*, seção 1, 29 nov. 1968, p. 10369. Disponível em: <http://www2.camara.leg.br/legin/fed/lei/1960-1969/lei-5540--28-novembro-1968-359201-publicacaooriginal-1-pl.html>. Acesso em: 14 jun. 2018.

BRASIL. Lei de 15 de outubro de 1827. Manda crear escolas de primeiras letras em todas as cidades, villas e logares mais populosos do Império. *Coleção de Leis do Império do Brasil*, v. 1, pt. I, 1827, p. 71. Disponível em: <http://www2.camara.leg.br/legin/fed/lei_sn/1824-1899/lei-38398-15-outubro-1827-566692-publicacaooriginal-90222-pl.html>. Acesso em: 24 abr. 2017.

BRASIL. Lei nº 1.821, de 12 de março de 1953. Dispõe sobre o regime de equivalência entre diversos cursos de graus médio para efeito de matrícula no ciclo colegial e nos cursos superiores. *Diário Oficial da União*, 16 mar. 1953b. Disponível em: <http://www.planalto.gov.br/ccivil_03/leis/L1821.htm>. Acesso em: 14 jun. 2018.

BRASIL. Lei nº 11.274, de 6 de fevereiro de 2006. Altera a redação dos arts. 29, 30, 32 e 87 da Lei no 9.394, de 20 de dezembro de 1996, que estabelece as diretrizes e bases da educação nacional, dispondo sobre a duração de 9 (nove) anos para o ensino fundamental, com matrícula obrigatória a partir dos 6 (seis) anos de idade. *Diário Oficial da União*, 7 fev. 2006. Disponível em: <http://www.planalto.gov.br/ccivil_03/_Ato2004-2006/2006/Lei/L11274.htm>. Acesso em: 24 abr. 2017.

BRASIL. Lei nº 4.024, de 20 de dezembro de 1961. Fixa as Diretrizes e Bases da Educação Nacional. *Diário Oficial da União*, 27 dez. 1961. Disponível em: <http://www.planalto.gov.br/ccivil_03/Leis/l4024.htm>. Acesso em: 14 jun. 2018.

BRASIL. Lei nº 5.692, de 11 de agosto de 1971. Fixa Diretrizes e Bases para o ensino de 1º e 2º graus, e dá outras providências. *Diário Oficial da União*, seção 1, 12 ago. 1971, p. 6377. Disponível em: <http://www2.camara.leg.br/legin/fed/lei/1970-1979/lei-5692-11-agosto-1971-357752-publicacaooriginal-1-pl.html>. Acesso em: 14 jun. 2018.

BRASIL. Lei nº 9.394 de 20 de dezembro de 1996. Estabelece as diretrizes e bases da educação nacional. *Diário Oficial da União*, 23 dez. 1996. Disponível em: <http://www.planalto.gov.br/ccivil_03/Leis/l9394.htm>. Acesso em: 14 jun. 2018.

BRASIL. Presidência da República. Secretaria Especial de Políticas para as Mulheres. *Pensando gênero e ciência*. Encontro Nacional de Núcleos e Grupos de Pesquisas – 2005, 2006. Brasília: Secretaria Especial de Políticas para as Mulheres, 2006.

BRESSER-PEREIRA, Luiz Carlos. *A reforma do aparelho do Estado e a Constituição brasileira*. Brasília: ENAP, 1995.

BRESSER-PEREIRA, Luiz Carlos. As duas fases da história e as fases do capitalismo. *Revista Crítica e Sociedade*, v. 1, nº 1, 2011, p. 168-89.

BRITES, Jurema. Afeto e desigualdade: gênero, geração e classe entre empregadas domésticas e seus empregadores". Cadernos Pagu, nº 29, p. 91-109, jul./dez. 2007.

BRUSCHINI, Maria Cristina Aranha. *Trabalho e gênero no Brasil nos últimos dez anos*. Cadernos de pesquisa, v. 37, nº 132, p. 537-572, 2007.

BRUSCHINI, Maria Cristina Aranha; AMADO, Tina. Estudos sobre mulher e educação: algumas questões sobre o magistério. *Cadernos de Pesquisa*, nº 64, fev. 1988, p. 4-13.

BRUSCHINI, Maria Cristina Aranha; LOMBARDI, Maria Rosa. A bipolaridade do trabalho feminino no Brasil contemporâneo. *Cadernos de Pesquisa*, nº 110, p. 67-104, jul. 2000.

BRUSCHINI, Maria Cristina Aranha; LOMBARDI, Maria Rosa. *Médicas, arquitetas, advogadas e engenheiras*: mulheres em carreiras, profissionais de prestígio. In Revista de Estudos Feministas, v. 7. nºs 1 e 2. Rio de Janeiro/Florianópolis: IFCS/UFRJ e CFH/UFSC, 1999.

CABRAL, Carla Giovana, Pioneiras na Engenharia. In: VIII Congresso Ibero-americano de Ciência, Tecnologia e Gênero, Curitiba, UTFPR-PPGTE, 2010, *Anais...*

CAFARDO, Renata; TOLEDO, Luiz Fernando. Homens têm 72% das mil melhores notas do Enem. *Estado de São Paulo*, 14 jan. 2018. Disponível em: <http://infograficos.estadao.com.br/educacao/enem/desigual-

dades-de-genero-e-raca/>. Acesso em: 17 jun. 2018.

CAMPOS, André Gambier. Conflitos laborais no Brasil: a justiça do trabalho e as alternativas de resolução. *Política em Foco: Mercado de Trabalho*, nº 63, out. 2017, p. 65-79. Disponível em: <ttp://repositorio.ipea.gov.br/bitstream/11058/8129/1/bmt_63_conflitos.pdf>. Acesso em: 17 jun. 2018.

CAMPOS, Veridiana P. P. *A chegada das Meritíssimas*: um estudo sobre as relações entre agência individual, ocupação feminina de um espaço de poder e mudança social. Recife, 2015. Tese (Doutorado em Sociologia) – Programa de Pós-Graduação em Sociologia, Universidade Federal de Pernambuco.

CAMPOS, Veridiana Parahyba. O silêncio sobre o processo de feminização da Magistratura: Relatos de Algumas Experiências Pioneiras no Brasil. *Revista da Emerj*, Rio de Janeiro, v. 19, nº 75, jul. 2016, p. 285-304.

CANO, Wilson. Novas determinações sobre as questões regional e urbana após 1980. *Revista Brasileira de Estudos Urbanos e Regionais*, v. 13, nov. 2011. Disponível em: <http://www.redalyc.org/articulo.oa?id=513951688004>. Acesso: 48 jun. 2018.

CAPES. Mestrado e doutorado: o que são? [on-line]. 1 abr. 2014. Disponível em: <http://www.capes.gov.br/avaliacao/sobre-a-avaliacao/mestrado-e-doutorado-o-que-sao>. Acesso em: 29 mar. 2018.

CAREERCAST. Jobs Rated Report 2016: Ranking 200 Jobs. [on-line]. Disponível em: <https://www.careercast.com/jobs-rated/jobs-rated-report-2016-ranking-200-jobs>. Acesso em: 15 jun. 2018.

CARRIJO, Alessandra Rosa. *Registros de uma prática*: anotações de enfermagem na memória de enfermeiras da primeira escola nightingaleano no Brasil (1959-1970). São Paulo, 2007. Dissertação (mestrado em Administração de Serviços de Enfermagem) – Escola de Enfermagem, Universidade de São Paulo.

CARVALHO, José Alberto Magno de. Crescimento populacional e estrutura demográfica no Brasil Belo Horizonte: UFMG/Cedeplar, 2004. Disponivel em: <https://www.nescon.Medicina.ufmg.br/biblioteca/imagem/1741.pdf>. Acesso em: 12 maio 2018.

CARVALHO, Sandro Sacchet de. Uma visão geral sobre a reforma trabalhista. *Política em Foco: Mercado de Trabalho*, Brasília, v. 63, out. 2017, p. 81-94. Disponível em: <http://repositorio.ipea.gov.br/handle//11058/8116>. Acesso em: 15 mar. 2018.

CASTILHO, Ela Wiecko V de. As mulheres no Ministério Público Federal: iniciando uma reflexão necessária sobre discriminação e desigualdade de gênero. *Revista Omnes* – ANPR, nº 1, 2016, p. 74-96.

CATANI, Afrânio Mendes; OLIVEIRA, J. F. de. A educação superior. *A organização do ensino no Brasil:* níveis e modalidades na Constituição Federal e na LDB. São Paulo: Editora Xamã, 2002.

CATANI, Denise et al. História, memória e autobiografia da pesquisa educacional e na formação. In: CATANI, Denise et al. (org.). *Docência, memória e gênero*: estudos sobre formação. São Paulo: Escrituras Editora, 1997.

CATHO. Sobre a Catho – Nossa Empresa, Nosso Jeito – Institucional. [on-line]. Disponível em: <https://www.catho.com.br/institucional/sobre-a-catho/>. Acesso em: 13 fev. 2018.

CAVALCANTE, Joseneide Franklin. *Educação superior*: conceitos, definições e classificações. Brasília: MEC, 2000.

CENTRO DE ESTUDOS SOBRE SISTEMA DE JUSTIÇA. *IV diagnóstico da Defensoria Pública no Brasil*. Brasília: Ministério da Justiça, 2014. Disponível em: <http://www.justica.gov.br/seus-direitos/politicas-de-justica/backup/biblioteca/iv-diagnostico-da-defensoria-publica-no-brasil.pdf/view>. Acesso em: 16 jun. 2018.

CFOAB. Institucional/Quadro de advogados. [on-line]. Disponível em: <https://www.oab.org.br/institucionalconselhofederal/quadro-advogados>. Acesso em: 18 jun. 2018.

CGEE. *Mestres e doutores 2015* – Estudos da demografia da base técnicocientífica brasileira. Brasília: Centro de Gestão e Estudos Estratégicos, 2016.

CHARLES, Maria; BRADLEY, Karen. Indulging Our Gendered Selves? Sex Segregation by Field of Study in 44 Countries. *American Journal of Sociology*, v. 114, nº 4, jan. 2009, p. 924-76.

CHAUÍ, Marilena. A universidade pública sob nova perspectiva. *Revista Brasileira de Educação*, nº 24, set.-dez. 2003, p. 5-15. Disponível em: <http://www.scielo.br/pdf/%0D/rbedu/n24/n24a02.pdf>. Acesso em: 22 abr. 2018.

CHAUÍ, Marilena. *Convite à filosofia*. 3. ed. São Paulo: Ática, 2000.

CISNE, Mirla; GURGEL, Telma. *Feminismo, Estado e políticas públicas*: desafios em tempos neoliberais para a autonomia das mulheres. Revista SER Social, v. 10, nº 22, p. 69-96, 2009.

CLEMENTS WORLDWIDE. Overview. About Clements Worldwide. [on-line]. Disponível em: <http://www.clements.com/about>. Acesso em: 21 abr. 2017.

CNJ. *Censo do Poder Judiciário*. Brasília: CNJ, 2014. Disponível em: <http://www.cnj.jus.br/images/dpj/Censo-Judiciario.final.pdf>. Acesso em: 22 abr. 2017.

CNJ. CNJ Serviço: Saiba como funciona a carreira de magistrado. [on-line]. 18 abr. 2016. Disponível em: <http://www.cnj.jus.br/noticias/cnj/82067-cnj-servico-saiba-como-funciona-a-carreira-de-magistrado>. Acesso em: 2 fev. 2018.

CNJ. *Justiça em números 2017*: ano-base 2016. Brasília: CNJ, 2017. Disponível em: <http://www.cnj.jus.br/

files/conteudo/arquivo/2017/12/ b60a659e5d5cb79337945c1dd 137496c.pdf>. Acesso em: 6 maio 2018.

CNJ. *Perfil Sociodemográfico dos Magistrados Brasileiros 2018*. Brasili: CNJ, 2018. Disponível em: http://www. cnj.jus.br/files/conteudo/arquivo /2018/09/49b47a6cf9185359256c-22766d5076eb.pdf Acesso em 01 junho de 2019.

CNPq. Estatísticas. [on-line]. Disponível em: <http://cnpq.br/estatisticas1>. Acesso em: 16 jun. 2018.

CNPq. Membros dos comitês. [on--line]. Disponível em: <http:// cnpq.br/membros-dos-comites>. Acesso em: 19 fev. 2018.

COELHO, Edmundo Campos. *As profissões imperiais*: Medicina, Engenharia e advocacia no Rio de Janeiro, 1822-1930. Rio de Janeiro: Record, 1999.

COLLING, Ana. A construção histórica do feminino e do masculino. In: STREY, Marlene Neves; CABEDA, Sonia T. Lisboa; PREHN, Denise Rodrigues. *Gênero e cultura*: questões contemporâneas. Porto Alegre: Edipucrs, 2004. p. 13-38.

COMISSÃO EUROPEIA. Erasmus+. Estatísticas. [on-line]. Disponível em: <http://ec.europa.eu/programmes/erasmus-plus/about/ statistics_pt>. Acesso em: 28 abr. 2018.

COMPARATO, Fábio Konder. *1936 – A afirmação histórica dos direitos humanos*. 3ª ed. rev. e ampl. São Paulo: Saraiva, 2003.

CONFEA. Profissionais – Quantidade por gênero. [on-line]. Disponível em: <http://ws.confea.org. br:8080/EstatisticaSic/ModEstatistica/Pesquisa.jsp?vw=Sexo>. Acesso em: 28 jan. 2018.

CONSELHO FEDERAL DE MEDICINA. Diretoria. [on-line]. Disponível em: <http://portal.cfm.org.br/index. php?option=com_content&view=a rticle&id=12&Itemid=28>. Acesso em: 19 fev. 2018.

CONSELHO NACIONAL DO MINISTÉRIO PÚBLICO. *Ministério Público*: um retrato: dados de 2016, volume VI. Brasília: CNMP, 2017. Disponível em: <http://www.cnmp.mp.br/ portal/images/Anu%C3%A1rio_ um_retrato_2017_internet.pdf>. Acesso em: 16 jun. 2018.

CONSTITUTION of United Nations Educational, Scientific and Cultural Organization. Londres, 16 nov. 1945. Disponível em: <http://portal.unesco.org/en/files/16835/1066 818100116nov1945.pdf/16nov1945. pdf>. Acesso em: 1 jun. 2018.

COURA, Kalleo. Não é mimimi. *Jota*, 8 mar. 2017. [on-line]. Disponível em: <https://jota.info/advocacia/ nao-e-mimimi-08032017>. Acesso em: 20 abr. 2017.

CRENSHAW, Kimberlé. Documento para o encontro de especialistas em aspectos da discriminação racial relativos ao gênero. *Revista Estudos Feministas*, v. 10, nº 1, 2002, p. 171-88. Disponível em: <http://www.scielo.br/pdf/ref/ v10n1/11636.pdf>. Acesso em: 7 maio 2018.

CRISTO, Alessandro (ed.). *Futuro da advocacia:* meta não é lucro imediato, mas perenidade do escritório. 2012. Disponível em: <https://www.conjur.com.br/2012-ago-26/entrevista-alexandre-bertoldi-socio-gestor-pinheiro-neto-advogados>. Acesso em: 26 ago. 2012.

CSJT – Conselho Superior da Justiça do Trabalho. Relatório geral da justiça do trabalho. Brasília: CSJT, 2016. Disponível em: <http://www.tst.jus.br/documents/10157/aca78b88-b57c-2562-6c09-85a037d2878e>. Acesso em: 16 mar. 2018.

CUNHA, Luiz Antônio Constant Rodrigues da. *A Universidade Temporã*: o ensino superior da Colônia à Era Vargas. [e-pub] São Paulo: Editora da Unesp, 2007.

CURSO OBJETIVO VESTIBULARES. Relação candidato/vaga. [on-line]. Disponível em: <https://www.curso-objetivo.br/vestibular/candidato_vaga.aspx>. Acesso em: 9 fev. 2018.

CURY, Carlos Roberto Jamil. A educação básica como Direitoo Direito. *Cadernos de Pesquisa*, São Paulo, v. 38, nº 134, p. 293-303, 2008.

CURY, Carlos Roberto Jamil. Direito à educação: direito à igualdade, direito à diferença. *Cadernos de Pesquisa*, São Paulo, nº 116, p. 245-62, jul. 2002. Disponível em: <http://www.scielo.br/scielo.php?script=sci_arttext&pid=S0100-15742002000200010&lng=en&nrm=iso>. Acesso em: 24 abr. 2018.

D'ARAUJO, Maria Celina (org.). *As Instituições da Era Vargas*. Rio de Janeiro: EDUERJ/FGV, 1999.

DAGNINO, Renato. *Neutralidade da ciência e determinismo tecnológico –* um debate sobre a tecnociência. Campinas: Editora Unicamp, 2008.

DATASENADO. Violência doméstica e familiar contra a mulher. Secretaria de Transparência DataSenado, mar. 2013. Disponível em: <file:///C:/Users/msapu/Downloads/PesquisaViolenciaDomestica_2013_DataSenado.pdf>. Acesso em: 13 abr. 2018.

DAVID, Miriam E. *The state, the Family and Education*. Boston: Routledge and Kegan Paul, 1980.

DE SOUZA, Maria Inêz Salgado. *Os empresários e a educação*: o IPES e a política educacional após 1964. Vozes, 1981.

DECLARAÇÃO de Bolonha. [on-line]. Disponível em: <http://www.direitoshumanos.usp.br/index.php/Documentos-n%C3%A3o-Inseridos-nas-Delibera%C3%A7%C3%B5es-da-ONU/declaracao-de-bolonha-1999.html>. Acesso em: 15 maio 2018.

DEFENSORIA PÚBLICA DA UNIÃO. Gestão de pessoas. [on-line]. Disponível em: <http://www.dpu.def.br/transparencia/gestao-de-pessoas#faqnoanchor>. Acesso em: 1 fev. 2018.

DEL PRIORE, Mary. História das Mulheres no Brasil. 9ª ed. São Paulo: Contexto,

DEMARTINI, Zeila de Brito Fabri; ANTUNES, Fátima Ferreira. Magistério primário: profissão feminina, carreira masculina. *Cadernos de Pesquisa*, nº 86, 2013, p. 5-14.

DEPARTAMENTO DE ENGENHARIA DE ENERGIA E AUTOMAÇÃO ELÉTRICAS – ESCOLA POLITÉCNICA. Docentes. Disponível em: <http://www.pea.usp.br/departamento/docente/>. Acesso em: 5 maio 2018.

DICIO – DICIONÁRIO ONLINE DE PORTUGUÊS. Autonomia (verbete). [on-line]. Disponível em: <https://www.dicio.com.br/autonomia/>. Acesso em: 17 jun. 2018.

DISTRITO FEDERAL. Lei nº 5.368, de 09 de julho de 2014. Dispõe sobre o piso salarial do advogado empregado privado no âmbito do Distrito Federal. *Diário Oficial do Distrito Federal*, 10 jul. 2014. Disponível em: <http://www.lexml.gov.br/urn/urn:lex:br;distrito.federal:distrital:lei:2014-07-09;5368>. Acesso em: 28 jan. 2018.

DOURADO, Luiz Fernandes. Reforma do Estado e as políticas para a educação superior no Brasil nos anos 90. *Educação & Sociedade*, v. 23, nº 80, 2002, p. 234.

DUARTE, Amélia. A funcionária pública sob a Constituição de 1937. *Revista do Serviço Público*, nº 4, p. 32-4, 1938.

DURHAM, Eunice R. *A autonomia universitária* – extensão e limites. Documento de Trabalho – Núcleo de Pesquisas sobre Ensino Superior da Universidade de São Paulo – NUPES, Núcleo de Pesquisas sobre Ensino Superior Universi-

dade de São Paulo. Disponível em: <https://ufam.edu.br/attachments/article/2317/Artigo%20Autonomia%20Universit%C3%A1ria%20Eunice%20Durham.pdf>. Acesso em: 17 jun. 2018.

DURKHEIM, Émile. *Educação e sociologia*: com um estudo da obra de Durkheim de Paul Fauconnet. Tradução de Lourenço Filho. v. 11. CIDADE: EDITORA, 1978.

DURKHEIM, Émile. *Education et sociologie*. Paris: PUF, 1922.

E-GUIA DO ESTUDANTE. Profissões. [on-line]. Disponível em: <https://guiadoestudante.abril.com.br/profissoes/>. Acesso em: 29 jan. 2018.

EISIEGEL, Celso de Rui. Educação e sociedade no Brasil após 30. In: HOLANDA, Sérgio Buarque de (dir.). *O Brasil republicano*: economia e cultura. v. 4. Rio de Janeiro: Bertrand Brasil, 1995 (Col. História Geral da Civilização Brasileira).

ELSEVIER. About. [on-line]. Disponível em: <https://www.elsevier.com/about>. Acesso em: 16 jun. 2018.

ELSEVIER. *Gender in the Global Research Landscape*. Amsterdam: Elsevier, 2017. [on-line]. Disponível em: <https://www.elsevier.com/__data/assets/pdf_file/0008/265661/ElsevierGenderReport_final_for-web.pdf>. Acesso em: 20 fev. 2017.

ENGEL, Barbara Alpern. *Women in Russia*, 1700-2000. Nova Iorque: Cambridge University Presse, 2004.

ENGELS, Friedrich. *A situação da classe trabalhadora na Inglaterra*: segundo as observações do autor e fontes autênticas. Boitempo Editorial, 2010.

ESCOLA POLITÉCNICA. Professores eméritos. [on-line]. Disponível em: <http://www.poli.usp.br/pt/a-poli/historia/professores-emeritos.html>. Acesso em: 28 jan. 2018.

ESPING-ANDERSEN, Gosta. O futuro do *welfare state* na nova ordem mundial. *Lua Nova*, v. 35, 1995, p. 75-111.

EUROSTAT. Europe 2020 indicators. [on-line]. Disponível em: <http://ec.europa.eu/eurostat/web/europe-2020-indicators/statistics-illustrated>. Acesso em: 27 abr. 2018.

FACULDADE DE MEDICINA DA BAHIA. Histórico. [on-line]. Disponível em: <http://www.fameb.ufba.br/index.php?option=com_content&view=article&id=54&Itemid=73>. Acesso em: 22 fev. 2017.

FAJARDO, Vanessa. Brasil e Portugal têm maior percentual de mulheres autoras de artigos científicos, diz estudo. *Portal G1*, 8 mar. 2017. [on-line]. Disponível em: <https://g1.globo.com/educacao/noticia/brasil-e-portugal-tem-maior-percentual-de-mulheres-autoras-de-artigos-cientificos-diz-estudo.ghtml>. Acesso em: 16 jun. 2018.

FARIA, Júlio César de. *Da fundação das universidades ao ensino na colônia*. Rio de Janeiro: Imprensa Nacional, 1952.

FÁVERO, Maria de Lourdes de Albuquerque. A Universidade no Brasil: das origens à Reforma Universitá-

ria de 1968. *Educar*, Curitiba, nº 28, 2006, p. 17-36.

FERNANDES, Florestan. *A universidade brasileira*. São Paulo: Brasiliense, 1975

FERREIRA JR, Amarilio; BITTAR, Marisa. A ditadura militar e a proletarização dos professores. *Educ. Soc.*, Campinas, v. 27, nº 97, set.-dez. 2006, p. 1159-79.

FERREIRA JR, Amarilio; BITTAR, Marisa. Educação e ideologia tecnocrática na ditadura militar. *Cad. Cedes*, Campinas, v. 28, nº 76, set.-dez. 2008, p. 333-55.

FGV CPDOC. A Revolução de 1930 (verbete). [on-line]. Disponível em: <http://cpdoc.fgv.br/revolucao1930/acervo>. Acesso em: 18 jun. 2016.

FILGUEIRAS, Luiz. O neoliberalismo no Brasil: estrutura, dinâmica e ajuste do modelo econômico. In: BASUALDO, Eduardo M.; ARCEO, Enrique (orgs.). *Neoliberalismo y sectores dominantes* – tendências globales y experiências nacionales. Buenos Aires: CLACSO, 2006. p. 179-206 (Colección Grupos de Trabajo).

FIORI, José Luiz. Para repensar o papel do Estado sem ser um neoliberal. *Revista de Economia Política*, vol. 12, nº 1, 1992, p. 76-89.

FONSECA, Tania Mara Galli. *Gênero, subjetividade e trabalho*. Rio de Janeiro: Editora Vozes, 2000.

FOUCAULT, Michel. Crise da medicina ou crise da antimedicina. *Verve*, São Paulo, nº 18, ago.-dez. 2010, p. 167-94. Disponível em: <https://revis-

tas.pucsp.br/index.php/verve/article/view/8646>. Acesso em: 9 fev. 2018.

FRASER, Nancy. Reconhecimento sem ética? *Lua Nova: Revista de Cultura e Política*, nº 70, p. 101-38. Disponível em: <http://www.scielo.br/pdf/%0D/ln/n70/a06n70.pdf>. Acesso em: 18 abr. 2018.

FREIDSON, Eliot. Para uma análise comparada das profissões: a institucionalização do discurso e do conhecimento formais. *Revista Brasileira de Ciências Sociais*, v. 31, nº 11, p. 141-54, 1996.

FREIRE, Paulo. *A importância do ato de ler*: em três artigos que se completam. São Paulo: Autores Associados/Cortez, 1989 (Coleção Polêmicas do Nosso Tempo; 4).

FREIRE, Paulo. *Alfabetização*: leitura do mundo, leitura da palavra. Rio de Janeiro: Paz e Terra, 2011.

FREIRE, Paulo. *Educação como prática da liberdade*. Rio de Janeiro: Paz e Terra, 1967.

FREIRE, Paulo. *Pedagogia da autonomia*: saberes necessários à prática educativa. 25. ed. São Paulo: Paz e Terra, 2002 (Coleção Leitura).

FREITAS, Andrea; XAVIER, Luiza; CASEMIRO, Luciana. Ações de consumo somam quase a metade dos 90 milhões de processos no Judiciário. *O Globo*, Economia, Defesa do Consumir, 6 out. 2013. Disponível em: <https://oglobo.globo.com/economia/defesa-do-consumidor/acoes-de-consumo-somam-quase-metade-dos-90-milhoes-de-pro-

cessos-no-judiciario-10266371>. Acesso em: 4 fev. 2018.

FUNDAÇÃO DARCY RIBEIRO. 1997--2014. [on-line]. Disponível em: <https://www.fundar.org.br/fundacao/abre.php?abre=28>. Acesso em> 18 jun. 2016.

FUVEST 2017. Questionário de avaliação socioeconômica: candidatos inscritos no Enem – Relatório por carreira. [on-line]. Disponível em: <http://acervo.fuvest.br/fuvest/2017/FUVEST_2017_qase_inscr_car_fuvest_2017.pdf>. Acesso em: 18 jun. 2018.

GALVÃO, Antonio Carlos Filgueiras et al. *Mestres 2012:* Estudemografiagrafía da base técnicocientífica brasileira. Brasília: Centro de Gestão e Estudos Estratégicos, 2012.

GASPARINI, Claudia. Os 15 maiores salários na área médica. *Exame*, 17 out. 2014. Disponivel em: <https://exame.abril.com.br/ciencia/os-15-maiores-salarios-na-area-medica/>. Acesso em: 18 jun. 2018.

GASTALDO, Denise Maria; MEYER, Dagmar Estermann. A formação da enfermeira: ênfase na conduta em detrimento do conhecimento. *Revista Brasileira de Enfermagem*, v. 42, 1989, nºs 1-4, p. 7-13.

GENTILI, Pablo. Neoliberalismo e educação: manual do usuário. *Eissoola SA: quem ganha e quem perde no mercado educacional do neoliberalismo.* Brasília: CNTE, p. 9-49, 1996.

GISI, Maria Lourdes. A educação superior no Brasil e o caráter de desigualdade do acesso e da permanência. *Diálogo Educacional*, Curitiba, v. 6, nº 17, p. 97-112, 2006.

GOLDEMBERG, José. O repensar da educação no Brasil. *Estudos Avançado*, v. 7, nº 18, ago. 1993, p. 65-137. Disponível em: <http://www.scielo.br/scielo.php?script=sci_arttext&pid=S0103-40141993000200004&lng=en&nrm=iso>. Acesso em: 27 nov. 2017.

GOMES, Adalmir de Oliveira; FREITAS, Maria Eduarda Mendonça de. Correlação entre demanda, quantidade de juízes e desempenho judicial em varas da Justiça Federal no Brasil. *Revista Direito GV*, v. 13, nº 2, jul. 2017, p. 567-585. Disponível em: <http://bibliotecadigital.fgv.br/ojs/index.php/revdireitogv/article/view/70838>. Acesso em: 1 fev. 2018.

GOMES, Jesué Pinharanda. *Dicionário de filosofia portuguesa*. Lisboa: Publicações D. Quixote, 1987.

GOVERNO DO BRASIL. Política de valorização garante salário-mínimo de R$ 937 em 2017. 29 dez. 2016. [on--line]. Disponível em: <https://www.brasil.gov.br/economia--e-emprego/2016/12/politica--de-valorizacao-garante-salario--minimo-de-r-937-em-2017>. Acesso em: 21 abr. 2017.

GRAHAM, Patricia Albjerg. Expansion and Exclusion: A History of Women in American Higher Education. *Signs*, v. 3, nº 4, 1978, p. 759-73. Disponível em: <www.jstor.org/stable/3173112>. Acesso em: 18 jun. 2018.

GRECCO, Fabiana Sanches. O debate sobre a reprodução social no Brasil nos marcos da "crise do cuidado". In: 41º Encontro Anual da Anpocs, GT 13 – Gênero, Trabalho e Família, Caxambu, 2017. *Anais...* Disponível em: <https://www.anpocs.com/index.php/papers-40-encontro-2/gt-30/gt13-17/10716-o-debate-sobre--a-reproducao-social-no-brasil--nos-marcos-da-crise-do-cuidado/file>. Acesso em: 22 maio 2018.

GROSSI, Miriam Pillar. A Revista Estudos Feministas faz 10 anos: uma breve história do feminismo no Brasil. *Estudos Feministas*, v. 12, nº especial, 2004, p. 211-21.

GUEDES, Moema de Castro. A presença feminina nos cursos universitários e nas pós-graduações: desconstruindo a ideia da universidade como espaço masculino. *História, Ciências, Saúde-Manguinhos*, v. 15, 2008, p. 117-132.

GUIMARÃES, José Ribeiro Soares. Perfil do trabalho docente no Brasil: um olhar sobre as unidades da federação durante a segunda metade da década de 2000. Brasilia: OIT, 2012.

GUIMARÃES, Lucia Maria Paschoal; FERREIRA, Tania Maria Tavares Bessone da Cruz. Myrthes Gomes de Campos (1875-?): pioneirismo na luta pelo exercício da advocacia e defesa da emancipação feminina. *Gênero*, v. 9, nº 2, 1. sem. 2009, p. 135-51. Disponível em: <http://www.revistagenero.uff.br/index.php/revistagenero/article/

view/85/62>. Acesso em: 17 jun. 2018.

HAASE, Heiko; ARAÚJO, Eliane Cristina de; DIAS, Joilson. Inovações vistas pelas patentes: exigências frente às novas funções das universidades. *Revista Brasileira de Inovação*, v. 4, nº 2, jul.-dez 2009, p. 329--62.

HADDAD, Sérgio; GRACIANO, Mariângela. Educação: direito universal ou mercado em expansão. *São Paulo em Perspectiva*, v. 18, nº 3, 2004, p. 67-77.

HAHNER, June E. Escolas mistas, escolas Normais: a coeducação e a feminização do magistério no século XIX. *Estudos Feministas*, Florianópolis, v. 19, nº 2, jan. 2011, p. 467. Disponível em: <https://periodicos.ufsc.br/index.php/ref/article/view/21453>. Acesso em: 22 nov. 2017.

HIRATA, Helena. A precarização e a divisão internacional e sexual do trabalho. *Sociologias*, Porto Alegre, nº 21, jun. 2009, p. 24-41. Disponível em: <http://www.scielo.br/scielo.php?script=sci_arttext&pid=S1517-45222009000100003&lng=pt&nrm=iso>. Acesso em: 31 jan. 2018.

HIRATA, Helena. Recent Trends of Social and Labour Precarization: Brazil, France, and Japan. *Caderno CRH*, v. 24, n. especial, 2011, p. 13-20.

HIRATA, Helena. Trabalho doméstico: uma servidão "voluntária"? In: GODINHO, Tatau; SILVEIRA, Maria Lúcia da (orgs.). *Políticas públicas e igualdade de gênero*. São Paulo: Coordenadoria Especial da Mulher, 2004. p. 43-54. Disponível em: <http://library.fes.de/pdf-files/bueros/brasilien/05630.pdf#page=43>. Acesso em: 18 jun. 2018.

HIRATA, Helena; KERGOAT, Danièle. Divisão sexual do trabalho profissional e doméstico: Brasil, França, Japão. In: BUSCHINI, Cristina et.al. *Mercado de trabalho e gênero*: comparações internacionais. Rio de Janeiro: FGV, 2008.

HIRATA, Helena; KERGOAT, Danièle. Novas configurações da divisão sexual do trabalho. *Cad. Pesqui.*, São Paulo, v. 37, nº 132, dez. 2007, p. 595-609. Disponível em <http://www.scielo.br/scielo.php?script=sci_arttext&pid=S0100-15742007000300005&lng=pt&nrm=iso>. Acesso em: 31 jan. 2018.

HOBART AND WILLIAM SMITH COLLEGES. Academics. [on-line]. Disponível em: <http://www.hws.edu/academics/>. Acesso em: 22 fev. 2018.

HORTA, José Silvério Baia. *Gustavo Capanema*. Fundação Joaquim Nabuco, Editora Massangana, 2010.

HOSPITAL SÃO VICENTE DE PAULO. Diretoria. [on-line]. Disponível em: <http://www.hsvp.org.br/o-hospital/diretoria>. Acesso em: 19 fev. 2018.

IBGE. *Brasil*: 500 anos de povoamento. Rio de Janeiro: IBGE, 2000.

IBGE. *Censo demográfico 1940*. Rio de Janeiro: Serviço Gráfico do

Instituto Brasileiro de Geografia e Estatística, 1950. Disponível em: <https://biblioteca.ibge.gov.br/visualizacao/periodicos/65/cd_1940_v2_br.pdf>. Acesso em: 18 jun. 2018.

IBGE. *Censo demográfico 1960*. [Rio de Janeiro]: Fundação Instituto Brasileiro de Geografia e Estatística, Departamento de Estatística, [197?]. Disponível em: <https://biblioteca.ibge.gov.br/visualizacao/periodicos/68/cd_1960_v1_br.pdf>. Acesso em: 18 jun. 2018.

IBGE. *Censo demográfico 1970*. Rio de Janeiro: Fundação Instituto Brasileiro de Geografia e Estatística, Departamento de Estatística, [198?]. Disponível em: <https://biblioteca.ibge.gov.br/visualizacao/periodicos/68/cd_1960_v1_br.pdf >. Acesso em: 18 jun. 2018.

IBGE. *Censo demográfico 2000*. Rio de Janeiro: IBGE, 2000. Disponível em: < https://biblioteca.ibge.gov.br/visualizacao/periodicos/85/cd_2000_caracteristicas_populacao_domicilios_universo.pdf>. Acesso em: 17 jun. 2018.

IBGE. *Censo Demográfico 2010*: educação e deslocamento – Resultados da amostra. Rio de Janeiro: IBGE, 2012.

IBGE. Estatísticas de gênero: uma análise dos resultados do censo demográfico 2010. *Estudos & Pesquisas: Informação Demográfica e Socioeconômica*, nº 33, 2014. Disponível em: <https://biblioteca.ibge.gov.br/visualizacao/livros/liv88941.pdf>. Acesso em: 18 jun. 2018.

IBGE. Pesquisa Mensal de Emprego PME Algumas das principais características dos Trabalhadores Domésticos vis a vis a População Ocupada. Abr. 2010. Disponível em: <ftp://ftp.ibge.gov.br/Trabalho_e_Rendimento/Pesquisa_Mensal_de_Emprego/Estudos/Principais_caracteristicas_trabalhadores_domesticos_abril2010.pdf>. Acesso em: 22 maio 2018.

IBGE. Pesquisa nacional por amostra de domicílios contínua - pnad contínua Principais destaques da evolução do mercado de trabalho no Brasil 2012-2017 Instituto Brasileiro de Geografia e Estatística – IBGE, jan 2018. Disponível em: <ftp://ftp.ibge.gov.br/Trabalho_e_Rendimento/Pesquisa_Nacional_por_Amostra_de_Domicilios_continua/Principais_destaques_PNAD_continua_2012_2017/PNAD_continua_retrospectiva_2012_2017.pdf>. Acesso em: 3 abr. 2018.

ILO. Cataloguing in Publication Data Initial effects of Constitutional Amendment 72 on domestic work in Brazil/International Labour Office, Inclusive Labour Markets, Labour Relations and Working Conditions –ranch. – Geneva: ILO, 2016.

INEP – Instituto Nacional de Estudos e Pesquisas Educacionais Anísio Teixeira. *Estudo exploratório sobre o professor brasileiro com base nos resultados do Censo Escolar da Educação Básica 2007/*. Brasília: Inep, 2009.

INEP. Panorama da educação: destaques do Education at a Glance 2017. Disponível em: <http://portal.inep.gov.br/education-at-a--glance>. Acesso em: 12 maio 2018.

INEP. *Resumo técnico:* Censo da educação superior 2014. Brasília: Inep, 2016.

INFOPÉDIA – DICIONÁRIOS PORTO EDITORA. Bipolaridade (verbete). Dicionário Infopédia da Língua Portuguesa. Porto: Porto Editora: 2003-2018c. [on-line]. Disponível em: <https://www.infopedia.pt/dicionarios/lingua-portuguesa/bipolaridade>. Acesso em: 17 jun. 2016.

INFOPÉDIA – DICONÁRIOS PORTO EDITORA. Ciências exatas (verbete). Dicionário Infopédia da Língua Portuguesa. Porto: Porto Editora: 200ª-2018a. [on-line]. Disponível em: <https://www.infopedia.pt/dicionarios/lingua-portuguesa/educação>. Acesso em: 17 jun. 2016.

INFOPÉDIA – DICONÁRIOS PORTO EDITORA. Educação (verbete). *Dicionário Infopédia da Língua Portuguesa.* Porto: Porto Editora: 200ª-2018a. [on-line]. Disponível em: <https://www.infopedia.pt/dicionarios/lingua-portuguesa/educação>. Acesso em: 17 jun. 2016.

INFOPÉDIA – DICONÁRIOS PORTO EDITORA. Sororidade (verbete). Dicionário Infopédia da Língua Portuguesa. Porto: Porto Editora: 2003-2018b. [on-line]. Disponível em: <https://www.infopedia.pt/dicionarios/lingua-portuguesa/sororidade>. Acesso em: 17 jun. 2018.

INMUJERES. *Glosario de gênero.* Guadalupe: Instituto Nacional de las Mujeres, 2007. Disponível em: <http://cedoc.inmujeres.gob.mx/documentos_download/100904.pdf>. Acesso em: 8 fev 2018.

IRÁZABAL, Clara; FARHAT, Ramzi. Historical Overview of Latinos and Planning in the Southwest: 1900 to Present. In: RIOS, Michael; VAZQUEZ, Leonardo. *Diálogos:* Placemaking in Latino Communities. Abingdon: Taylor & Francis, 2010. p. 23-35.

JOHNSTONE, D. Bruce; ARORA, Alka; EXPERTON, William. *The Financing and Management of Higher Education*: A Status Report on Worldwide Reforms. S.l: World Bank, 1998. Disponivel em: <http://documents.worldbank.org/curated/en/941721468741874640/pdf/multi-page.pdf>. Acesso em: 27 abr. 2018.

JUNQUEIRA, Eliane B. *A profissionalização da mulher na advocacia.* Rio de Janeiro: Fundação Carlos Chagas. 1999.

KANT, Immanuel. *Metafísica dos costumes.*Trad. Clélia Aparecida Martins; Bruno Nadai; Diego Kosbiau et al. Petrópolis/Bragança Paulista: Vozes/Editora Universitária São Francisco, 2013 (Coleção Pensamento Humano).

KAY, Fiona M.; HAGAN, John. The Persistent Glass Ceiling: Gendered Inequalities in the Earning of

Lawyers. *The British Journal of Sociology*, Londres, v. 46, nº 1, jun. 1995, p. 279-310. Disponível em: <http://www.glynnnewman.org/gender.pdf>. Acesso em: 4 fev. 2018.

KELLEY, Jonathan; EVANS, M. D. R. The Legitimation of Inequality: Occupational Earnings in Nine Nations. *American Journal of Sociology*, v. 99, nº 1, jul. 1993, p. 75-125.

KERCHE, Fábio. Autonomia e discricionariedade do Ministério Público no Brasil. *Dados*, v. 50, nº 2, 2007, p. 259-79.

KERGOAT, Danièle. Divisão sexual do trabalho e relações sociais de sexo. In: Emílio, Marli; Teixeira, Marilane; Nobre, Miriam et al. (orgs.). *Trabalho e cidadania ativa para as mulheres*: desafios para as Políticas Públicas. São Paulo: Coordenadoria Especial da Mulher, 2003. p. 55-63.

KERGOAT, Danièle. O cuidado e a imbricação das relações sociais. In: ABREU, Alice Rangel de Paula; HIRATA, Helena; LOMBARDI, Maria Rosa (orgs.). *Gênero e trabalho no Brasil e na França*: perspectivas interseccionais. São Paulo: Boitempo, 2016.

KOERNER, Andrei; BARREIRA, Karen Elaine Sakalauska; INATOMI, Celly Cook. A reforma gerencial do judiciário no brasil: medidas, efeitos e impactos para os direitos dos cidadãos. *Acta Sociológica*, v. 72, 2017, p. 13-42. Disponível em: <https://doi.org/10.1016/j.acso.2017.06.002>. Acesso em: 18 jun. 2018.

KOHAN, Walter. *Sócrates a educação*: enigma da filosofia. Belo Horizonte: Autêntica, 2011.

LAGUNA, Eduardo; RINALDI, Caio. Ações trabalhistas caem mais de 50% após reforma. *O Estado de São Paulo*, 3 fev. 2018. Disponível em: <http://economia.estadao.com.br/noticias/geral,acoes-trabalhistas-caem-mais-de-50-apos-reforma,70002176586>. Acesso em: 17 jun. 2018.

LAUGLO, Joan. Crítica às prioridades e estratégias do Banco Mundial para a Educação. *Cadernos de Pesquisa*, nº 100, mar. 1997, p. 11-36. Disponível em: <http://publicacoes.fcc.org.br/ojs/index.php/cp/article/view/765>. Acesso em: 8 mar. 2018.

LEACOCK, Ruth. *Requiem for revolution*: the United States and Brazil, 1961-1969. Kent State University Press, 1990.

LEMGRUBER, Julita. *Ministério Público*: guardião da democracia brasileira? Rio de Janeiro: CESEC, 2016.

LEONE, E.; BALTAR, P. Diferenças de rendimento do trabalho de homens e mulheres com educação superior nas metrópoles. Revista Brasileira de Estudos de População, Abep, v. 23, nº 2, jul./dez. 2006.

LIMA, Lamartine de Andrade. Parecer: anexo I da Faculdade de Medicina da Bahia "doutora Rita Lobato Velho Lopes". *Gaz. Méd. Bahia*, v. 81, nº 1, jan.-jun. 2011, p. 64-66.

LIRA, Alexandre Tavares do Nascimento. *A legislação da educação* no *Brasil durante a ditadura militar (1964-1985):* um espaço de disputas. Niterói, 2010. Tese (Doutorado) – Universidade Federal Fluminense.

LOBO, Elisabeth Souza. Experiências de mulheres. *Destinos de gênero.* Tempo Social, v. 1, nº 1, p. 169-182, 1989.

LOMBARDI, Maria Rosa. A Engenharia brasileira contemporânea e a contribuição das mulheres nas mudanças recentes do campo profissional. *Tecnologia e Sociedade,* v. 2, nº 2, jan.-jun. 2006, p. 109-131.

LOMBARDI, Maria Rosa. Engenheiras na construção civil: a feminização possível e a discriminação de gênero. *Cad. Pesqui.,* São Paulo, v. 47, nº 163, p. 122-146, mar. 2017. Disponível em: <http://www.scielo.br/scielo.php?script=sci_arttext&pid=S0100-15742017000100122&lng=en&nrm=iso>. Acesso em: 1 jun. 2018.

LOMBARDI, Maria Rosa. Perseverança e resistência: a Engenharia como profissão feminina. Campinas, 2005. Tese (doutorado). – Faculdade de Educação, Universidade Estadual de Campinas.

MACHADO, Maria Helena. *A participação da mulher no setor saúde no Brasil-1970/80.* Cadernos de Saúde Pública, v. 2, nº 4, p. 449-460, 1986.

MACHADO, Maria Helena. *Os médicos no Brasil:* um retrato da realidade. Rio de Janeiro: FIOCRUZ; 1997.

MACIENTE, Aguinaldo Nogueira; ARAUJO, Thiago Costa. A demanda por engenheiros e profissionais afins no mercado de trabalho formal. *Radar,* nº 12, mar. 2011, p. 43-54.

MACIENTE, Aguinaldo Nogueira; NASCIMENTO, Paulo A. Meuer M.; ASSIS, Lucas Rocha Soares. As ocupações de nível superior com maiores ganhos salariais entre 2009 e 2012. *Radar,* nº 27, 2013. Disponível em: <http://www.ipea.gov.br/portal/images/stories/PDFs/radar/130703_radar27_cap5>. Acesso em: 18 jun.

MALUF, Vera Maria Daher; KAHHALE, Edna Maria Severino Peters. Mulher, trabalho e maternidade: uma visão contemporânea. *Polêmica,* v. 9, nº 3, mar. 2012, p. 170-80. Disponível em: <http://www.e-publicacoes.uerj.br/index.php/polemica/article/view/2803/1917>. Acesso em: 23 mar. 2018.

MANCEBO, Deise. Crise político-econômica no Brasil: breve análise da educação superior. *Educação & Sociedade,* v. 38, nº 141, 2017, p. 875-92. Disponível em: <http://www.scielo.br/pdf/es/v38n141/1678-4626-es-es0101-73302017176927.pdf>. Acesso em: 16 jun. 2018.

MARGINSON, Simon; WENDE, Marijk van der. Globalisation and Higher Education. OECD *Education Working Papers,* nº 8, 6 jul. 2007. Disponível em: <http://dx.doi.org/10.1787/173831738240>. Acesso em: 17 jun. 2018.

MARIANI, Édio João. A trajetória de implantação do Neoliberalismo.

Revista Acadêmica Multidisciplinar Urutágua (UEM), v. 1, 2007, p. 3-10.

MARINGONI, Gilberto. A longa jornada dos direitos trabalhistas. *Revista Desafio do Desenvolvimento-IPEA*, 2013, ano 10, nº 76. [on-line]. Disponível em: <http://www.ipea.gov.br/desafios/index.php?option=com_content&view=article&id=2909:catid=28&Itemid=23>. Acesso em: 5 fev. 2018.

MARINHO, Naide (coord.). *Advocacia*: profissão mulher. Apresentação de pesquisa. Rio de Janeiro: CAARJ/OAB-RJ, [2014]. [on-line]. Disponível em: <http://www.conjur.com.br/dl/advogadas-rio-recebem-25-homens.part>. Acesso em: 20 abr. 2017.

MARQUES, Teresa Cristina; MELO, Hildete Pereira de. Os direitos civis das mulheres casadas no Brasil entre 1916 e 1962. Ou como são feitas as leis. *Estudos Feministas*, 2008, p. 463-88.

MARSHALL, Alfred. *Principles of Economics*. 8ª ed. New York: Macmillan, 1920.

MARTIN, Décio Ruivo. *A faculdade de filosofia natural da universidade de Coimbra de 1772 a 1911*. Disponível em: <https://www.uc.pt/org/historia_ciencia_na_uc/Textos/facfilonatural/afac>. Acesso em: 2 dez. 2016.

MARTINS, Carlos Benedito. A reforma universitária de 1968 e a abertura para o ensino superior privado no Brasil. *Educação e Sociedade*, v. 30, nº 106, 2009, p. 15-35.

MARTINS, Décio Ruivo. A faculdade de Filosofia Natural (1772-1911). In: FIOLHAIS, Carlos; MARTINS, Décio; SIMÕES, Carlota (coord.). *História da ciência na Universidade de Coimbra*: 1772-1933. Coimbra: Imprensa da Universidade, 2013. p. 65-115.

MARTINS, Décio Ruivo; FIOLHAIS, Carlos. *As ciências exactas e naturais em Coimbra*. Paulo Gama Mota (coordenador). Coimbra: Universidade de Coimbra/Museu da Ciência-Luz e Matéria, 2006. p. 70-115.

MATO GROSSO DO SUL. Lei nº 9.833, de 29 de novembro de 2012. Dispõe sobre o piso salarial do advogado empregado privado no âmbito do Estado de Mato Grosso. *Diário Oficial do Estado do Mato Grosso do Sul*, 29 nov. 2012. Disponível em: <http://www.migalhas.com.br/arquivos/2016/8/art20160812-10.pdf>. Acesso em: 28 jan. 2018.

MELO, Hildete P. De criadas a trabalhadoras. *Estudos Feministas*, Florianópolis, v. 2, nº 6, p. 323-357, 1998b.

MELO, Hildete P. O serviço doméstico remunerado no Brasil: de criadas a trabalhadoras. *Revista Brasileira de Estudos Populacionais*, Abep, v. 15, nº 1, jan./jun. 1998a.

MELO, Hildete P.; CASTILHO, Marta. Trabalho reprodutivo no Brasil: quem faz? *Rev. Econ. Contemp.*, Rio de Janeiro, v. 13, nº 1, p. 135-58, abr. 2009. Disponível em: <http://www.scielo.br/scielo.php?script=sci_arttext&pid=

S1415-98482009000100006&lng =en&nrm=iso>. Acesso: 10 maio 2018.

MELO, Hildete Pereira. Mulheres, reestruturação produtiva e pobreza. In: Seminario Internacional "Políticas y programas de superación de la pobreza desde la perspectiva de la gobernabilidad democrática y el género", CEPAL-ONU, 2004. *Anais...*

MELO, Mônica; NASTARI, Marcelo; MASTURA, Leila. *A participação da mulher na magistratura brasileira.* Fev. 2005. Disponível em: <http://www.spm.gov.br/assuntos/poder--e-participacao-politica/referencias/genero-e-poder-judiciario/a_participacao_da_mulher_na.pdf>. Acesso em: 16 jun. 2018.

MELO, Raimundo Simão. O agravamento dos conflitos trabalhistas e a demora da prestação jurisdicional: algumas causas e soluções. Maio 1997. [on-line]. Disponível em: <https://juslaboris.tst.jus.br/bitstream/handle/20.500.12178/114810/1997_melo_raimundo_agravamento_conflitos.pdf?sequence=1>. Acesso em: 18 jun. 2018.

MENDES, M. J. A Despesa Federal em Educação: 2004-2014. *Boletim Legislativo*, nº 26, 2015. Disponível em: <https://www12.senado.leg.br/publicacoes/estudos-legislativos/tipos-de-estudos/boletins--legislativos/bol26>. Acesso em: 14 jun. 2018.

MENKEL-MEADOW, Carrie. A sociologia comparada das advogadas: a feminização da profissão jurídica. *PANÓPTICA – Direito, Sociedade e Cultura*, v. 8, nº 1, 2013, p. 67-96.

MENKEL-MEADOW, Carrie. Feminization of the legal profession. In: ABEL, Richard L.; LEWIS, Philip S. C. (orgs.). *Lawyers in society*: comparative perspectives. v. 3. Berkeley: University of California Press, 1989. p. 198-213.

MENSAGEM apresentada ao Congresso Nacional pelo presidente da República dr. Manuel Ferraz de Campos Salles. *Correio Paulistano*, 4 maio 1902. Disponível em: <http://memoria.bn.br/pdf/090972/per090972_1902_13900.pdf>. Acesso em: 17 jun. 2018.

MERCOSUR. En pocas palabras. [on-line]. Disponível em: <http://www.mercosur.int/innovaportal/v/3862/4/innova.front/en-pocas--palabras>. Acesso em: 25 mar. 2017.

MEYER, John W. Foreword. In: FRANK, David John; GABLER, Jay. *Reconstructing the University*. Worldwide Shifts in Academia in the 20th Century. Stanford, CA: Stanford Univ. Press, 2006.

MICHAELIS – DICIONÁRIO BRASILEIRO DA LÍNGUA PORTUGUESA. Economia (verbete). [on-line]. Disponível em: <http://michaelis.uol.com.br/moderno-portugues/busca/portugues-brasileiro/economia/>. Acesso em: 17 jun. 2018.

MINISTÉRIO DA EDUCAÇÃO. Instituto Nacional de Estudos e Pesquisas Educacionais Anísio Teixeira. *Censo da Educação Superior 2004*

– *Resumo Técnico*. Brasília: Instituto Nacional de Estudos e Pesquisas Educacionais Anísio Teixeira, 2005.

MINISTÉRIO DA EDUCAÇÃO. *O PNE 2011-2020*: metas e estratégias. Brasília: MEC, [2010]. Disponível em: <http://fne.mec.gov.br/images/pdf/notas_tecnicas_pne_2011_2020.pdf>. Acesso em:18 jun. 2018.

MINISTÉRIO DA EDUCAÇÃO. Resolução nº 2, de 18 de junho de 2007. Dispõe sobre carga horária mínima e procedimentos relativos à integralização e duração dos cursos de graduação, bacharelados, na modalidade presencial. *Diário Oficial da União*, 19 jun. 2007, seção 1, p. 6. Disponível em: <http://portal.mec.gov.br/cne/arquivos/pdf/2007/rces002_07.pdf>. Acesso em: 13 fev. 2018.

MONTALVÃO, Sérgio. A LDB de 1961: apontamentos para uma história política da educação. *Mosaico*, v. 2, nº 3, 2014, p. 21-39.

MORFAUX, Louis-Marie; LEFRANC, Jean; MENEZES, Jorge Teles. *Novo dicionário da filosofia e das ciências humanas*. Lisboa: Instituto Piaget, 2005.

MORLEY, S. Griswold. Juliana Morell: Problems. *Hispanic Review*, v. 9, nº 1, 1941, p. 137-50.

MOTTA, Marly Silva da. Carlos Lacerda: *de demolidor de presidentes a construtor de estado*. MEIHY, José Carlos Sebe Bom (org.), p. 1960-75, 2005.

MOURA, Tatiana Whateley de; CUSTÓDIO, Rosier Batista; SÁ E SILVA, Fábio et al. *Mapa da Defensoria Pública no Brasil*. Brasília: Edição dos Autores, 2013. Disponível em: <http://www.ipea.gov.br/sites/images/downloads/mapa_da_defensoria_publica_no_brasil_impresso.pdf>. Acesso em: 1 fev. 2018.

MPF. Portal da Transparência. [on-line]. Disponível em: <http://www.transparencia.mpf.mp.br/conteudo/contracheque>. Acesso em: 16 jun. 2017.

NIREZ, Miguel Angelo de Azevedo. *Cronologia ilustrada de Fortaleza*: roteiro para um turismo histórico e cultural. 2 vols. Fortaleza: Edições UFC, 2001.

OAB. *Estatuto da Advocacia e legislação complementar*. 13. ed. atualizada até maio de 2013. Brasília: OAB, 2014.

OAB. Institucional/Quadro de advogados. [on-line]. Disponível em: <https://www.oab.org.br/instituionalconselhofederal/quadroadvogados>. Acesso em: 21 abr. 2017.

OECD. *Closing the Gender Gap*: Act Now. Paris: OECD Publishing, 2012. Disponível em: <http://dx.doi.org/10.1787/9789264179370-en>. Acesso em: 18 jun. 2018.

OECD. *Education at a Glance 2012*: OECD Indicators. Paris: OECD Publishing, 2012.

OECD. *Education at a Glance 2016* – Indicators. [on-line]. Disponível em: <http://www.oecd.org/education/skills-beyond-school/educa-

tion-at-a-glance-2016-indicators. htm>. Acesso em: 10 jun. 2018.

OECD. *Education at a Glance 2017*: OECD Indicators. Paris: OECD Publishing, 2017.

OECD. Members and partners. [on--line]. Disponivel em: <http://www.oecd.org/about/membersandpartners/>. Acesso em: 1 maio 2018.

OECD. *OECD Science, Technology and Innovation Outlook 2016*. Paris: OECD Publishing, 2016b.

OECDiLIBRARY. [on-line]. Disponível em: <www.oecd-ilibrary.org/statistics>. Acesso em: 28 mar. 2018.

OLIVEIRA, Clarice Gomes de. O servidor público brasileiro: uma tipologia da burocracia. *Revista do Serviço Público*, v. 58, nº 3, p. 269-302. Disponível em: <http://oaji.net/articles/2015/1978-1432642297.pdf>. Acesso em: 9 fev. 2018.

OLIVEIRA, Eduardo Romero de. A ideia de império e a fundação da monarquia constitucional no Brasil (Portugal-Brasil, 1772-1824). *Tempo*, v. 9, nº 18, 2005, p. 43-63.

OLIVEIRA, Juscelino Kubitschek. *Diretrizes gerais do plano nacional de desenvolvimento*. Editora Livraria Oscar Nicolai. Belo Horizonte, 1955.

OLIVEIRA, Lucia Lippi. Verbete sobre Revolução de 1930. *Dicionário do CPDOC/FGV* Disponivel em: <http://cpdoc.fgv.br/producao/dossies/FatosImagens/Revolucao1930>. Acesso em: 4 de abr. 2017.

OLIVEIRA, Maria Fatima; NEGREIROS, João Garrott Marques; NEVES, Ana Cristina. Condicionantes da aprendizagem da matemática: uma revisão sistêmica da literatura. *Educ. Pesqui.*, São Paulo, v. 41, nº 4, dez. 2015, p. 1023-37. Disponível em: <http://www.scielo.br/scielo.php?script=sci_arttext&pid=S1517-97022015000401023&lng=en&nrm=iso>. Acesso em: 31 jan. 2018.

OLIVEIRA, Romualdo Portela de. O direito à educação na Constituição Federal de 1988 e seu restabelecimento pelo sistema de Justiça. *Revista Brasileira de Educação*, v. 11, 1999, p. 61-74.

ONU MULHERES-BR. Sobre a ONU Mulheres. [on-line]. Disponível em: <http://www.onumulheres.org.br/onu-mulheres/sobre-a-onu--mulheres/>. Acesso em: 21 abr. 2018.

ONUBR. Momento de ação global para as pessoas do planeta. [on-line]. Disponível em: <https://nacoesunidas.org/pos2015/>. Acesso em: 17 jun. 2018.

PANDOLFI, Dulce (org.). *Repensando o Estado Novo*. Rio de Janeiro: Fundação Getulio Vargas, 1999.

PATEMAN, Carole. Soberania individual e propriedade na pessoa. *Revista Brasileira de Ciência Política*, Brasília, nº 1, jan.-jun. 2009, p. 171--218. Disponível em: <http://periodicos.unb.br/index.php/rbcp/article/viewFile/6597/5322>. Acesso em: 18 abr. 2018.

PATRICK, Gabrielle; BANA, Anurag. *BA Legal Policy & Research Unit Legal Paper*: Rule of Law versus Rule of Code: a Blockchain-Driven Legal World. [S. l.]: IBA Legal Policy & Research Unit, nov. 2017. Disponível em: <file:///C:/Users/Mar%C3%ADlia/Downloads/Blockchain-driven-world.pdf>. Acesso em: 17 jun. 2018.

PAULANI, Leda Maria. Neoliberalismo e individualismo. *Economia e Sociedade*, v. 8, nº 2, jan. 2016, p. 115-127. Disponível em: <https://periodicos.sbu.unicamp.br/ojs/index.php/ecos/article/view/8643138/10688>. Acesso em: 4 maio 2018.

PEREIRA, Flávio de Leão Bastos. *Genocídio Indígena no Brasil*. Curitiba: Juruá, 2018, 250 p.

PERKIN, Harold. History of Universities. In: FOREST, Jamos J. F.; ALTBACH, Phillip G. (eds.) *International Handbook of Higher Education*. Dordrecht: Springer, 2007 (International Handbooks of Education; 18).

PERKINS, Harold Wesley; DEMEIS, Debra K. Gender and Family Effects on the "SecondShift" Domestic Activity of College--Educated Young Adults. *Gender and Society*, v. 10, nº 1, fev. 1996, p. 78-93. Disponível em: <http://www.jstor.org/stable/189554>. Acesso em: 26 fev. 2018.

PERSONELL, PAGE. Guia de salários: estagiários, analistas e coordenadores 2017-2018. Disponível em: <https://www.pagepersonnel.com.br/sites/pagepersonnel.com.br/files/Page%20Personnel%20-%20Guia%20de%20Sal%C3%A1rios%20para%20Estagi%C3%A1rios%2C%20

Analistas%20e%20Coordenadores.pdf>. Acesso em: 18 jun. 2018.

PIB AVANÇA 1,0% em 2017 e fecha ano em R$ 6,6 trilhões. Agência IBGE.

PINA, Fabiana. Acordos MEC-Usaid: ações e reações (1966-1968). Dissertação (mestrado em História) Universidade Estadual Paulista, Faculdade de Ciências e Letras de Assis, 2011. Disponível em: <http://repositorio.unesp.br/handle/11449/93369>. Acesso em: 18 jun. 2018.

PINHEIRO NETO. Reconhecimento. [on-line]. Disponível em: <http://www.pinheironeto.com.br/pages/escritorio.aspx#reconhecimento>. Acesso em: 7 maio 2018.

PINNELLI, Antonella. Gênero e família nos países desenvolvidos. Demographicas, Campinas, SP, ABEP, nº 2, p. 55-98. 2004.

PLATAFORMA AGENDA 2030. Conheça a Agenda 2030. [on-line]. Disponível em: < http://www.agenda2030.org.br/sobre/>. Acesso em: 17 jun. 2016.

PLATÃO. *Apologia de Platão*. Pará de Minas: Virtual Books, 2003.

PNUD BRASIL. Desenvolvimento humano e IDH. [on-line]. Disponível em: <http://www.br.undp.org/content/brazil/pt/home/idh0.html>. Acesso em: 30 abr. 2018.

POLITÉCNICA – ENGENHARIA DE CONSTRUÇÃO CIVIL. Professores. [on-line]. Disponível em: <http://www.pcc.usp.br/o-departamento/pessoal/professores>. Acesso em: 5 maio 2018.

POMBAL, Marquês de. De providência literária, Junta. In: *Compêndio Histórico da Universidade de Coimbra*. Coimbra: Universidade de Coimbra, 2008.

PORTAL DA DEMOGRAFIA MÉDICA. [on-line]. Disponível em: <http://demografiamedica.org.br/>. Acesso em: 16 maio 2018.

PROCHNIK, Victor; FREITAS, Fernando; ESTEVES, Luiz Alberto. Emprego e salários na evolução recente do setor de serviços de telecomunicações brasileiro. In: NEGRI, João Alberto de; KUBOTA, Luis Cláudio. *Estrutura e dinâmica do setor de serviços no Brasil*. Brasília: Ipea, 2016. p. 465-501. Disponível em <http://www.ipea.gov.br/agencia/images/stories/PDFs/livros/capitulo_13_prochnik.pdf>. Acesso em: 14 maio 2018.

PROUNI. Bolsistas por sexo. 6 jan. 2015. [on-line]. Disponível em: <http://prouniportal.mec.gov.br/images/pdf/Representacoes_graficas/bolsistas_por_sexo.pdf>. Acesso em: 18 jun. 2018.

QUEIROZ, Fernanda Cristina Barbosa Pereira et al. Transformações no ensino superior brasileiro: análise das Instituições Privadas de ensino superior no compasso com as políticas de Estado. *Ensaio: Avaliação e Políticas Públicas em Educação*, v. 79, nº 21, 2013, p. 349-370.

RABELO, Amanda Oliveira; MARTINS, António Maria. A mulher no magistério brasileiro: um histórico sobre a feminização do magistério. In: VI Congresso Luso Brasileiro de História da Educação, 2006. *Anais...*, p. 6167-76.

RAGO, Elisabeth Juliska. A ruptura do mundo masculino da Medicina: médicas brasileiras no século XIX. *Cadernos Pagu*, nº 15, 2015, p. 199-225.

RAMIREZ, Francisco O.; SOYSAL, Yasemin; SHANAHAN, Suzanne. The Changing Logic of Political Citizenship: Cross-National Acquisition of Women's Suffrage Rights, 1890 to 1990. *American Sociological Review*, v. 62, nº 5, out. 1997, p. 735-45.

RAMOS-CERQUEIRA, Ana Teresa de Abreu; LIMA, Maria Cristina Pereira. The establishment of the physician's identity: implications for undergraduate medical teaching. *Interface – Comunic., Saúde, Educ.*, v. 6, nº 11, 2002, p. 107-16. Disponivel em: <https://www.scielosp.org/pdf/icse/2002.v6n11/107-116/pt>. Acesso em: 18 jun. 2018.

RANKING CWU classifica USP entre as melhores do mundo em oito áreas. *Jornal da USP*, 3 abr. 2017. Disponível em: <http://jornal.usp.br/universidade/ranking-saudita-classifica-usp-entre-as-melhores-do-mundo-em-oito-areas/>. Acesso em: 15 jun. 2018.

RIBEIRO, Arilda Inês Miranda. Mulheres educadas na colônia. In: *500 anos de Educação no Brasil*. Belo Horizonte: autêntica, 2000. p. 79-94

RIBEIRO, Darcy. Sobre o óbvio. Reunião da SBPC, 29. Simpósio sobre Ensino Público, São Paulo, jul. 1977.

RIBEIRO, Marlene. Educação para a cidadania: questão colocada pelos movimentos sociais. *Educação e Pesquisa*, v. 28, nº 2, p. 113-28, 2002.

RICOLDI, Arlene Martinez. A noção de articulação entre trabalho e família e políticas de apoio. *Política em Foco: Mercado de Trabalho*, nº 42, fev. 2010, p. 37-43. Disponível em: <http://repositorio.ipea.gov.br/handle/11058/4048>. Acesso em: 15 abr. 2018.

RISTOFF, Dilvo; GIOLO, Jaime. Censo da educação superior 2004 – resumo técnico. Brasília: MEC/Inep/Deaes. 2005.

ROBERT HALF. Guia salarial 2017. [on-line]. Disponível em: <https://www.roberthalf.com.br/downloads/guia-salarial>. Acesso em: 21 abr. 2017.

ROCHA-COUTINHO, Maria Lúcia. Novas opções, antigos dilemas: mulher, família, carreira e relacionamento no Brasil. Temas psicol., Ribeirão Preto, v. 12, nº 1, p. 02-17, jun. 2004. Disponível em <http://pepsic.bvsalud.org/scielo.php?script=sci_arttext&pid=S1413-389X2004000100002&lng=pt&nrm=iso>. acessos em 23 mar. 2018.

RODRIGUES JUNIOR, Otavio Luiz. Autonomia da vontade, autonomia privada e autodeterminação: notas sobre a evolução de um conceito na modernidade e pós--modernidade. *Revista de Informação Legislativa*, v. 41, nº 163, jul.--set. 2004. Disponível em: <http://www2.senado.leg.br/bdsf/bits-

tream/handle/id/982/R163-08.pdf?sequence=4>. Acesso em: 18 abr. 2018.

RODRIGUES, Ana Maria Moog. Por uma filosofia da tecnologia. In: Grinspun, Maria Paula S. Z. (org.). *Educação tecnológica* – desafios e perspectivas. São Paulo: Cortez, 2001. p. 75-129.

RODRIGUES, Manuel Augusto. *Notas sobre a Universidade de Coimbra desde as origens (1290) até à fixação definitiva em Coimbra (1537)*. Faculdade de Letras de Coimbra, [2016]. Disponível em: <http://ler.letras.up.pt/uploads/ficheiros/4887.pdf>. Acesso em: 18 jan. 2017.

SADER, Emir. Notas sobre a globalização neoliberal. In: MATTA, Gustavo Corrêa; LIMA, Júlio César França (orgs.). *Estado, sociedade e formação profissional em saúde*: contradições e desafios em 20 anos de SUS. Rio de Janeiro: Editora Fiocruz/EPSJV, 2008.

SAFFIOTI, Heleisth. *A mulher na Sociedade de Classes*. 3ª ed. São Paulo: Expressão Popular, 2013. 528 p.

SAMPAIO, Helena. Evolução do ensino superior brasileiro. *Documento de Trabalho*, São Paulo, NUPES, v. 8, 1991, p. 91.

SANTOS, Boaventura de Sousa. *O Estado, as relações salariais e o bem-estar social na semiperiferia*: o caso português. Coimbra: Oficina do Centro de Estudos Sociais, s.d. Disponível em: <https://estudogeral.sib.uc.pt/bitstream/10316/10939/1/O%20Estado,%20as%20Rela%C3%A7%C3%B5es%20Salariais%20

e%20o%20Bem-Estar%20Social%20na%20Semiperiferia.pdf>. Acesso em: 5 mai 2018.

SARAIVA, Luiz Alex Silva; NUNES, Adriana de Souza. A efetividade de programas sociais de acesso à educação superior: o caso do Prouni. *Revista de Administração Pública*, v. 45, nº 4, 2011, p. 941-64.

SARTI, Cynthia Andersen. O feminismo brasileiro desde os anos 1970: revisitando uma trajetória. *Estudos Feministas*, v. 12, nº 2, 2004, p. 35-50.

SAVIANI, Dermeval. A idéia de sistema nacional de ensino e as dificuldades para sua realização no Brasil no século XIX. *In:* Livro de Resumos do III Congresso Luso-Brasileiro de História da Educação: escolas, culturas e identidades. Coimbra, fevereiro de 2000.

SCHEFFER, Mário (coord.). Demografia médica no Brasil 2015. São Paulo: Departamento de Medicina Preventiva da Faculdade de Medicina da USP/Conselho Regional de Medicina de São Paulo/ Conselho Federal de Medicina, 2015. Disponível em: <http://www.flip3d.com.br/web/temp_site/edicao-c6a01432c8138d-46ba39957a8250e027.pdf>. Acesso em: 31 jan. 2018.

SCHEFFER, Mário César; CASSENOTE, Alex Jones Flores. A feminização da medicina no Brasil *Rev. Bioét.*, Brasília, v. 21, nº 2, ago. 2013, p. 268-77. Disponível em: <http://www.scielo.br/scielo.php?script=sci_arttext&pi

d=S1983-80422013000200010&lng=en&nrm=iso>. Acesso em: 16 jun. 2018.

SCHUMAHER, Maria Aparecida. *Dicionário Mulheres do Brasil: de 1500 até a atualidade-biográfico e ilustrado*. Rio de Janeiro: Zahar, 2000.

SCHWARTZMAN, Simon. Gustavo Capanema e a educação brasileira: uma interpretação. *Revista Brasileira de Estudos Pedagógicos*, v. 66, nº 153, 1985, p. 165-72.

SECO, Ana Paula; AMARAL, Tania Conceição Iglesias do. *Marquês de Pombal e a reforma educacional brasileira*. [on-line]. HISTEDR. Faculdade de educação da UNICAMP, São Paulo, [2006]. Disponível em: <http://www.histedbr.fe.unicamp.br/navegando/periodo_pombalino_intro.html>. Acesso em: 10 jun. 2018.

SECRETARIA DE ESTADO DA EDUCAÇÃO E DA SAÚDE PÚBLICA. Decreto nº 6.283 de 25 de janeiro de 1934. Crea a Universidade de São Paulo e dá outras providências. *Diário Oficial do Estado*, 25 jan. 1934. Disponível em: <http://www.leginf.usp.br/?historica=decreto-n-o-6-283-de-25-de-janeiro-de-1934>. Acesso em: 14 jun. 2018.

SECRETARIA NACIONAL DO CONSUMIDOR. *Boletim Sindec 2016*. Brasília; Ministério da Justiça, 2016. Disponível em: <http://justica.gov.br/seus-direitos/consumidor/sindec/boletim-sindec-2016.pdf>. Acesso em: 5 fev. 2018.

SEGATTO, J.A. Revolução e história. *Estudos de Sociologia*, nº 5, 1998,

p. 35-45. Disponível em: <https://periodicos.fclar.unesp.br/estudos/article/viewFile/847/706>. Acesso em: 15 jun. 2018.

SEGRE, Marco; LEOPOLDO E SILVA, Franklin; SCHRAMM, Fermin M. O contexto histórico, semântico e filosófico do princípio de autonomia. *Bioética*, v. 6, nº 1, 1998, p. 15-26.

SEMEGA, Jessica L.; FONTENOT, Kayla R.; KOLLAR, Melissa A. *Income and Poverty in the United States*: 2016. Washington: U. S. Government Printing Office, 2017.

SENDOV, Blagovest. *Entrando na era da informação*. Estudos Avançados, v. 8, nº 20, p. 28-32, 1994.

SIGMUND FREUD, edição standard brasileira das obras psicológicas completas de Sigmund Freud, IMAGO ED., Rio de Janeiro-RJ.

SILVA, Suely Braga da. *50 anos em 5*: o Plano de Metas. [on-line]. Disponível em: <http://cpdoc.fgv.br/producao/dossies/JK/artigos/Economia/PlanodeMetas>. Acesso em: 10 jan. 2017.

SILVEIRA, Marisa Rosâni da Silveira. A dificuldade da matemática no dizer do aluno: ressonâncias de sentido de um discurso. *Educação & Realidade*, v. 36, nº 3, set.-dez. 2011, p. 761-79.

SINE. Site Nacional de Empregos. [on-line]. Disponível em: <www.sine.com.br>. Acesso em: 15 jun. 2018.

SINGER, Paul. Poder, política e educação. Revista Brasileira de Educação, nº 1, jan.-abr. 1996,

p. 5-15. Disponível em: <http://www.ia.ufrrj.br/ppgea/conteudo/T2-1SF/Sandra/Poder,%20pol%EDtica%20e%20educa%E7%E3o.pdf>. Acesso em: 17 jun. 2018.

SISU – Sistema de Seleção Unificada. [on-line]. Disponível em: <http://www.sisu.mec.gov.br/tire-suas-duvidas#chamada>. Acesso em: 9 fev. 2018.

SOARES, Cristiane; MELO, Hildete; BANDEIRA, Lourdes. *O trabalho das mulheres brasileiras*: uma abordagem a partir dos censos demográficos de 1872 a 2010. In: XIX Encontro Nacional de Estudos Populacionais, Associação Brasileira de Estudos Populacionais (ABET), São Pedro-SP, Brasil. *Anais...*, v. 24.

SOIHET, Rachel. Violência simbólica. Saberes masculinos e representações femininas. *Estudos Feministas*, v. 5, nº 1, 1997, p. 7-29.

SORJ, Bila; FONTES, Adriana; MACHADO, Danielle Carusi. Políticas e práticas de conciliação entre família e trabalho no Brasil: issues and policies in Brazil.*Cad. Pesqui.*, São Paulo, v. 37, nº 132, p. 573-594, dez. 2007. Disponível em: <http://www.scielo.br/scielo.php?script=sci_arttext&pid=S0100-15742007000300004&lng=en&nrm=iso>. Acesso em: 15 abr. 2018.

SOUSA E SILVA, Nuno. Direito e robótica – uma primeira aproximação. *SSRN*, 21 jun., 2017. [on-line]. Disponível em: <https://ssrn.com/abstract=2990713>. Acesso em: 17 jun. 2018.

Sousa Santos, B. Para uma revolução democrática da justiça. São Paulo: Cortez, 2007.

Souza, Kênia Barreiro de; Domingues, Edson Paulo. Mapeamento e projeção da demanda por engenheiros por categoria, setor e microrregiões brasileiras. *Pesquisa e Planejamento Econômico*, v. 44, nº 2, ago. 2014, p. 373-404.

Souza, Maria Inez Salgado de. *Os empresários e a educação*: o IPES e a Política Educacional após 1964. Rio de Janeiro: Vozes, 1981.

Souza, Marli Palma. Crianças e adolescentes: absoluta prioridade? *Revista Katálysis*, Florianópolis, nº 2, p. 41-48, jan. 1998. Disponível em: <https://periodicos.ufsc.br/index.php/katalysis/article/view/5575/4976>. Acesso em: 13 abr. 2018.

Souza, Rosali Fernandez. Organização e representação de áreas do conhecimento em ciência e tecnologia: princípios de agregação em grandes áreas segundo diferentes contextos de produção e uso de informação. *Encontros Bibli*, v. 11, nº 1, 2007, p. 27-41.

Spindola, Thelma; Santos, Rosângela da Silva. *O trabalho na enfermagem e seu significado para as profissionais*. Rev Bras Enferm, v. 58, nº 2, p. 156-60, 2005.

Statista. Percentage of the u.s. population who have completed four years of college or more from 1940 to 2017, by gender. [on-line]. Disponível em: <https://www.statista.com/statistics/184272/edu-cational-attainment-of-college--diploma-or-higher-by-gender/>. Acesso em: 26 abr. 2018.

Steedman, Carolyn. The mother made conscious: the historical development of a primary school pedagogy. *History Workshop Journal*, v. 20, nº 1, out. 1985, p. 149-63.

Tanuri, Leonor Maria. História da formação de professores. *Revista Brasileira de Educação*, nº 14, maio--ago. 2000. p. 61-88.

Teixeira, Anísio. A nova Lei de Diretrizes e Bases: um anacronismo educacional? *Revista Brasileira de Estudos Pedagógicos*, v. xxxiii, nº 76, out.-dez. 1959, p. 27-33.

Terra, Ricardo. *Kant e o Direitoo Direito*. Rio de Janeiro: Jorge Zahar, 2004.

Tessler, Marga Inge Barth. O papel da mulher no Poder Judiciário. Revista de Doutrina da 4ª Região, Porto Alegre, nº 53, abr. 2013. Disponível em: <http://revista-doutrina.trf4.jus.br/artigos/edi-cao053/Marga_Tessler.html>. Acesso em: 2 fev. 2018.

Toma posse a primeira diretora da Faculdade de Medicina de Ribeirão Preto. Universidade de São Paulo, Sala de Imprensa. [on--line]. 15 jun. 2016. Disponível em: <http://www.usp.br/im-prensa/?p=58800>. Acesso em: 19 fev. 2018.

Trevizoli, Dayane Mezuram; Vieira, Letícia; Dallabrida, Norberto. *As mudanças experimentadas pela cultura escolar do ensino secundário devido a implementação da reforma capanema de 1942 e da lei de diretrizes e bases da educação de 1961.* Colóquio" Ensino médio, história e cidadania" – ISSN: 2236-7977, v. 3, nº 3, 2013.

TRIBUNAL REGIONAL ELEITORAL DO CEARÁ. Desembargadora Auri Moura Costa. [on-line]. Disponível em: <http://www.tre-ce.jus.br/o-tre/memoria-eleitoral/desembargadora-auri-moura-costa>. Acesso em: 12 fev. 2018.

UN WOMEN. About UN Women. [on-line]. Diponível em: e <http://www.unwomen.org/en/about-us/about-un-women>. Acesso em: 21 abr. 2018.

UN WOMEN. Women in the Changing World of Work: Facts You Should Know. [on-line]. Disponível em: <http://interactive.unwomen.org/multimedia/infographic/changingworldofwork/en/index.html>. Acesso em: 1 maio 2018.

UNDP. Human Development Reports. [on-line]. Disponível em: <http://hdr.undp.org/en>. Acesso em: 27 abr. 2018.

UNESCO – LEGAL INSTRUMENTS. *Recommendation on the Recognition of Studies and Qualifications in Higher Education.* 13 nov. 1993. Disponível em: < http://portal.unesco.org/en/ev.php-URL_ID=13142&URL_DO=DO_TOPIC&URL_SECTION=201.html>. Acesso em: 18 jun. 2018.

UNESCO. *Global Education Digest 2009.* Comparing Education Statistics Across the World. Montreal: Unesco Institue for Statistics, 2009. Disponível em: <http://uis.unesco.org/sites/default/files/documents/global-education-digest-2009-comparing-education-statistics-across-the-world-en_0.pdf>. Acesso em: 28 abr. 2018.

UNESCO. Unesco e Atlas of Gender Inequality in Education. [on-line]. Disponível em: <https://tellmaps.com/uis/gender/#!/tellmap/79054752/6>. Acesso em: 1 maio 2018.

UNESCO. Unesco in Brief. [on-line]. Disponível em: <https://en.unesco.org/about-us/introducing-unesco>. Acesso em: 20 maio 2018.

UNESCO. ECA 25 anos: Avanços e desafios para a infância e a adolescência no Brasil. Jul. 2015. Disponível em: <https://www.unicef.org/brazil/pt/ECA25anosUNESCO.pdf>. Acesso em: 13 abr. 2018

UNITED NATIONS. Education. [on-line]. Disponível em: <http://www.un.org/en/sections/issues-depth/education/index.html>. Acesso em: 10 maio 2018.

UNITED STATES DEPARTEMENT OF LABOUR. Occupational Employment Statistics. [on-line]. Disponível em: <https://www.bls.gov/oes/current/oes372012.htm>. Acesso em: 6 maio 2018.

UNIVERSIDAD DE SALAMANCA. Historia. [on-line] Disponível em: <http://www.usal.es/node/941>. Acesso em: 5 fev. 2017.

UNIVERSIDAD NACIONAL DE CÓRDOBA. Orígenes. [on-line]. Disponível em: <https://www.unc.edu.ar/sobre-la-unc/or%C3%ADgenes>. Acesso em: 10 jun. 2016.

UNIVERSIDAD NACIONAL MAYOR DE SAN MARCOS. Reseña Histórica. [on-line]. Disponível em: <http://www.unmsm.edu.pe/home/inicio/historia>. Acesso em: 12 nov. 2016.

UNIVERSIDADE DE COIMBRA. História da universidade. [on-line]. Disponível em: <http://www.uc.pt/sobrenos/historia>. Acesso em: 12 nov. 2016.

UNPD. *Human Development Report 2016*. Nova Iorque: United Nations Development Programme, 2016. Disponível em: <http://hdr.undp.org/sites/default/files/2016_human_development_report.pdf>. Acesso em: 17 jun. 2018.

URSELINE ACADEMY. About. [on-line]. Diponível em: <https://www.uanola.org/page/about/ursuline-heritage>. Acesso em: 21 abr. 2018.

VERASZTO, Estéfano Vizconde; SILVA, Dirceu da; MIRANDA, Nonato Assis de et al. Tecnologia: buscando uma definição para o conceito. *Prisma.com*, nº 7, 2008, p. 60-84. Disponivel em: <http://pentaho.letras.up.pt/ojs/index.php/prismacom/article/view/2078>. Acesso em: 18 jun. 2018.

VIANNA, Marcelo. Os homens do parquet: trajetórias e processo de institucionalização do ministério público do estado do rio grande do sul (1930-1964). Porto Alegre, 2011. Disponível em: <http://tede2.pucrs.br/tede2/bitstream/tede/2387/1/431024.pdf>. Acesso em: 14 maio 2018.

VIERA, Roberto da Silva; SERVO, Luciana Mendes Santos. Escassez de médicos no Brasil: análise de alguns indicadores econômicos. *Radar*, nº 32, abr. 2014, p. 7-18.

VILANOVA, Mercedes; RIBAS, Mercedes Vilanova; JULIÀ, Xavier Moreno. *Atlas de la evolución del analfabetismo en España de 1887 a 1981*. Ministério de Educación, 1992.

VILLANOVA, José (org.). *Universidade do Brasil*. Rio de Janeiro: Serviços dos Países S.A., 1948.

WALD, Eli. Glass Ceilings and Dead Ends: Professional Ideologies, Gender Stereotypes, and the Future of Women Lawyers at Large Law Firms. *Fordham Law Review*, v. 78, nº 01, mar. 2010, p. 101-44. Disponível em: <https://papers.ssrn.com/sol3/papers.cfm?abstract_id=1574446##>. Acesso em: 4 fev. 2018.

WEF – WORLD ECONOMIC FORUM. *The Global Gender Gap Report 2018*. Cologny: WEF, 2018.

WESKA, Adriana Rigon; SILVA, Antonio Simões; ILIESCU, Daniel et al. *Análise sobre a Expansão das Universidades Federais 2003 a 2012*. Relatório da Comissão Constituída pela Portaria nº 126/2012. Brasília: [s.n.], 2012. Disponível em: <http://portal.mec.gov.br/index.php?option=com_docman&view=download&alias=12386-analise-expansao-universidade-federais-2003-2012-pdf&Itemid=30192>. Acesso em: 18 jun. 2018.

WEST, Jevin D. et al. *The role of gender in scholarly authorship.* PloS one, v. 8, nº 7, p. e66212, 2013.

WILSON, Laura. B.; SIMSON, Sharon. P. (eds.). *Civic Engagement and the Baby Boomer Generation.* New York: Haworth Press, 2006.

WIPO. Facts and Figures 2017. [on--line]. Disponível em: <http://www.wipo.int/edocs/infogdocs/en/ipfactsandfigures2017/>. Acesso em: 28 abr. 2018.

WORLD BANK. *Higher Education in Development Countries.* Peril and Promisses. Washigton: World. Bank, 2000.

WORLD BANK. Labor Force, Female (% of Total Labor Force). nov. 2017b. [on-line]. Disponivel em: <https://data.worldbank.org/indicator/SL.TLF.TOTL.FE.ZS?view=chart>. Acesso em: 1 maio 2018.

WORLD BANK. Labor Force, Total. nov. 2017a. [on-line]. Disponivel em: <https://data.worldbank.org/indicator/SL.TLF.TOTL.IN>. Acesso em: 1 maio 2018.

YANNOULAS, Silvia Cristina. Feminização ou feminilização? apontamentos em torno de uma categoria. *Temporalis,* v. 2, nº 22, p. 271-92, 2011.

MELO, Hildete Pereira, THOMÉ, Débora. Mulheres e Poder: Rio de Janeiro, FGV Editora, 2018.